JOURNAL DES JOURNAUX
DE
LA COMMUNE

TABLEAU RÉSUMÉ DE LA PRESSE QUOTIDIENNE
du 19 mars au 24 mai 1871

LOIS, DÉCRETS, PROCLAMATIONS, RAPPORTS
ET INFORMATIONS MILITAIRES, SÉANCES DE LA COMMUNE, ETC.

REPRODUITS
D'APRÈS LE JOURNAL OFFICIEL DE PARIS

EXTRAITS DES AUTRES JOURNAUX
ORGANES OU DÉFENSEURS DE LA COMMUNE

Le tout contrôlé par les dépêches
circulaires et avis du Gouvernement et par des extraits du Journal officiel
publié à Versailles.

TOME PREMIER

PARIS
GARNIER FRÈRES, LIBRAIRES-ÉDITEURS
6, RUE DES SAINTS-PÈRES, ET PALAIS-ROYAL, 215

JOURNAL DES JOURNAUX

DE

LA COMMUNE

I

JOURNAL DES JOURNAUX

DE

LA COMMUNE

TABLEAU RÉSUMÉ DE LA PRESSE QUOTIDIENNE

du 19 mars au 24 mai 1871

LOIS, DÉCRETS, PROCLAMATIONS, RAPPORTS
ET INFORMATIONS MILITAIRES, SÉANCES DE LA COMMUNE, ETC.

REPRODUITS

D'APRÈS LE JOURNAL OFFICIEL DE PARIS

EXTRAITS DES AUTRES JOURNAUX
ORGANES OU DÉFENSEURS DE LA COMMUNE

Le tout contrôlé par les dépêches
circulaires et avis du Gouvernement et par des extraits du Journal officiel
publié à Versailles.

TOME PREMIER

PARIS

GARNIER FRÈRES, LIBRAIRES-ÉDITEURS

6, RUE DES SAINTS-PÈRES, ET PALAIS-ROYAL, 215

—

1872

INTRODUCTION.

L'ouvrage que nous publions a pour but de mettre sous les yeux du lecteur un résumé de la presse quotidienne pendant la Commune. Nous reproduisons, sous la date de chaque jour, d'abord tout ce que le *Journal officiel* de Paris contient d'intéressant, soit dans sa partie officielle, soit dans sa partie non officielle : lois, décrets, arrêtés, avis, ordres, etc., dépêches et rapports militaires, procès-verbaux des séances de la Commune.

A la suite de cette reproduction presque complète du *Journal officiel* de Paris, nous donnons quelques extraits des divers journaux qui soutenaient la Commune. Enfin, nous empruntons au *Journal officiel* du gouvernement ce qui explique, contredit, réfute les assertions de la presse insurgée, ce qui en fait ressortir les erreurs et les mensonges. On a ainsi un tableau plus authentique, plus irréfragable que l'histoire, et qui est à celle-ci, sous le rapport de la fidélité, ce qu'est la photographie comparée à la peinture.

Nous suppléons, pour le public, aux collections du double *Journal officiel* et des journaux que Paris insurgé vit naître, collections qu'il est difficile de se procurer et qui sont d'un prix très-élevé. Nous répondons, croyons-nous, à la curiosité générale, et nous faisons une œuvre utile et salutaire. Quel meilleur moyen, en effet, d'éclairer l'opinion sur les doctrines et sur les hommes qui ont laissé parmi nous des traces si lugubres de leur domination passagère, que de mettre chacun à même de voir ce que ces doctrines ont enfanté, ce que ces hommes ont fait, dit et écrit pendant leur pouvoir de trois mois?

Il n'est pas nécessaire, à ce qu'il nous semble, de déterminer ici le point de départ des événements : le lecteur est censé le connaître. Mais il est à propos de donner quelques renseignements sur la matière dont nous nous servons, sur les différentes feuilles qu'on verra défiler dans ces deux volumes, et d'abord sur le *Journal officiel* de Paris, qui en fournit le principal élément.

Les bureaux et l'imprimerie du *Journal officiel* furent envahis le 19 mars par quelques citoyens à la tête de trois compagnies de la garde nationale fédérée. Les citoyens qui prirent ainsi possession du journal du gouvernement se nommaient Lebeau, Vésinier, Barberet, Floriss Piraux. Le premier numéro qu'ils publièrent, celui du 20 mars, conservait une partie de la rédaction que le gouvernement avait abandonnée dans sa retraite, notamment l'article *Variétés* signé *Mérinos*, lequel article parut le même jour dans le *Journal officiel* de Versailles sous la signature *Eugène Mouton*. C'était l'œuvre d'un honorable magistrat, qui était ainsi publiée des deux parts sous des noms équivalents, dont le dernier, bien entendu, est seul réel. Lebeau et Vésinier paraissent d'abord s'être partagé la direction. Vésinier prouve son autorité en publiant la liste incomplète (et pour cause) de ses ouvrages dans les annonces (21 et 22 mars). Mais il semble avoir été bientôt éclipsé par Lebeau. L'annonce des ouvrages de Vésinier ne se trouve plus dans le numéro du 23. Les « délégués au *Journal officiel* » signaient des proclamations dans le numéro du 20 mars; il n'y a plus que « le délégué » dans le numéro du 22 ; et le 24, Lebeau affirme ouvertement sa qualité. Un avis placé en tête de la partie officielle est signé : « Pour le comité central, E. Lebeau, délégué au *Journal officiel*. »

Le citoyen Lebeau sentit à son tour sa situation ébranlée. En vain il fit insérer dans le *Rappel* (28 mars) l'histoire d'une tentative de corruption dont il avait été l'objet :

« Le mercredi soir, le citoyen Lebeau, délégué du comité central à l'*Officiel*, voit entrer un individu qui lui demande un moment d'entretien pour affaire grave.

« Cet individu, après des tas de circonlocutions et de périphrases (on n'était pas sévère pour le style sous la Commune), finit par lui proposer une grosse somme pour mettre dans le *Journal officiel* une déclaration en faveur du comte de Paris, qui éclaterait tout à coup et qui déciderait un mouvement.

« Le citoyen Lebeau fit immédiatement arrêter ce drôle, qui attend à la préfecture de police le procès qui va lui être fait pour tentative de corruption sur un fonctionnaire public.

« Il a été constaté que cet individu était d'un bataillon de la garde nationale commandé par un comte, ami d'enfance des princes d'Orléans. »

Le trait, évidemment communiqué par le citoyen

Lebeau lui-même, était sans doute magnanime. Il n'empêcha pas l'incorruptible Lebeau d'être remplacé par le citoyen Longuet. Cette révolution intérieure n'eut pas lieu sans quelques scènes scandaleuses. Lebeau, soutenu par Vésinier, fit une énergique résistance. Longuet fut mis une première fois à la porte, mais il revint avec deux délégués de la délégation de l'intérieur, les citoyens Demay et Arnaud, et il fallut bien céder. Le numéro du 28 mars publiait un article du citoyen Ed. Vaillant sur le régicide, annoncé par quatre lignes de Ch. Longuet, « le délégué, rédacteur en chef du *Journal officiel* ». Lebeau a retracé cette page d'histoire burlesque dans une lettre qu'il écrivit au journal *la Cloche*, et qui fut alors reproduite dans toute la presse :

« Paris, 29 mars 1871.

« Monsieur le directeur,

« Vous traitez de conte l'impudente proposition qui m'a été faite dans les bureaux de l'*Officiel* (relativement à la restauration du comte de Paris), votre doute ne me paraît guère honorable pour le journalisme.

« Vous continuez en disant que *le délégué au* Journal officiel, *sortant de l'anonyme, signe aujourd'hui Longuet*. Cette assertion exige quelques explications.

« Lors de la prise de l'hôtel de ville, mon ami Lullier me fit appeler et me demanda à quel poste je voulais être délégué. Je réfléchis un moment, et ensuite je lui demandai l'*Officiel*, en lui déclarant qu'avec ce journal et mes profondes études sur les diverses révolutions, je pourrais soulever la province contre le gouvernement Thiers.

« Il mit aussitôt trois compagnies à ma disposition pour aller prendre possession du *Journal officiel*.

« Pendant deux jours, j'eus pour collaborateurs les citoyens Barberet et Vésinier, surtout ce dernier. Le citoyen Longuet m'engagea à les renvoyer, en me disant que Vésinier avait écrit les *Nuits de Saint-Cloud*.

« Eux partis, il devait immédiatement venir.

« Il n'en fit rien, et, pendant trois jours, je fus seul à l'*Officiel*.

« Vendredi soir, le citoyen Longuet vint avec une délégation le nommant rédacteur en chef. Lui, rédacteur en chef ! Je ne vous souhaite pas, monsieur le directeur, d'en avoir un pareil ; car, pour écrire deux phrases, il met un temps incroyable ; et encore, après les avoir écrites, ne les donne-t-il pas toujours au journal.

« Mardi matin, j'ai eu une altercation très-vive avec lui, à la suite de laquelle je l'ai forcé à quitter l'*Officiel*.

« Plus tard, j'exposerai tout, en écrivant un petit opuscule : *De l'art d'avoir une certaine réputation, tout en étant un parfait imbécile*.

« Je termine, monsieur le directeur, en vous déclarant que c'est moi, inconnu dans le journalisme, qui ai imprimé au *Journal officiel* son allure révolutionnaire, et qui ai fait, *avec l'assentiment du comité central*, tous les décrets qui ont donné au mouvement du 18 mars sa véritable signification.

« *Le directeur,*

« ÉMILE LEBEAU. »

Le même journal a reçu communication de la pièce suivante :

« Cette nuit, pendant l'absence du citoyen Lebeau,

directeur de l'*Officiel*, les fédéralistes Demay et Arnaud, délégués à l'intérieur, se sont rendus, à la sollicitation du citoyen Longuet, dans les bureaux du *Journal officiel*, et, de leur propre autorité, ils ont fait disparaître l'entête suivant :

« *C'est par surprise que le nom du citoyen Longuet a paru hier dans le* Journal officiel. »

« Nous approuvons complétement l'article du citoyen Vaillant, et nous n'hésitons pas à déclarer que nous avions préparé sur le régicide un article plus radical que, vu les circonstances, nous n'avons pas voulu insérer.

« M. de Laroche-Thulon, représentant à l'Assemblée de Versailles, a déclaré qu'il provoquait tous les républicains.

« Eh bien, les citoyens Lebeau, Lullier et Dardelles, commandant des Tuileries, relèvent tous les défis des défenseurs du principe monarchique.

« *Le directeur de l'*Officiel,

« ÉMILE LEBEAU. »

C'est à cette lettre de l'ex-délégué que répondit le délégué nouveau par la note publiée dans le numéro du 31 mars (V. t. I, p. 164), où il se borne à constater l'état mental de son prédécesseur.

Cependant la Commune avait été constituée par les élections du 26 mars, et le 29 mars le comité central lui avait remis ses pouvoirs.

Le 30 mars, le *Journal officiel*, qui a jusqu'alors continué à s'appeler le *Journal officiel de la république française*, et qui a publié le 29 mars le 88ᵉ numéro de sa troisième année, commence une nouvelle ère : il porte le titre de *Journal officiel de la Commune de Paris*, première année, numéro 1er. Le 31 mars, il reprend son ancien titre, et publie le n° 90 de sa troisième année. Le *Journal officiel de la Commune* n'avait vécu qu'un jour, et pourtant il est clair que c'était le seul titre qui convînt à l'organe de l'assemblée se prétendant exclusivement communale.

La direction du citoyen Charles Longuet dura jusqu'au 13 mai, non sans quelques tribulations. La question de l'*Officiel* revient dans un grand nombre de séances de la Commune. Signalons la séance du 21 avril, celle du 24, celle du 29 du même mois, à propos des canons Krupp, qui avaient été, au dire de l'*Officiel* du 28 avril, livrés aux Versaillais par les Prussiens. La séance du 30 avril continue la suite de l'incident. On verra, du reste, en parcourant les procès-verbaux des séances, que le *Journal officiel* était une des préoccupations les plus constantes de cette tumultueuse assemblée.

Le rapport des frères May en l'honneur de l'intendance, que publiait l'*Officiel* du 1er mai, à la veille du jour où ces intendants étaient révoqués de leurs fonctions, fut une nouvelle erreur de Longuet ; le 3 mai, il était obligé de faire l'aveu de son incurie en insérant la déclaration du citoyen G. Tridon, chargé du contrôle de la manutention.

Une note rectificative qu'on trouve dans l'*Officiel* du 10 mai a besoin de quelques mots d'explication. Dans l'état présenté par la délégation des finances et résumant les mouvements de fonds du 20 mars au 30 avril (V. l'*Officiel* du 4 mai), on lisait, parmi les payements faits à diverses administrations publiques : «A la Bibliothèque nationale, 30,000 fr. » Mais l'administrateur délégué Vincent n'avait pas versé à la caisse la somme entière : il avait retenu 10,000 fr. pour ses quarante jours d'appointements. De là la rectification du comptable P. Boizard et la révocation de l'administrateur Vincent.

Le numéro du 13 mai fait connaître la nomination du citoyen Vésinier, « délégué au *Journal officiel* pour les fonctions de rédacteur en chef ».

En tête du numéro du 14, le comité de salut public donne l'ordre de vendre le *Journal officiel* cinq centimes.

Le 16, le *Journal officiel* porte pour la première fois la date du calendrier républicain, 26 floréal an 79, plus la devise : liberté, égalité, fraternité, et la mention du nouveau prix : cinq centimes le numéro.

Le numéro du 23 mai, le dernier imprimé au quai Voltaire, ne l'est que sur une seule page : il ne contient pas de partie officielle. Le délégué Vésinier avait égaré la copie destinée à l'impression de la première partie du journal. L'armée était, dès lors, maîtresse des Invalides et du Corps législatif. Elle était trop proche de l'imprimerie de l'*Officiel* pour que celle-ci continuât à fonctionner. Le tirage fut arrêté vers cinq heures du matin ; deux ou trois cents exemplaires seulement avaient été tirés. Ces exemplaires ne furent pas distribués. Ils furent mis sous séquestre dans la matinée du mardi.

On transporta, pendant la journée, des formes, des caractères, du papier, à l'imprimerie nationale, rue Vieille-du-Temple, avec l'intention sans doute d'y composer le numéro du jour suivant. Mais on ne s'y trouva pas encore assez éloigné des troupes qui s'avançaient dans Paris. On reprit du papier, des caractères, des formes, cette fois dans le matériel de l'imprimerie nationale, et on les transporta au passage Kussner, à Belleville. Ce fut au n° 17 de ce passage que fut imprimé le dernier numéro du *Journal officiel* de la Commune, portant les dates du 4 prairial an 79 et mercredi 24 mai 1871. L'imprimerie, l'abonnement, la direction, la rédaction sont indiqués rue Vieille-du-Temple, 87.

Donnons maintenant quelques renseignements sur les personnages que nous avons vus se succéder dans la direction du *Journal officiel*. Laissons de côté Lebeau, dont la carrière n'a duré que trois ou quatre jours. Longuet, qui expulsa Lebeau, est originaire de Caen; il a environ trente-deux ans. Il était venu depuis une dizaine d'années habiter le quartier latin, où il fonda le journal les *Écoles de France*, puis la *Rive gauche*. Ces deux publications furent supprimées. Il assista au congrès de Liége, 1865, en qualité d'étudiant; il assista à celui de Lausanne, 1867, en qualité de délégué de l'Internationale pour les sections de Caen et de Condé-sur-Noireau. Pendant le siége, il fut commandant du 248e bataillon de la garde nationale, qui n'était pas armé. Au 18 mars, il construisit, avec les hommes de ce bataillon, des barricades rue Soufflot et place du Panthéon, et s'empara du Luxembourg. Il échoua aux élections du 26 mars dans le 5e arrondissement, et fut nommé membre de la Commune aux élections supplémentaires du 16 avril par 1,058 voix du 16e arrondissement. Il vota contre le comité de salut public, signa la déclaration de la minorité, et passa pour modéré en comparaison de ses collègues.

Pierre Vésinier a environ quarante-cinq ans. Il est petit et difforme. C'est un bohème littéraire de la dernière catégorie. Il a commencé par être secrétaire d'Eugène Sue. Après la mort de son patron, il donna aux

a.

Mystères du peuple, que celui-ci avait publiés, une suite qu'il intitula *les Mystères du monde.* Il donna aussi les *Travailleurs de l'abîme* pour un roman inachevé d'Eugène Sue. Il publia des livres graveleux entremêlés de pamphlets politiques. Obligé de se sauver de France, il se réfugia en Suisse, d'où il fut bientôt expulsé. Il se rendit en Belgique; il en fut chassé et s'enfuit à Londres, où il continua à mélanger à égale dose la politique (si cela peut s'appeler la politique) et la gravelure; il y publia dans ce genre mixte un roman intitulé *le Mariage d'une Espagnole,* où il traçait une biographie à sa façon de Mlle de Montijo, devenue l'impératrice Eugénie. Il signa même ce roman des initiales M. de S., cherchant à le faire attribuer à Marie de Solms (Mme Ratazzi). C'étaient là de ses procédés.

Rentré en France, il fut, après le 4 septembre et pendant le siége, un des orateurs les plus violents des clubs et un des écrivains les plus enfiellés des journaux socialistes. Il fut arrêté à la suite du 31 octobre, fit quatre mois de prison préventive, puis fut acquitté.

La cause de Vésinier triompha au 18 mars. Il fut véritablement l'homme de plume, le littérateur de la Commune. Nul du moins ne prodigua sa prose autant que lui. Non-seulement il rédige, comme nous l'avons dit, le *Journal officiel* pendant les premiers jours de l'insurrection, puis le dirige à partir du 13 mai jusqu'à la fin; mais on le trouve partout. Dans *Paris libre,* qui est son œuvre spéciale, il fait paraître en même temps les *Proscrits du dix-neuvième siècle* (non encore publiés), par P. Vésinier, ex-secrétaire d'Eugène Sue, et le *Mariage d'une Espagnole* (Mlle de Montijo), par P. Vésinier, avec cette note : « condamné à deux ans de prison pour ce volume, » répétée à chaque feuilleton. Dans l'*Affranchi,* il fait quotidiennement une revue de la presse sous ce titre : *Le venin réactionnaire*. C'est lui qui accueille la suppression des journaux dissidents par la note que nous avons reproduite (page 43 du second volume). Il y réimprime aussi en feuilletons : *le Mariage d'une Espagnole* (Mlle de Montijo), par P. Vésinier, avec la même note : « condamné à deux ans de prison pour ce volume, » répétée également à chaque feuilleton. Non élu aux élections du 26 mars, il parvint enfin à être nommé membre de la Commune aux élections supplémentaires du 16 avril. Il obtint dans le 1er arrondissement 2,626 voix. Il fut nommé secrétaire de l'assemblée avec le citoyen Amouroux, puis, comme on l'a vu, délégué au *Journal officiel*, sans perdre toutefois ses fonctions de secrétaire, ni celles de membre de la commission des services publics. On voit que cet étrange réformateur de la société devenait un personnage important, et que Vésinier pouvait aspirer, si la Commune eût vécu, à gouverner la France.

A côté du *Journal officiel de la république française*, publié par la Commune, se rangent un certain nombre de feuilles, les unes nées avant elle, les autres enfantées par elle, qui la soutiennent. En voici quelques-unes :

Le Mot d'ordre, dont M. Henri Rochefort était rédacteur en chef, mis au jour le 3 février 1871, suspendu par le général Vinoy le 11 mars, repris après le 18, disparut le 20 mai, après la fuite de ses rédacteurs.

Le Vengeur, dont M. Félix Pyat était rédacteur en chef, mis au jour le 3 février, suspendu par le général Vinoy le 11 mars, repris après le 18.

La Nouvelle République, dont M. Paschal Grousset était rédacteur en chef, née le 19 mars, à laquelle succéda, le 2 avril,

L'Affranchi, journal des hommes libres, par le même, disparu le 25 avril.

La Commune, rédigée par MM. George Duchêne, Odilon Delimal, etc., à laquelle collabora le député de Paris Millière, parut le 20 mars et fut supprimée le 19 mai par arrêté du comité de salut public.

L'Ordre, dont M. Vermorel était rédacteur en chef, parut le 20 mars, et n'eut que quatre numéros.

L'Ami du peuple, par le même, parut le 25 avril, et n'eut également que quatre numéros.

Le Réveil du peuple, rédigé par les anciens rédacteurs du *Réveil.* Delescluze n'y figura que pour une lettre publiée en guise de programme dans le premier numéro, du 18 avril 1871.

Le Tribun du peuple, dont le rédacteur en chef était M. Lissagaray, parut le 17 mai et finit le 24.

L'Homme, dont le rédacteur en chef se nommait L. Maretheux, commença sa publication le 8 mars, devint *l'Homme libre* à partir du 18 mars, et mourut le 9 avril.

Ces journaux étaient à dix centimes le numéro. En voici qui ne coûtaient que cinq centimes :

Le Cri du peuple, dont M. Jules Vallès était le rédacteur en chef, né le 22 février 1871, suspendu par le général Vinoy le 11 mars, repris après le 18, finit le 23 mai.

La Sociale, née le 31 mars et morte le 17 mai, dont le principal rédacteur fut Mme André Léo.

Paris libre, fondé par Vésinier le 12 avril, qui, outre les romans dudit Vésinier, publia *le Pilori des mouchards*, c'est-à-dire les noms des individus ayant demandé un emploi de police sous l'empire.

La Montagne, journal de la révolution sociale, dont le

rédacteur en chef fut Gustave Maroteau. Elle parut le 2 avril, eut vingt-deux numéros, et fut remplacée plus tard par

Le Salut public, du même Maroteau, né le 16 mai, disparu le 24.

Le Bonnet rouge, né le 10 avril, dont le rédacteur en chef se nommait [Achille Baubeau de Secondigné, signant *Secondigné* tout court. Il fit place à

L'Estafette, publiée par le même à partir du 23 avril.

Le Prolétaire, organe des revendications sociales, signé par les citoyens Dubourg, Jacqueline, etc., né un peu tardivement, — le 20 mai.

Le Père Duchêne, né le 16 ventôse, an 79 (7 mars 1871), suspendu par le général Vinoy le 11 mars, repris après le 18, dura jusqu'à la fin de la Commune; deux petites feuilles in-octavo sur papier grossier, avec une vignette de tête représentant un sans-culotte coiffé du bonnet rouge, qui de la main droite tient un niveau et dont le bras gauche entoure un canon; un pastiche de l'ancien *Père Duchêne,* mêmes fureurs, même cynisme et plus de jurons. Il avait pour rédacteurs les citoyens Vermesch, A. Humbert et Maxime Vuillaume.

Tenons-nous-en là. Nous venons de citer ce qu'il y eut de plus coloré parmi les feuilles communeuses. Nous avons fait des emprunts à beaucoup de ces feuilles, dans la mesure restreinte que nous imposaient les limites de notre cadre, mais assez cependant pour qu'on puisse juger ce journalisme et, pour montrer ce que de tels instituteurs étaient capables de faire de la population parisienne et de la population française.

La confrontation de ces feuilles entre elles est fort instructive. Donnons quelques exemples des révélations qu'on peut en tirer.

Ainsi, en ce qui concerne le premier engagement entre les troupes régulières et les troupes insurgées, quelle discussion pourrait valoir le rapprochement des articles que nous reproduisons pages 189 et 192 du premier volume et de la fameuse proclamation du lendemain? Le journal *la Sociale* publiait le 1er avril au soir, sous la date du 2 avril, cette invitation furieuse à marcher contre Versailles, et annonçait les événements qui se préparaient pour le lendemain. On sait ce qui se passa, en effet, le 2 avril; et, le 3, paraissait en tête du *Journal officiel* la proclamation : « Les conspirateurs royalistes ont *attaqué*. Malgré la modération de notre attitude, ils ont *attaqué,* etc. »

On sait le grand rôle que jouèrent dans les proclamations et dans les journaux de la Commune les zouaves pontificaux, les soldats de Charette et de Cathelineau. Dans cette proclamation du 3 avril que nous venons de rappeler, la commission exécutive disait que les conspirateurs royalistes, « ne pouvant compter sur l'armée française, avaient attaqué avec les zouaves pontificaux,... avec les chouans de Charette, avec les Vendéens de Cathelineau, etc. »

« Le 2 avril, les bandes du royaliste Charette, les zouaves pontificaux portaient un drapeau blanc et criaient Vive le roi! Aucun doute n'est possible à cet égard. » (V. p. 244 du premier volume.)

« Les troupes de Charette ont combattu hier sous le drapeau blanc. Chaque soldat avait sur sa poitrine un cœur de Jésus en drap blanc sur lequel on lit ces mots : Arrête, le cœur de Jésus est là! » (*Cri du peuple,* 5 avril.)

Bien mieux, on leur prenait des drapeaux, on leur prenait même des drapeaux du saint-empire romain!

Il n'est besoin, pour démentir ces ridicules histoires,

que de s'adresser aux mêmes feuilles qui les ont propagées. Jusqu'à la fin de la Commune, on les voit annoncer que les zouaves pontificaux sont décidément entrés en ligne. Dans le rapport du délégué à la guerre, daté du 16 avril (V. p. 404 du premier volume), on lit : « Les zouaves pontificaux sont décidément entrés en ligne avec les gendarmes et les sergents de ville. » Le *Mot d'ordre* du 12 mai dit : « Les hommes de Charette sont entrés en ligne. » On n'avait donc pu leur prendre des drapeaux au commencement d'avril, et ils n'avaient pu, comme ce même *Mot d'ordre* les en avait accusés alors (n° du 7 avril), fusiller tous leurs prisonniers.

Qu'a-t-on besoin de chercher à démontrer que les incendies des derniers jours de la Commune étaient prémédités et préparés? L'aveu en est formel dans les journaux que publiaient quelques hommes de la Commune. Il suffit, par exemple, de voir les avertissements et les menaces du journal de Jules Vallès, *le Cri du peuple,* dans les numéros du 16 et du 20 mai. Rien de plus clair. Les enfants terribles de la bande ne savaient point retenir leur plume et trahissaient les abominables secrets dont ils étaient dépositaires.

Les fausses nouvelles ont atteint, dans la presse communeuse, des proportions qui seraient risibles, si rien pouvait être risible dans ces désolantes et déshonorantes saturnales. Citons les deux mille gendarmes cernés le 14 avril dans l'île de la Grande-Jatte, dont le journal *la Commune* avait l'indiscrétion de demander des nouvelles quelques jours après (V. p. 376 et 433 du premier volume), les régiments de l'armée régulière se laissant tranquillement décimer par des sergents de ville (V. t. I, p. 261), les *quarante mille* hommes gardés à vue au Pecq (V. t. II, p. 472), et mille autres inventions que les séides de la Commune étaient seuls capables de digérer.

Les bulletins militaires que la délégation à la guerre faisait publier méritent de passer en proverbe entre tous les bulletins qui maltraitèrent audacieusement la vérité. Ils épuisèrent une crédulité presque inépuisable. Des protestations s'élevèrent au nom du sens commun, jusque dans les feuilles dévouées à l'insurrection (V. p. 88 du second volume). Nous nous sommes contenté généralement de donner les rapports du *Journal officiel*. Si nous avions donné les informations militaires que publiaient les feuilles simplement officieuses, nous serions tombé dans le fantastique et dans le ridicule.

Le *Journal officiel* lui-même était bien aventureux. Nous avons dit précédemment un mot des canons Krupp et des mitrailleuses qu'il faisait livrer par les Prussiens aux troupes de Versailles (V. t. II. p. 181). Ce fut une lourde bévue. Emporté par le désir de rendre les Versaillais odieux, le rédacteur avait oublié que la Commune tenait beaucoup à persuader au public la stricte neutralité de la Prusse. Aussi fut-il blâmé dans la séance de la Commune et l'assemblée exprima-t-elle pour cette fois son regret que les nouvelles même officielles ne fussent pas plus sévèrement contrôlées.

Il est de ces bulletins dont on ne peut s'empêcher de sourire. Tels sont ceux des gouverneurs des forts d'Issy et de Vanves. On peut les comparer, au moins pour la naïve émulation qui s'y donne carrière, aux chants alternés des bergers de Virgile (V. p. 426, 425 du premier volume). Le commandant du fort de Vanves fait savoir que son artillerie démonte les batteries ennemies, que les attaques sont repoussées avec le plus grand succès : « Pas de morts, un seul blessé dans l'attaque de la nuit dernière. Chacun est impatient d'en finir avec les hordes versaillaises. » Mais le commandant du fort d'Issy touche son rival à l'endroit faible. Le délégué à la guerre avait reproché à celui-ci l'effroyable gaspillage de munitions qu'il faisait. Le gouverneur du fort d'Issy constate aussi la justesse du tir et le sang-froid de ses artilleurs « qui démontent *constamment* les batteries ennemies *du matin au soir* », mais « tout en ménageant les munitions, *car ils ne tirent qu'à coup sûr* ».

Lorsque le fort d'Issy fut enfin occupé par l'armée, le secrétaire de la Commune, Vésinier, écrivit aux journaux une lettre, que la plupart, trouvant l'impudence trop forte, s'abstinrent de reproduire, ou qu'ils ne reproduisirent qu'avec des commentaires plus ou moins embarrassés. Celui dont l'*Estafette* du 12 mai fait suivre cette lettre est un bon modèle de ces explications difficiles (V. t. II, p. 477.)

Ils s'efforcèrent de tromper jusqu'au bout la malheureuse population qu'ils voulaient dominer. Quelques heures après l'entrée de l'armée dans Paris, le dictateur militaire de la Commune démentait encore le fait dans une affiche que nous avons reproduite. (V. t. II, p. 606).

La principale pâture de cette presse, c'étaient les accusations calomnieuses contre les troupes régulières, les récits d'atrocités, qui, presque toujours, se démentent eux-mêmes par leur exagération et par leur invraisemblance.

En veut-on un seul trait? on peut lire dans la *Montagne* du 7 avril :

« A Neuilly, les sergents de ville ont fusillé leurs prisonniers avec des raffinements de cruauté inouïs. Ils ont commencé par les dépouiller de tous leurs vêtements; puis ils les ont attachés dos à dos. Puis ils les fusillaient ainsi réunis pour que la même balle perçât à la fois les deux hommes. »

Les auteurs de ces récits y trouvaient l'avantage d'exciter la fureur de leurs propres soldats qui leur paraissaient sans doute trop débonnaires, de réclamer les mesures terroristes qu'ils rêvaient tous, de justifier par avance les cruautés qu'ils pourraient commettre en les présentant comme des représailles.

Ces calomnies remplissent chaque jour les feuilles de la Commune. C'est à celle qui enchérira sur les autres. Nous avons dû en reproduire çà et là quelques spécimens. Les inventeurs et les propagateurs de ces calomnies ne dissimulent pas, du reste, le but qu'ils poursuivent. Voyez, par exemple, l'article de l'*Affranchi,* intitulé *Pas de pitié!* (page 244 du premier volume). Si la feuille du citoyen Paschal Grousset avait de ces accents dès la première heure de la lutte, on peut deviner à quelles fureurs durent se livrer les Maroteau, les Bouis, à mesure que la lutte s'exaspéra et que la défaite fut prochaine.

Quelques-unes de ces inventions calomnieuses eurent un retentissement exceptionnel et servirent de préliminaires aux mesures extrêmes. Telle fut l'histoire du viol et de l'assassinat d'une infirmière, dont le citoyen Urbain prit prétexte, dans la séance de la Commune du 17 mai, pour demander l'exécution de dix otages. Cette accusation, qui se produit alors sous la garantie du lieutenant Butin, de la 3ᵉ compagnie du 105ᵉ bataillon (voyez le rapport dans l'*Officiel* du 19 mai, t. II, p. 563), cette accusation était, pour ainsi dire, à l'ordre du jour dans les journaux de la Commune. Quatre jours auparavant, dans le *Cri du peuple* du 13 mai, un fait du même genre est attesté par le citoyen Noron, chef du 22ᵉ bataillon : une jeune femme, infirmière à ce bataillon, aurait été assassinée tandis qu'elle donnait des soins à un blessé. Pour Noron, le fait s'est accompli dans une reconnaissance « où un guide plus brave qu'expérimenté avait conduit le bataillon au milieu des postes versaillais; » il ne dit pas où. Pour Butin, le fait est attesté par un commandant innomé, qui l'a vu s'accomplir à quelque distance du fort de Vanves. Voilà sur quelles allégations plus que suspectes l'on s'appuyait pour demander la mort de dix hommes de bien, incarcérés à titre d'otages.

L'explosion de la cartoucherie Rapp fut exploitée à outrance dans le même but. Le comité de salut public n'hésita pas à déclarer que c'étaient des agents du gouvernement de Versailles qui y avaient mis le feu. Toutes les feuilles communeuses réclamèrent à l'envi du sang et des vengeances. *Paris libre* du citoyen Vésinier s'écriait :

« Les sauvages qui peuplent les forêts avoisinant Versailles ne paraissent pas avoir la moindre notion d'humanité; nous devons les détruire par tous les moyens possibles pour ne pas être nous-mêmes victimes de leurs atrocités. »

Le *Cri du peuple* (20 mai) déclarait que, pour tirer vengeance de cette explosion (étrange logique!), la Commune ferait sauter tout Paris : « Le gouvernement de Versailles peut faire sauter un coin de Paris... Paris héroïque et désespéré pourra sauter peut-être, mais s'il saute, ce sera pour engloutir le gouvernement de Versailles et son armée. » C'est, en effet, à la faveur de ces imputations odieuses, que la Commune préparait les massacres et les incendies de la dernière heure.

Il est une autre sorte de calomnies et de provocations dont la presse communeuse n'abusa pas moins. On n'a pas oublié le parti qu'elle s'efforça de tirer des ossements qu'on trouva dans les caveaux des églises. On se souvient peut-être de l'article romantique publié par Jules Vallès dans le *Cri du peuple* du 9 mai, sur les cadavres de l'église Saint-Laurent : « C'est ici l'autel de la Vierge, etc. » (V. t. II, p. 455.) Cet article fut imprimé en placard avec un « dessin d'après nature », vendu à grand nombre et crié dans les rues.

Les pièces qui ont été recueillies depuis lors, après la délivrance de Paris, ont mis en pleine lumière la bonne foi de ceux qui jetaient ces infamies dans le public. Le 13 mai, un rapport du docteur Piorry, commis officiellement pour donner son opinion sur les cadavres de Saint-Laurent, mettait à néant les atroces suppositions auxquelles ils avaient donné lieu. Mais les membres de la Commune ne jugèrent pas à propos de publier ce rapport, ils laissèrent le mensonge circuler et cachèrent le démenti. Ceux de ces membres qui étaient en même temps rédacteurs de journaux n'en continuèrent pas moins à exploiter ce mensonge pour les plus odieuses excitations. Bien plus, le *Journal officiel* du 21 mai contient un « deuxième rapport sur la recherche des crimes commis à l'église Saint-Laurent » par le citoyen Leroudier, qui signe « pour la municipalité ». Dans ce rapport, Leroudier ose dire : « Après avoir vidé l'ossuaire, après avoir dégagé l'humus enveloppant ces restes terrifiants, la science calme et froide est venue constater que ces débris appartenaient tous à des infortunées enterrées depuis moins de dix ans. Or le règne du dernier curé en a duré dix-sept! » Et toujours la même conclusion : « Faites-vous justiciers! » Nous n'avons pas jugé que ce rapport, qui n'est d'ailleurs remarquable que par une emphase burlesque, valût la peine d'être reproduit ici.

Les caveaux de Saint-Laurent prêtèrent, jusqu'au dernier jour de la Commune, aux plus absurdes et aux plus révoltantes déclamations. Il en fut de même des caveaux funéraires de l'église des Petits-Pères, de ceux de l'église de Notre-Dame-des-Victoires, etc., qui furent également violés et où les gardes nationaux de Paris s'étonnèrent également de trouver des squelettes et des ossements humains.

La monomanie sanguinaire de quelques feuilles de la première révolution sembla revivre dans certains journaux de la Commune, tels que la *Montagne* et le *Salut public*. Nous leur avons fait de très-sobres emprunts.

Pour faire comprendre où en est la notion de justice chez ces hommes, il suffit de dire que le *Salut public* réclamait le huis clos pour les jugements des cours martiales. Nous lisons dans une sorte de manifeste signé par la rédaction (n° du 19 mai) : « Il nous paraît urgent de fermer les portes de la cour martiale au public. La publicité des séances occasionne des faits très-graves qui empêchent presque toujours à la vérité de ressortir, au juge de juger avec connaissance de cause.

« La cour martiale perd son caractère révolutionnaire, qui consiste dans la rapidité et la sévérité des jugements.

« Devenant un tribunal ordinaire, — en perdant le côté saisissant du secret, — elle ne pourra jamais produire les résultats immédiats que produirait un tribunal révolutionnaire.

« La cour martiale d'aujourd'hui se trouve obligée de rendre des arrêts contre l'auditoire, qui la gêne et entrave son travail. Nous demandons au comité de salut public que la cour martiale siége à portes fermées. »

Ainsi, ils craignent la présence de ce peuple, au nom duquel, ils prétendent agir. Sa voix, ses sentiments, ses impressions dérangent leurs tribunaux dans leur *travail*. Il faut l'écarter; il faut opérer dans le secret et dans le silence.

Que peuvent-ils donc trouver à redire aux procédés de l'ancienne inquisition ?

On lira les provocations que cette feuille publiâit le 21 mai au soir, en même temps qu'elle annonçait une grande victoire de Dombrowski (V. t. II, p. 618). A cette heure-là précisément, l'armée entrait dans Paris.

D'autres de ces journaux se contentaient d'exciter aux démolitions ou aux confiscations. Le *Mot d'ordre* se distingua sous ce rapport; il conseillait la démolition de l'hôtel de M. Thiers et des maisons des autres membres du gouvernement dès le 6 avril; il appelait l'attention de ses amis sur le trésor de Notre-Dame (V. t. I, p. 296.) Il demandait qu'on rasàt le château de Versailles (*ibid.*, p. 355), etc.

On voit ce que contient d'enseignements un recueil comme celui-ci, en dehors même de l'ensemble des lois, décrets, arrêtés, de ce pouvoir qui ne prétendait à rien moins qu'à « illuminer » le monde. On prendra là, dans son œuvre même, la triste opinion qu'il faut en avoir. On ne saurait, en effet, être trop sévère pour lui ni pour le mouvement dont il est sorti. L'insurrection du 18 mars aggrava nos désastres, prolongea et redoubla toutes nos souffrances, et fit courir au pays un immense danger. Elle exposait la France à être plus complétement écrasée sous le joug étranger. Elle fut accablante pour notre renommée nationale. Cette sédition éclatant en présence de l'ennemi fut partout condamnée avec mépris; les journaux de toutes les nations rappelèrent que les peuples les plus accusés de décadence politique et morale, que l'Espagne, le Mexique, avaient su rester unis devant l'invasion étrangère, et ne pas se déchirer sous les yeux d'un vainqueur. La défaite de nos armées avait sans doute diminué notre prestige, mais l'insurrection parisienne fit bien plus encore pour nous déconsidérer. Pour racheter cette grande faute et les crimes contre la société et la civilisation dont elle fut suivie, il faut que nous la flétrissions et que nous la détestions de toute notre énergie. Si les ruines qu'elle a laissées dans Paris finissent par se réparer ou par disparaître avec les années, il faut que l'histoire, en maintenant devant l'esprit les actes et les paroles de la Commune de 1871, entretienne et ravive la réprobation dont elle doit rester à jamais frappée.

L. M.

JOURNAL DES JOURNAUX

DE

LA COMMUNE

LE 19 MARS 1871.

Le *Journal officiel*, encore aux mains du gouvernement régulier, publie les pièces suivantes dans sa partie officielle :

Gardes nationaux de Paris,

Un comité prenant le nom de comité central, après s'être emparé d'un certain nombre de canons, a couvert Paris de barricades, et a pris possession pendant la nuit du ministère de la justice.

Il a tiré sur les défenseurs de l'ordre; il a fait des prisonniers, il a assassiné de sang-froid le général Clément Thomas et un général de l'armée française, le général Lecomte.

Quels sont les membres de ce comité?

Personne à Paris ne les connaît; leurs noms sont

nouveaux pour tout le monde. Nul ne saurait même dire à quel parti ils appartiennent. Sont-ils communistes, ou bonapartistes, ou prussiens? Sont-ils les agents d'une triple coalition? Quels qu'ils soient, ce sont les ennemis de Paris qu'ils livrent au pillage, de la France qu'ils livrent aux Prussiens, de la république qu'ils livreront au despotisme. Les crimes abominables qu'ils ont commis ôtent toute excuse à ceux qui oseraient ou les suivre ou les subir.

Voulez-vous prendre la responsabilité de leurs assassinats et des ruines qu'ils vont accumuler? Alors, demeurez chez vous! Mais si vous avez souci de l'honneur et de vos intérêts les plus sacrés, ralliez-vous au gouvernement de la république et à l'Assemblée nationale.

Paris, le 19 mars 1871.

Les ministres présents à Paris,

DUFAURE, JULES FAVRE, ERNEST PICARD, JULES SIMON, AMIRAL POTHUAU, GÉNÉRAL LE FLO.

Le gouvernement, voulant éviter une collision, a usé de patience et de temporisation envers des hommes qu'il espérait par là ramener au bon sens et au devoir. Ces hommes, se plaçant en révolte ouverte contre la loi, s'étaient constitués en comité insurrectionnel, ordonnant à la garde nationale de désobéir à ses chefs légitimes. C'est à leur action qu'a été due la résistance opposée à la reprise des canons que l'autorité militaire voulait replacer dans leurs arsenaux, sous la garde de la garde nationale et de l'armée. La ville entière s'était émue de l'établissement de redoutes sur les hauteurs de Montmartre et des buttes Chaumont, et tout homme d'un peu de bon sens comprenait combien il était à la fois ridicule et criminel de déployer contre Paris cet attirail menaçant.

Tant qu'un pareil état de choses se prolongeait, la reprise du travail était impossible, la province s'éloignait de la capitale, et toute espérance de crédit et de prospérité était indéfiniment ajournée. Après avoir épuisé toutes les voies de conciliation, le gouvernement a senti qu'il était de son devoir de faire respecter la loi et de rendre à la garde nationale son autorité légale. Ce matin à la pointe du jour, les hauteurs ont été enlevées, les canons allaient être reconduits aux arsenaux sous l'escorte de la troupe, lorsque des gardes nationaux armés et d'autres sans armes, excitant et entraînant la foule, se sont jetés sur nos soldats et leur ont arraché leurs armes. Plusieurs bataillons ont été cernés, d'autres forcés de se replier. A partir de ce moment, l'émeute a été maîtresse du terrain. Nous racontons plus bas comment ces criminels artisans ont mis en arrestation le général Lecomte et le général Clément Thomas qui se trouvaient dans la mêlée, et comment ces deux captifs ont été lâchement assassinés.

La journée s'est terminée dans le désordre, sans que la garde nationale, convoquée cependant dès le matin, par le rappel, parût en nombre suffisant pour le réprimer sur le théâtre où il se développait. Ce soir, l'insurrection a envahi l'état-major de la garde nationale et le ministère de la justice. On se demande avec une douloureuse stupeur quel peut être le but de ce coupable attentat ; des malveillants n'ont pas craint de répandre le bruit que le gouvernement préparait un coup d'État, que plusieurs républicains étaient arrêtés.

Ce sont d'odieuses calomnies. Le gouvernement, issu d'une Assemblée nommée par le suffrage universel, a plusieurs fois déclaré qu'il voulait fonder la république. Ceux qui veulent la renverser sont les hommes de désordre, les assassins qui ne craignent bas de semer l'épouvante et la mort dans une cité qui ne peut se sauver que par le calme, le travail, le respect des lois. Ces hommes ne peuvent être que les stipendiés de l'ennemi ou du despotisme. Leurs crimes, nous l'espérons, soulèveront la juste indignation de la population de Paris, qui sera debout pour leur infliger le châtiment qu'ils méritent.

Ce matin, vers midi, le général Lecomte, séparé de ses troupes, a été amené par une bande de forcenés rue des Rosiers, à Montmartre, devant quelques individus prenant le titre de comité central. Des cris « A mort ! » se faisaient entendre. Le général Clément Thomas, survenu peu de temps après, en habit de ville, a été reconnu. Un des assistants s'est écrié : « C'est le général Clément Thomas, son affaire est faite ! » Le général Lecomte et le général Clément Thomas ont été poussés dans un jardin, suivis par une centaine d'hommes. Ils ont été attachés et fusillés. Leurs cadavres ont été mutilés à coups de baïonnette.

Ce crime épouvantable, accompli sous les yeux du comité central, donne la mesure des horreurs dont Paris est menacé, si les sauvages agitateurs qui troublent la cité et déshonorent la France pouvaient triompher.

Les deux aides de camp du général Lecomte allaient subir le même sort que leur général, quand ils ont été sauvés par l'intervention d'un jeune homme de dix-sept ans, qui s'est écrié que ce qui se passait était horrible ; qu'après tout on ne connaissait pas ceux qui prononçaient ces condamnations à mort. Il a réussi à faire épargner les deux jeunes officiers menacés d'une mort affreuse.

Que la population de Paris, si indulgente jusqu'ici pour les fauteurs de désordres, comprenne enfin qu'elle doit se montrer énergique contre de pareils forfaits, sous peine d'en être complice !

Les proclamations suivantes avaient été adressées aux habitants et aux gardes nationaux de Paris :

HABITANTS DE PARIS,

Nous nous adressons encore à vous, à votre raison et à votre patriotisme, et nous espérons que nous serons écoutés.

Votre grande cité, qui ne peut vivre que par l'ordre, est profondément troublée dans quelques quartiers ; et le trouble de ces quartiers, sans se propager dans les autres, suffit cependant pour y empêcher le retour du travail et de l'aisance.

Depuis quelque temps des hommes malintentionnés, sous prétexte de résister aux Prussiens, qui ne sont plus dans vos murs, se sont constitués les maîtres d'une partie de la ville, y ont élevé des retranchements, y montent la garde, vous forcent à la monter avec eux, par ordre d'un comité occulte qui prétend commander seul à une partie de la garde nationale, méconnaît ainsi l'autorité du général d'Aurelles si digne d'être à votre tête, et veut former un gouvernement en opposition au gouvernement légal, institué par le suffrage universel.

Ces hommes qui vous ont causé déjà tant de mal, que vous avez dispersés vous-mêmes au 31 octobre, affichent la prétention de vous défendre contre les Prussiens, qui n'ont fait que paraître dans vos murs, et dont ces désordres retardent le départ définitif, braquent des canons qui, s'ils faisaient feu, ne foudroieraient que vos maisons, vos enfants et vous-mêmes; enfin, compromettent la république au lieu de la défendre, car, s'il s'établissait dans l'opinion de la France que la république est la compagne nécessaire du désordre, la république serait perdue. Ne le croyez pas, et écoutez la vérité que nous vous disons en toute sincérité!

Le gouvernement, institué par la nation tout entière, aurait déjà pu reprendre ces canons dérobés à l'État, et qui, en ce moment, ne menacent que vous, enlever ces retranchements ridicules qui n'arrêtent que le commerce, et mettre sous la main de la justice les criminels qui ne craindraient pas de faire succéder la guerre civile à la guerre étrangère; mais il a voulu donner aux hommes trompés le temps de se séparer de ceux qui les trompent.

Cependant le temps qu'on a accordé aux hommes de bonne foi pour se séparer des hommes de mauvaise foi est pris sur votre repos, sur votre bien-être, sur le bien-être de la France tout entière. Il faut donc ne pas le prolonger indéfiniment. Tant que dure cet état de choses, le commerce est arrêté, vos boutiques sont désertes, les commandes qui viendraient de toutes parts sont suspendues, vos bras sont oisifs, le crédit ne renaît pas, les capitaux dont le gouvernement a besoin pour délivrer le territoire de la présence de l'ennemi hésitent à se présenter. Dans votre intérêt même, dans celui de votre cité, comme dans celui de la France, le gouvernement est résolu à agir. Les coupables qui ont prétendu instituer un gouvernement à eux vont être livrés à la justice régulière. Les canons dérobés à l'État vont être rétablis dans les arsenaux, et, pour exécuter cet acte urgent de justice et de raison, le gouvernement compte sur votre concours. Que les bons citoyens se séparent des mauvais; qu'ils aident à la force publique au lieu de lui résister. Ils hâteront ainsi le retour de l'aisance dans la cité, et rendront service à la république elle-même, que le désordre ruinerait dans l'opinion de la France.

Parisiens, nous vous tenons ce langage parce que nous estimons votre bon sens, votre sagesse, votre patriotisme; mais, cet avertissement donné, vous nous approuverez de recourir à la force, car il faut à tout prix, et sans un jour de retard, que l'ordre, condition de votre bien-être, renaisse entier, immédiat, inaltérable.

Paris, le 17 mars 1871.

THIERS,

Président du conseil, chef du pouvoir exécutif de la république.

DUFAURE, *ministre de la justice.*
E. PICARD, *ministre de l'intérieur.*
POUYER-QUERTIER, *ministre des finances.*
JULES FAVRE, *ministre des affaires étrangères.*
Général LE FLO, *ministre de la guerre.*
Amiral POTHUAU, *ministre de la marine.*
JULES SIMON, *ministre de l'instruction publique.*
DE LARCY, *ministre des travaux publics.*
LAMBRECHT, *ministre du commerce.*

A LA GARDE NATIONALE DE LA SEINE.

Le gouvernement vous appelle à défendre votre cité, vos foyers, vos familles, vos propriétés.

Quelques hommes égarés, se mettant au-dessus des lois, n'obéissant qu'à des chefs occultes, dirigent contre Paris les canons qui avaient été soustraits aux Prussiens.

Ils résistent par la force à la garde nationale et à l'armée.

Voulez-vous le souffrir ?

Voulez-vous sous les yeux de l'étranger, prêt à profiter de nos discordes, abandonner Paris à la sédition ?

Si vous ne l'étouffez pas dans son germe, c'en est fait de la république et peut-être de la France!

Vous avez leur sort entre vos mains.

Le gouvernement a voulu que vos armes vous fussent laissées.

Saisissez-les avec résolution pour rétablir le régime des lois, sauver la république de l'anarchie, qui serait sa perte; groupez-vous autour de vos chefs : c'est le seul moyen d'échapper à la ruine et à la domination de l'étranger.

Paris, le 18 mars 1871.

Le ministre de l'intérieur,

ERNEST PICARD.

Le général commandant en chef les
gardes nationales de la Seine,

D'AURELLE.

GARDES NATIONALES DE PARIS,

On répand le bruit absurde que le gouvernement prépare un coup d'État.

Le gouvernement de la république n'a et ne peut avoir d'autre but que le salut de la république. Les mesures qu'il a prises étaient indispensables au maintien de l'ordre; il a voulu et il veut en finir avec un comité insurrectionnel, dont les membres, presque tous inconnus à la population, ne représentent que les doctrines communistes, et mettraient Paris au pillage et la France au tombeau, si la garde nationale et l'armée ne se levaient pour défendre, d'un commun. accord, la patrie et la république.

Paris, le 18 mars 1871.

THIERS, DUFAURE, ERNEST PICARD, JULES FAVRE, JULES SIMON, POUYER-QUERTIER, GÉNÉRAL LE FLO AMIRAL POTHUAU, LAMBRECHT, DE LARCY.

DÉPÊCHE OFFICIELLE ADRESSÉE A LA MAIRIE DE ROUEN.

Versailles, 19 mars 1871, 8 h. 25 m. matin.

Le président du conseil du gouvernement, chef du pouvoir exécutif, aux préfets, sous-préfets, généraux commandant les divisions militaires, préfets maritimes, premiers présidents des cours d'appel, procureurs généraux, archevêques et évêques.

Le gouvernement tout entier est réuni à Versailles. L'Assemblée s'y réunit également. L'armée, au nombre de 40,000 hommes, s'y est concentrée en bon ordre, sous le commandement du général Vinoy.

Toutes les autorités, tous les chefs de l'armée y sont arrivés. Les autorités civiles et militaires n'exécuteront d'autres ordres que ceux du gouvernement régulier résidant à Versailles, sous peine d'être considérées comme en état de forfaiture.

Les membres de l'Assemblée nationale sont invités à accélérer leur retour pour être tous présents à la séance du 20 mars.

La présente circulaire sera livrée à la publicité.

Signé : THIERS.

Versailles, 19 mars, 10 h. matin.

Les déplorables événements qui ont eu lieu hier à Paris, depuis l'heure où je vous faisais concevoir des espérances, entraînent une grande concentration de forces militaires dans notre ville.

Le chef du pouvoir exécutif, qui ne saurait se séparer de l'Assemblée nationale, est venu se fixer près d'elle avec tous les ministres, et se trouve placé de façon à donner tous les ordres et à obtenir tous les concours nécessaires.

La ville de Versailles, qui n'a rien à redouter, grâce aux forces dont le gouvernement dispose, a de grands devoirs à accomplir.

Il faut surtout que notre armée soit bien accueillie par elle, et, à cet égard, je suis heureux de pouvoir féliciter notre population des excellentes dispositions qu'elle a déjà manifestées.

Espérons que le calme se fera bientôt dans les esprits,

que la loi sera respectée et l'ordre public rétabli ; qu'enfin la république sortira encore une fois victorieuse des cruelles épreuves que lui imposent les passions anarchiques.

Le maire de Versailles, député de Seine-et-Oise,

RAMEAU.

LE 20 MARS 1871.

Le *Journal officiel* tombé au pouvoir des révolutionnaires publie les pièces suivantes dans sa partie officielle.

FÉDÉRATION RÉPUBLICAINE DE LA GARDE NATIONALE.

ORGANE DU COMITÉ CENTRAL.

Si le comité central de la garde nationale était un gouvernement, il pourrait, pour la dignité de ses électeurs, dédaigner de se justifier. Mais comme sa première affirmation a été de déclarer « qu'il ne prétendait pas prendre la place de ceux que le souffle populaire avait renversés, » tenant à simple honnêteté de rester exactement dans la limite expresse du mandat qui lui a été confié, il demeure un composé de personnalités qui ont le droit de se défendre.

Enfant de la république qui écrit sur sa devise le

grand mot de : fraternité, il pardonne à ses détracteurs ; mais il veut persuader les honnêtes gens qui ont accepté la calomnie par ignorance.

Il n'a pas été occulte : ses membres ont mis leurs noms à toutes ses affiches. Si ces noms étaient obscurs, ils n'ont pas fui la responsabilité, — et elle était grande.

Il n'a pas été inconnu, car il était issu de la libre expression des suffrages de deux cent quinze bataillons de la garde nationale.

Il n'a pas été fauteur de désordres, car la garde nationale, qui lui a fait l'honneur d'accepter sa direction, n'a commis ni excès, ni représailles, et s'est montrée imposante et forte par la sagesse et la modération de sa conduite.

Et pourtant les provocations n'ont pas manqué ; et pourtant le gouvernement n'a cessé, par les moyens les plus honteux, de tenter l'essai du plus épouvantable des crimes : la guerre civile.

Il a calomnié Paris et a ameuté contre lui la province.

Il a amené contre nous nos frères de l'armée qu'il a fait mourir de froid sur nos places, tandis que leurs foyers les attendaient.

Il a voulu vous imposer un général en chef.

Il a, par des tentatives nocturnes, tenté de nous désarmer de nos canons, après avoir été empêché par nous de les livrer aux Prussiens.

Il a enfin, avec le concours de ses complices effarés de Bordeaux, dit à Paris : « Tu viens de te montrer héroïque ; or nous avons peur de toi, donc nous t'arrachons ta couronne de capitale. »

Qu'a fait le comité central pour répondre à ces attaques ? Il a fondé la fédération ; il a prêché la modération — disons le mot — la générosité ; au moment où l'attaque armée commençait, il disait à tous : « Jamais d'agression, et ne ripostez qu'à la dernière extrémité ! »

Il a appelé à lui toutes les intelligences, toutes les capacités ; il a demandé le concours du corps d'officiers ; il a ouvert sa porte chaque fois que l'on y frappait au nom de la république.

De quel côté étaient donc le droit et la justice ? De quel côté était la mauvaise foi ?

Cette histoire est trop courte et trop près de nous pour que chacun ne l'ait pas encore à la mémoire. Si nous l'écrivons à la veille du jour où nous allons nous retirer, c'est, nous le répétons, pour les honnêtes gens qui ont accepté légèrement des calomnies dignes seulement de ceux qui les avaient lancées.

Un des plus grands sujets de colère de ces derniers contre nous est l'obscurité de nos noms. Hélas ! bien des noms étaient connus, très-connus, et cette notoriété nous a été bien fatale !...

Voulez-vous connaître un des derniers moyens qu'ils ont employés contre nous ? Ils refusent du pain aux troupes qui ont mieux aimé se laisser désarmer que de tirer sur le peuple. Et ils nous appellent assassins, eux qui punissent le refus d'assassinat par la faim !

D'abord, nous le disons avec indignation : la boue sanglante dont on essaye de flétrir notre honneur est une ignoble infamie. Jamais un arrêt d'exécution n'a été signé par nous; jamais la garde nationale n'a pris part à l'exécution d'un crime.

Quel intérêt y aurait-elle? Quel intérêt y aurions-nous ?

C'est aussi absurbe qu'infâme.

Au surplus, il est presque honteux de nous défendre. Notre conduite montre, en définitive, ce que nous sommes. Avons-nous brigué des traitements ou des honneurs? Si nous sommes inconnus, ayant pu obtenir, comme nous l'avons fait, la confiance de deux cent quinze bataillons, n'est-ce pas parce que nous avons dédaigné de nous faire une propagande? La notoriété s'obtient à bon marché : quelques phrases creuses ou un peu de lâcheté suffit ; un passé tout récent l'a prouvé.

Nous, chargés d'un mandat qui faisait peser sur nos têtes une terrible responsabilité, nous l'avons accompli sans hésitation, sans peur, et dès que nous voici arrivés au but, nous disons au peuple qui nous a assez estimés pour écouter nos avis, qui ont souvent froissé son impatience : « Voici le mandat que tu nous as confié : là où notre intérêt personnel commencerait, notre devoir finit; fais ta volonté. Mon maître, tu t'es fait libre. Obscurs il y a quelques jours, nous allons rentrer obscurs dans tes rangs, et montrer aux gouvernants que l'on peut descendre, la tête haute, les marches de ton hôtel de ville, avec la certitude de trouver au bas l'étreinte de ta loyale et robuste main. »

Les membres du comité central,

ANT. ARNAUD, ASSI, BILLIORAY, FERRAT, BABICK, ED. MOREAU, C. DUPONT, VARLIN, BOURSIER, MORTIER, GOUHIER, LAVALETTE, FR. JOURDE, ROUSSEAU, CH. LULLIER, HENRI FORTUNÉ, G. ARNOLD, VIARD, BLANCHET, J. GROLLARD, BARROUD, H. GÉRESME, FABRE, POUGERET, BOUIT.

AU PEUPLE.

Citoyens,

Le peuple de Paris a secoué le joug qu'on essayait de lui imposer.

Calme, impassible dans sa force, il a attendu, sans crainte comme sans provocation, les fous éhontés qui voulaient toucher à la république.

Cette fois, nos frères de l'armée n'ont pas voulu porter la main sur l'arche sainte de nos libertés. Merci à tous, et que Paris et la France jettent ensemble les bases d'une république acclamée avec toutes ses conséquences, le seul gouvernement qui fermera pour toujours l'ère des invasions et des guerres civiles.

L'état de siége est levé.

Le peuple de Paris est convoqué dans ses sections pour faire ses élections communales.

La sûreté de tous les citoyens est assurée par le concours de la garde nationale.

Hôtel de ville de Paris, ce 19 mars 1871.

Le comité central de la garde nationale,

ASSI, BILLIORAY, FERRAT, BABICK, ED. MOREAU, C. DUPONT, VARLIN, BOURSIER, MORTIER, GOUHIER, LAVALETTE, FR. JOURDE, ROUSSEAU, CH. LULLIER, BLANCHET, J. GROLLARD, BARROUD, H. GÉRESME, FABRE, POUGERET.

Le comité central de la garde nationale,

Considérant :

Qu'il y a urgence de constituer immédiatement l'administration communale de la ville de Paris,

ARRÊTE :

1° Les élections du conseil communal de la ville de Paris auront lieu mercredi prochain, 22 mars.

2° Le vote se fera au scrutin de liste et par arrondissement.

Chaque arrondissement nommera un conseiller par chaque vingt mille habitants ou fraction excédante de plus de dix mille.

3° Le scrutin sera ouvert de 8 heures du matin à 6 heures du soir. Le dépouillement aura lieu immédiatement.

4° Les municipalités des vingt arrondissements sont chargées, chacune en ce qui la concerne, de l'exécution du présent arrêté.

Un avis ultérieur indiquera le nombre de conseillers à élire par arrondissement.

Hôtel de ville de Paris, ce 19 mars 1871.

Le comité central de la garde nationale,

ASSI, BILLIORAY, FERRAT, BABICK, ÉDOUARD MOREAU, C. DUPONT, VARLIN, BOURSIER, MORTIER, GOUHIER, LAVALETTE, FR. JOURDE, ROUSSEAU, CH. LULLIER, BLANCHET, J. GROLLARD, BARROUD, H. GÉRESME, FABRE, POUGERET, BOUIT, VIARD, ANT. ARNAUD.

CITOYENS DE PARIS,

Dans trois jours vous serez appelés, en toute liberté, à nommer la municipalité parisienne. Alors ceux qui, par nécessité urgente, occupent le pouvoir déposeront leurs titres provisoires entre les mains des élus du peuple.

Il y a en outre une décision importante que nous devons prendre immédiatement : c'est celle relative au traité de paix.

Nous déclarons, dès à présent, être fermement décidés à faire respecter ces préliminaires, afin d'arriver à sauvegarder à la fois le salut de la France républicaine et de la paix générale.

Le délégué du gouvernement au ministère de l'intérieur,

V. GRÊLIER.

AUX GARDES NATIONAUX DE PARIS.

Citoyens,

Vous nous aviez chargés d'organiser la défense de Paris et de vos droits.

Nous avons conscience d'avoir rempli cette mission : aidés par votre généreux courage et votre admirable sang-froid, nous avons chassé ce gouvernement qui nous trahissait.

A ce moment, notre mandat est expiré, et nous vous le rapportons, car nous ne prétendons pas prendre la place de ceux que le souffle populaire vient de renverser.

Préparez donc et faites de suite vos élections communales, et donnez-nous pour récompense, la seule que nous ayons jamais espérée : celle de vous voir établir la véritable république.

En attendant, nous conservons, au nom du peuple, l'hôtel de ville.

Hôtel de ville de Paris, ce 19 mars 1871.

Le comité central de la garde nationale,
ASSI, BILLIORAY, FERRAT, BABICK, ÉDOUARD MOREAU,
C. DUPONT, VARLIN, BOURSIER, MORTIER, GOUHIER,
LAVALETTE, FR. JOURDE, ROUSSEAU, CH. LULLIER,
BLANCHET, J. GROLLARD, BARROUD, H. GÉRESME,
FABRE, POUGERET.

COMITÉ CENTRAL DE LA GARDE NATIONALE.

Les habitants limitrophes des grandes voies de

communications servant au transport des vivres pour l'alimentation de Paris sont invités à disposer leurs barricades de manière à laisser la libre circulation des voitures.

Paris, ce 19 mars 1871.

Pour le comité central,
GASTIONI, G. ARNOLD, A. BOUIT.

Le *Journal officiel* de Paris publie les pièces suivantes dans sa partie non officielle :

AUX DÉPARTEMENTS.

Le peuple de Paris, après avoir donné, depuis le 4 septembre, une preuve incontestable et éclatante de son patriotisme et de son dévouement à la république; après avoir supporté avec une résignation et un courage au-dessus de tout éloge les souffrances et les luttes d'un siège long et pénible, vient de se montrer de nouveau à la hauteur des circonstances présentes et des efforts indispensables que la patrie était en droit d'attendre de lui.

Par son attitude calme, imposante et forte, par son esprit d'ordre républicain, il a su rallier l'immense majorité de la garde nationale, s'attirer les sympathies et le concours actif de l'armée, maintenir la tranquillité publique, éviter l'effusion du sang, réorganiser les services publics, respecter les conventions internationales et les préliminaires de paix.

Il espère que toute la presse reconnaîtra et constatera son esprit d'ordre républicain, son courage et son dévouement, et que les calomnies ridicules et odieuses répandues depuis quelques jours en province cesseront.

Les départements, éclairés et désabusés, rendront justice au peuple de la capitale, et ils comprendront que l'union de toute la nation est indispensable au salut commun.

Les grandes villes ont prouvé, lors des élections de 1869 et du plébiscite, qu'elles étaient animées du même esprit républicain que Paris; les nouvelles autorités républicaines espèrent donc qu'elles lui apporteront leur concours sérieux et énergique dans les circonstances présentes et qu'elles les aideront à mener à bien l'œuvre de régénération et de salut qu'elles ont entreprise au milieu des plus grands périls.

Les campagnes seront jalouses d'imiter les villes; la France tout entière, après les désastres qu'elle vient d'éprouver, n'aura qu'un but : assurer le salut commun.

C'est là une grande tâche, digne du peuple tout entier, et il n'y faillira pas.

La province, en s'unissant à la capitale, prouvera à l'Europe et au monde que la France tout entière veut éviter toute division intestine, toute effusion de sang.

Les pouvoirs actuels sont essentiellement provisoires, et ils seront remplacés par un conseil communal qui sera élu mercredi prochain, 22 courant.

Que la province se hâte donc d'imiter l'exemple de la capitale en s'organisant d'une façon républicaine, et qu'elle se mette au plus tôt en rapport avec elle au moyen de délégués.

Le même esprit de concorde, d'union, d'amour républicain, nous inspirera tous. N'ayons qu'un espoir, qu'un but : le salut de la patrie et le triomphe définitif de la république démocratique, une et indivisible.

Les délégués au Journal officiel.

A LA PRESSE.

Les autorités républicaines de la capitale veulent faire respecter la liberté de la presse, ainsi que toutes les autres ; elles espèrent que tous les journaux comprendront que le premier de leurs devoirs est le respect dû à la république, à la vérité, à la justice et au droit, qui sont placés sous la sauvegarde de tous.

Le *Journal officiel de la république française* donne le démenti le plus formel aux bruits alarmants et aux calomnies répandus à dessein, par une certaine presse, depuis trois jours. Il met la capitale et la province en garde contre ces manœuvres coupables, qui doivent cesser sous la république et qui deviendraient un véritable danger.

L'état de siège est levé dans le département de la Seine.

Les conseils de guerre de l'armée permanente sont abolis.

Amnistie pleine et entière est accordée pour tous les crimes et délits politiques.

Il est enjoint à tous les directeurs de prisons de mettre immédiatement en liberté tous les détenus politiques.

Le nouveau gouvernement de la république vient de

prendre possession de tous les ministères et de toutes les administrations.

Cette occupation, opérée par la garde nationale, impose de grands devoirs aux citoyens qui ont accepté cette tâche difficile.

L'armée, comprenant enfin la position qui lui était faite et les devoirs qui lui incombaient, a fusionné avec les habitants de la cité : troupes de ligne, mobiles et marins se sont unis pour l'œuvre commune.

Sachons donc profiter de cette union pour resserrer nos rangs, et une fois pour toutes, asseoir la république sur des bases sérieuses et impérissables !

Que la garde nationale, unie à la ligne et à la mobile, continue son service avec courage et dévouement ;

Que les bataillons de marche, dont les cadres sont encore presque au complet, occupent les forts et toutes les positions avancées afin d'assurer la défense de la capitale ;

Les municipalités des arrondissements, animées du même zèle et du même patriotisme que la garde nationale et l'armée, se sont unies à elles pour assurer le salut de la république et préparer les élections du conseil communal qui vont avoir lieu.

Point de divisions ! Unité parfaite et liberté pleine et entière !

Citoyens,

La journée du 18 mars, que l'on cherche par raison et intérêt à travestir d'une manière odieuse, sera appelée dans l'histoire : la journée de la justice du peuple !

Le gouvernement déchu, — toujours maladroit, — a

voulu provoquer un conflit sans s'être rendu compte ni de son impopularité ni de la confraternité des différentes armes. — L'armée entière, commandée pour être fratricide, a répondu à cet ordre par le cri de : Vive la république! Vive la garde nationale!

Seuls, deux hommes qui s'étaient rendus impopulaires par des actes que nous qualifions dès aujourd'hui d'iniques ont été frappés dans un moment d'indignation populaire.

Le comité de la fédération de la garde nationale, pour rendre hommage à la vérité, déclare qu'il est étranger à ces deux exécutions.

Aujourd'hui, les ministères sont constitués; la préfecture de police fonctionne, les administrations reprennent leur activité, et nous invitons tous les citoyens à maintenir le calme et l'ordre le plus parfait.

Citoyens,

Vous avez vu à l'œuvre la garde nationale; l'union, établie au milieu de tant de difficultés par le comité de la fédération de la garde nationale, a montré ce que nous aurions pu faire et ce que nous ferons dans l'avenir.

Une réunion des maires et adjoints et des députés de Paris, provoquée par le citoyen Tolain, a eu lieu à la mairie du 2ᵉ arrondissement.

La gravité des événements donnait à cette réunion une importance extraordinaire. Après discussion, une délégation fut envoyée à M. Picard pour s'entendre avec lui sur les modifications à apporter dans le système gouvernemental.

Plusieurs propositions ont été faites, mais sans résultat, M. Picard ne pouvant, a-t-il dit, prendre aucune décision sans l'assentiment de ses collègues.

La délégation se rendit ensuite chez le général d'Aurelle de Paladines, qui déclara ne pouvoir apporter de remède à la situation, que, du reste, il n'avait pas créée.

Le général ajouta que le sort de la France était entre les mains des municipalités, et qu'il abandonnait toute initiative.

C'est à la suite de cet incident que le comité central de la garde nationale a pourvu aux besoins impérieux de la situation en organisant les services publics.

Versailles, 20 mars 1871, 10 h. 5 soir.

INTÉRIEUR A PRÉFETS ET SOUS-PRÉFETS.

CIRCULAIRE.

La situation de Paris n'est pas aggravée. L'insurrection est désavouée par tout le monde. Elle est déshonorée par des actes de violence individuelle. Général Chanzy et plusieurs officiers sont retenus prisonniers.

Les maires protestent unanimement et se refusent à procéder aux élections. L'Assemblée est unanime pour flétrir ces désordres et leurs auteurs. Des officiers et des gardes nationaux sont venus à Versailles demander la nomination de l'amiral Saisset et promettent une action prochaine énergique. La séance de l'Assemblée a été excellente. Tous les partis sont d'accord pour condamner le mouvement.

———

Le *Journal officiel* de la république française, qui vient de suivre le gouvernement à Versailles, publie en tête du numéro du 20 mars l'avis suivant :

Hier, 19 mars, ont été envahis à Paris les bureaux du *Journal officiel,* dont le personnel s'était transporté avec les archives à Versailles, auprès du gouvernement et de l'Assemblée nationale. Les envahisseurs se sont emparés des presses, du matériel et même des articles officiels composés et restés dans l'atelier. C'est ainsi qu'ils ont pu donner à la publication de leurs actes une apparence régulière, et tromper le public de Paris par un faux journal du gouvernement de la France.

———

La partie officielle du même journal ne contient que l'arrêté suivant :

Par arrêté du gouvernement, en date du 19 mars, l'amiral Saisset a été nommé commandant supérieur des gardes nationales de la Seine.

———

On lit dans la partie non officielle :

Le gouvernement n'a pas voulu engager une action sanglante alors qu'il y était provoqué par la résistance inattendue du comité central de la garde nationale. Cette résistance, habilement organisée, dirigée par des conspirateurs audacieux autant que perfides, s'est traduite par l'invasion d'un flot de gardes nationaux sans armes et de population se jetant sur les soldats, rompant leurs rangs et leur arrachant leurs armes. Entraînés par ces coupables excitations, beaucoup de militaires ont oublié leur devoir. Vainement aussi la garde nationale avait-elle été convoquée; pendant toute la journée elle n'a paru sur le terrain qu'en nombre insignifiant.

C'est dans ces conjonctures graves que ne voulant pas livrer une bataille sanglante dans les rues de Paris, alors surtout qu'il semblait n'être pas assez fortement soutenu par la garde nationale, le gouvernement a pris le parti de se retirer à Versailles près l'Assemblée nationale, la seule représentation légale du pays.

En quittant Paris, M. le ministre de l'intérieur a, sur la demande des maires, délégué à la commission qui serait nommée par eux le pouvoir d'administrer provisoirement la ville. Les maires se sont réunis plusieurs fois sans pouvoir arriver à une entente commune.

Pendant ce temps le comité insurrectionnel s'installait à l'hôtel de ville et faisait paraître deux proclamations, l'une pour annoncer sa prise de possession du pouvoir, l'autre pour convoquer les électeurs de Paris dans le but de nommer une assemblée communale.

Pendant que ces faits s'accomplissaient, le comité de la rue des Rosiers, à Montmartre, était le théâtre du criminel attentat commis sur la personne du général Lecomte et du général Clément Thomas, lâchement assassinés par une bande de sicaires. Le général de Chanzy, qui arrivait de Bordeaux, était arrêté à la gare d'Orléans, ainsi que M. Turquet, représentant de l'Aisne.

Les ministères étaient successivement occupés, les gares des chemins de fer envahies par des hommes armés se livrant sur les voyageurs à des perquisitions arbitraires, mettant en état d'arrestation ceux qui leur paraissaient suspects, désarmant les soldats isolés ou en corps qui voulaient entrer à Paris. En même temps plusieurs quartiers se couvraient de barricades armées de pièces de canon, et partout les citoyens étaient exposés à toutes les exigences d'une inquisition militaire dont il est impossible de deviner le but.

Ce honteux état d'anarchie commence cependant à émouvoir les bons citoyens, qui s'aperçoivent trop tard de la faute qu'ils ont commise en ne prêtant pas de suite leur concours actif au gouvernement nommé par l'Assemblée. Qui peut, en effet, sans frémir, accepter les conséquences de cette déplorable sédition, s'abattant sur la ville comme une tempête soudaine, irrésistible, inexplicable? Les Prussiens sont à nos portes, nous avons traité avec eux. Mais si le gouvernement qui a signé les conventions de préliminaire est renversé, tout est rompu. L'état de guerre recommence et Paris est fatalement voué à l'occupation.

Ainsi sont frappés de stérilité les longs et douloureux efforts à la suite desquels le gouvernement est parvenu à éviter ce malheur irréparable; mais ce n'est pas tout, avec cette lamentable émeute il n'y a plus ni crédit ni travail. La France, ne pouvant pas satisfaire à ses engagements, est livrée à l'ennemi qui lui imposera sa dure servitude. Voilà les fruits amers de la folie criminelle de quelques-uns, de l'abandon déplorable des autres.

Il est temps encore de revenir à la raison et de reprendre courage. Le gouvernement et l'Assemblée ne désespèrent pas. Ils font appel au pays, ils s'appuient sur lui, décidés à le suivre résolûment et à lutter sans faiblesse contre la sédition. Des mesures énergiques vont être prises; que les départements les secondent en se groupant autour de l'autorité qui émane de leurs libres suffrages. Ils ont pour eux le droit, le patriotisme, la décision : ils sauveront la France des horribles malheurs qui l'accablent.

Déjà, comme nous l'avons dit, la garde nationale de Paris se reconstitue pour avoir raison de la surprise qui lui a été faite. L'amiral Saisset, acclamé sur les boulevards, a été nommé pour la commander. Le gouvernement est prêt à la seconder. Grâce à leur accord, les factieux qui ont porté à la république une si grave atteinte seront forcés de rentrer dans l'ombre ; mais ce ne sera pas sans laisser derrière eux, avec les ruines qu'ils ont faites, avec le sang généreux versé par leurs assassins, la preuve certaine de leur affiliation avec les plus détestables agents de l'empire et les intrigues ennemies. Le jour de la justice est prochain. Il dépend de la fermeté de tous les bons citoyens qu'il soit exemplaire.

LE 21 MARS 1871.

Le *Journal officiel* de Paris contient dans sa partie officielle les pièces suivantes :

FÉDÉRATION RÉPUBLICAINE DE LA GARDE NATIONALE.

Hôtel de ville, 20 mars 1871, 6 h. soir.

De nombreux repris de justice, rentrés à Paris, ont été envoyés pour commettre quelques attentats à la propriété, afin que nos ennemis puissent nous accuser encore.

Nous engageons la garde nationale à la plus grande vigilance dans ses patrouilles.

Chaque caporal devra veiller à ce qu'aucun étranger ne se glisse, caché sous l'uniforme, dans les rangs de son escouade.

C'est l'honneur du peuple qui est en jeu ; c'est au peuple à le garder.

ANT. ARNAUD, G. ARNOLD, ASSI, ANDIGNOUX, BOUIT, JULES BERGERET, BABICK, BOURSIER, BARON, BILLIORAY, BLANCHET, CASTIONI, CHOUTEAU, C. DUPONT, FERRAT, HENRI FORTUNÉ, FABRE, POUGERET, C. GAUDIER, GOUHIER, GÉRESME, GROLLARD, JOSSELIN, FR. JOURDE, MAXIME LISBONNE, LAVALETTE, CH. LULLIER, MALJOURNAL, MOREAU, MORTIER, PRUDHOMME, ROUSSEAU, RANVIER, VARLIN, VIARD.

AVIS.

A partir de demain 21, la solde de la garde nationale sera faite régulièrement, et les distributions de secours seront reprises sans interruption.

Le comité central de la garde nationale,

ANT. ARNAUD, G. ARNOLD, ASSI, ANDIGNOUX, BOUIT, JULES BERGERET, BABICK, BOURSIER, BARON, BILLIORAY, BLANCHET, CASTIONI, CHOUTEAU, C. DUPONT, FERRAT, HENRI FORTUNÉ, FABRE, POUGERET, C. GAUDIER, GÉRESME, GROLARD, JOSSELIN, FR. JOURDE, MAXIME LISBONNE, LAVALETTE, CH. LULLIER, MALJOURNAL, MOREAU, MORTIER, PRUDHOMME, ROUSSEAU, RANVIER, VARLIN, VIARD, GOUHIER.

COMITÉ CENTRAL DE LA GARDE NATIONALE.

Citoyens,

En quittant Paris, le pouvoir qui vient de crouler sous le mépris populaire a paralysé, désorganisé tous les services publics.

Une circulaire a enjoint à tous ses employés de se rendre à Versailles.

La télégraphie, ce service utile entre tous dans ces moments de crise suprême, de rénovation, n'a pas été oubliée dans ce complot monarchique. *Tous les services, toutes les communications avec la province sont interrompus.* On veut nous tromper. Les employés sont à Versailles — avec le roi.

Nous signalons au peuple de Paris ce procédé criminel. C'est une nouvelle pièce à charge dans ce grand procès entre peuples et rois.

En attendant, et pour consacrer tout entières à l'œuvre du moment les forces qui nous restent, nous suspendons, à partir d'aujourd'hui, le service de la télégraphie privée dans Paris.

Le directeur général,
J. LUCIEN COMBATZ.

Le directeur général des télégraphes est autorisé à supprimer jusqu'à nouvel ordre la télégraphie privée dans Paris.

Paris, le 20 mars 1871.

Pour le comité central.
L. BOURSIER, GOUHIER, H. MOREAU.

Paris, depuis le 18 mars, n'a d'autre gouvernement que celui du peuple : c'est le meilleur.

Jamais révolution ne s'est accomplie dans des conditions pareilles à celles où nous sommes.

Paris est devenu ville libre.

Sa puissante centralisation n'existe plus.

La monarchie est morte de cette constatation d'impuissance.

Dans cette ville libre, chacun a le droit de parler, sans prétendre influer en quoi que ce soit sur les destinées de la France.

Or Paris demande :

1° L'élection de la mairie de Paris ;

2° L'élection des maires, adjoints et conseillers municipaux des vingt arrondissements de la ville de Paris ;

3° L'élection de tous les chefs de la garde nationale, depuis le premier jusqu'au dernier ;

4° Paris n'a nullement l'intention de se séparer de la France, loin de là : il a souffert pour elle l'empire, le gouvernement de la défense nationale, toutes ses trahisons et toutes ses lâchetés. Ce n'est pas, à coup sûr, pour l'abandonner aujourd'hui, mais seulement pour lui dire, en qualité de sœur aînée : Soutiens-toi toi-même comme je me suis soutenu ; oppose-toi à l'oppression comme je m'y suis opposé !

Le commandant délégué à l'ex-préfecture de police,

E. DUVAL.

Les délégués adjoints :

E. TEULLIÈRE, ÉDOUARD ROULLIER. L. DUVIVIER, CHARDON, VERGNAUD, MOUTON.

MANIFESTE DES DÉPUTÉS DE PARIS.

A NOS MANDANTS, ÉLECTEURS DE LA SEINE.

Chers concitoyens,

Le compte rendu de la séance du 10 mars vous a dit avec quelle énergie nous avons insisté pour la translation de l'Assemblée nationale à Paris. Nous avions hâte d'être au milieu de vous.

Nous avons du moins contribué à déjouer le projet de donner pour résidence à l'Assemblée la ville de Fontainebleau.

Inutile d'ajouter que si, plus tard, on venait proposer de changer la résidence provisoire à Versailles en résidence définitive, cette atteinte au droit de Paris, seule capitale possible de la France, rencontrerait de notre part une résistance inflexible.

En attendant, et vu l'état déplorable où l'empire a jeté notre pays, nous croyons nécessaire d'éviter tout ce qui pourrait donner lieu à des agitations, dont ne manqueraient pas de profiter nos adversaires politiques et les envahisseurs de la France, encore campés sur son territoire.

Nous estimons, en outre, que notre présence au poste que vos suffrages nous ont assigné ne saurait être inutile, soit qu'il s'agisse de consolider la république, soit qu'il y ait à la défendre.

Sauvegarder la république, hâter la délivrance du sol français, voilà les deux grands intérêts du moment.

La république! nous la servirons, en restant sur la brèche, jusqu'à ce que l'Assemblée actuelle, nommée pour trancher la question de paix ou de guerre et pourvoir aux nécessités résultant de sa décision, fasse place à une Assemblée constituante.

La France! nous la servirons, en nous gardant de tout ce qui serait de nature à amener des conflits dont, nous le répétons, nos ennemis du dedans et du dehors n'auraient que trop sujet de se réjouir.

Telle est, chers concitoyens, la ligne de conduite que nous nous sommes tracée. Nous avons l'espoir que vous l'approuverez.

PEYRAT, EDMOND ADAM, EDGAR QUINET, SCHŒLCHER, LANGLOIS, HENRI BRISSON, GREPPO, TOLAIN, GAMBON, LOCKROY, JEAN BRUNET, FLOQUET, TIRARD, CLÉMENCEAU, MARTIN BERNARD, FARCY, LOUIS BLANC.

L'arrêté relatif à la vente des objets engagés au mont-de-piété est rapporté.

Prorogation d'un mois des échéances des effets de commerce.

Jusqu'à nouvel ordre, et dans le seul but de maintenir la tranquillité, les propriétaires et les maîtres d'hôtel ne pourront congédier leurs locataires.

Le comité central de la garde nationale est décidé à respecter les conditions de la paix.

Seulement, il lui paraît de toute justice que les auteurs de la guerre maudite dont nous souffrons subissent la plus grande partie de l'indemnité imposée par nos impitoyables vainqueurs.

Le délégué à l'intérieur,
GRÊLIER.

Le comité de la fédération républicaine et le comité central de la garde nationale ont opéré leur fusion et adopté les statuts suivants :

FÉDÉRATION RÉPUBLICAINE DE LA GARDE NATIONALE.

STATUTS. — DÉCLARATION PRÉALABLE.

La république est le seul gouvernement possible ; elle ne peut être mise en discussion.

La garde nationale a le droit absolu de nommer tous ses chefs et de les révoquer dès qu'ils ont perdu la confiance de ceux qui les ont élus, toutefois après une enquête préalablement destinée à sauvegarder les droits de la justice.

Art. 1er. La fédération républicaine de la garde nationale est organisée ainsi qu'il suit :

1° L'assemblée générale des délégués ;

2° Le cercle de bataillon ;

3° Le conseil de guerre ;

4° Le comité central.

Art. 2. L'assemblée générale est formée :

1° D'un délégué élu à cet effet dans chaque compagnie, sans distinction de grade;

2° D'un officier par bataillon élu par le corps des officiers;

3° Du chef de chaque bataillon.

Ces délégués, quels qu'ils soient, sont toujours révocables par ceux qui les ont nommés.

Art. 3. Le cercle de bataillon est formé;

1° De trois délégués par compagnie, élus sans distinction de grade;

2° De l'officier délégué à l'assemblée générale;

3° Du chef de bataillon.

Art. 4. Le conseil de légion est formé :

1° De deux délégués par cercle de bataillon élus sans distinction de grade;

2° Des chefs de bataillon de l'arrondissement.

Art. 5. Le comité central est formé :

1° De deux délégués par arrondissement, élus sans distinction de grade par le conseil de légion;

2° D'un chef de bataillon par légion, élu par ses collègues.

Art. 6. Les délégués au cercle de bataillon, conseil de légion et comité central sont les défenseurs naturels de tous les intérêts de la garde nationale. Ils devront veiller au maintien de l'armement de tous les corps spéciaux et autres de ladite garde, et prévenir toute tentative qui aurait pour but le renversement de la république.

Ils ont également pour mission d'élaborer un projet de réorganisation complète des forces nationales.

Art. 7. Les réunions de l'assemblée générale auront lieu les premiers dimanches du mois, sauf l'urgence.

Les diverses fractions constituées de la fédération fixeront par un règlement intérieur les modes, lieux et heures de leurs délibérations.

Art. 8. Pour subvenir aux frais généraux d'administration, de publicité et autres du comité central, il sera établi dans chaque compagnie une cotisation qui devra produire au minimum un versement mensuel de cinq francs, lequel sera effectué du 1er au 5 du mois, entre les mains du trésorier, par les soins des délégués.

Art. 9. Il sera délivré à chaque délégué, membre de l'assemblée générale, une carte personnelle qui lui servira d'entrée à ses réunions.

Art. 10. Tous les gardes nationaux sont solidaires, et les délégués de la fédération sont placés sous la sauvegarde immédiate et directe de la garde nationale tout entière.

Le *Journal officiel* de Paris publie les pièces suivantes dans sa partie non officielle :

LA RÉVOLUTION DU 18 MARS.

Les journaux réactionnaires continuent à tromper l'opinion publique en dénaturant avec préméditation et mauvaise foi les événements politiques dont la capitale est le théâtre depuis trois jours. Les calomnies les plus grossières, les inculpations les plus fausses et les plus outrageantes sont publiées contre les hommes courageux et désintéressés qui, au milieu des plus grands périls, ont assumé la lourde responsabilité du salut de la république.

L'histoire impartiale leur rendra certainement la justice qu'ils méritent, et constatera que la révolution du 18 mars est une nouvelle étape importante dans la marche du progrès.

D'obscurs prolétaires, hier encore inconnus, et dont les noms retentiront bientôt dans le monde entier, inspirés par un amour profond de la justice et du droit, par un dévouement sans borne à la France et à la république, s'inspirant de ces généreux sentiments et de leur courage à toute épreuve, ont résolu de sauver à la fois la patrie envahie et la liberté menacée. Ce sera là leur mérite devant leurs contemporains et devant la postérité.

Les prolétaires de la capitale, au milieu des défaillances et des trahisons des classes gouvernantes, ont compris que l'heure était arrivée pour eux de sauver la situation en prenant en mains la direction des affaires publiques.

Ils ont usé du pouvoir que le peuple a remis entre leurs mains avec une modération et une sagesse qu'on ne saurait trop louer.

Ils sont restés calmes devant les provocations des ennemis de la république, et prudents en présence de l'étranger.

Ils ont fait preuve du plus grand désintéressement et de l'abnégation la plus absolue. A peine arrivés au pouvoir, ils ont eu hâte de convoquer dans ses comices le peuple de Paris, afin qu'il nomme immédiatement une municipalité communale dans les mains de laquelle ils abdiqueront leur autorité d'un jour.

Il n'est pas d'exemple dans l'histoire d'un gouvernement provisoire qui se soit plus empressé de déposer son mandat dans les mains des élus du suffrage universel.

En présence de cette conduite si désintéressée, si honnête et si démocratique, on se demande avec étonnement comment il peut se trouver une presse assez injuste, malhonnête et éhontée, pour déverser la calomnie, l'injure et l'outrage sur des citoyens respectables, dont les actes ne méritent jusqu'à ce jour qu'éloge et admiration.

Les amis de l'humanité, les défenseurs du droit, victorieux ou vaincus, seront donc toujours les victimes du mensonge et de la calomnie?

Les travailleurs, ceux qui produisent tout et qui ne jouissent de rien, ceux qui souffrent de la misère au milieu des produits accumulés, fruit de leur labeur et de leurs sueurs, devront-ils donc sans cesse être en butte à l'outrage?

Ne leur sera-t-il jamais permis de travailler à leur émancipation sans soulever contre eux un concert de malédictions?

La bourgeoisie, leur aînée, qui a accompli son émancipation il y a plus de trois quarts de siècle, qui les a précédés dans la voie de la révolution, ne comprend-elle pas aujourd'hui que le tour de l'émancipation du prolétariat est arrivé?

Les désastres et les calamités publiques dans lesquels son incapacité politique et sa décrépitude morale et intellectuelle ont plongé la France devraient pourtant lui prouver qu'elle a fini son temps, qu'elle a accompli la tâche qui lui avait été imposée en 89, et qu'elle doit sinon céder la place aux travailleurs, au moins les laisser arriver à leur tour à l'émancipation sociale.

En présence des catastrophes actuelles, il n'est pas trop du concours de tous pour nous sauver.

Pourquoi donc persiste-t-elle avec un aveuglement fatal et une persistance inouïe à refuser au prolétariat sa part légitime d'émancipation?

Pourquoi lui conteste-t-elle sans cesse le droit commun; pourquoi s'oppose-t-elle de toutes ses forces et par tous les moyens au libre développement des travailleurs?

Pourquoi met-elle sans cesse en péril toutes les conquêtes de l'esprit humain accomplies par la grande révolution française?

Si depuis le 4 septembre dernier la classe gouvernante avait laissé un libre cours aux aspirations et aux besoins du peuple; si elle avait accordé franchement aux travailleurs le droit commun, l'exercice de toutes les libertés, si elle leur avait permis de développer toutes leurs facultés, d'exercer tous leurs droits et de satisfaire leurs besoins; si elle n'avait pas préféré la ruine de la patrie au triomphe certain de la république en Europe, nous n'en serions pas où nous en sommes et nos désastres eussent été évités.

Le prolétariat, en face de la menace permanente de ses droits, de la négation absolue de toutes ses légitimes aspirations, de la ruine de la patrie et de toutes ses espérances, a compris qu'il était de son devoir impérieux et de son droit absolu de prendre en main ses destinées et d'en assurer le triomphe en s'emparant du pouvoir.

C'est pourquoi il a répondu par la révolution aux provocations insensées et criminelles d'un gouvernement aveugle et coupable, qui n'a pas craint de déchaîner la guerre civile en présence de l'invasion et de l'occupation étrangères.

L'armée, que le pouvoir espérait faire marcher contre le peuple, a refusé de tourner ses armes contre lui, elle lui a tendu une main fraternelle et s'est jointe à ses frères.

Que les quelques gouttes de sang versé, toujours regrettables, retombent sur la tête des provocateurs de la guerre civile et des ennemis du peuple, qui, depuis près d'un demi-siècle, ont été les auteurs de nos luttes intestines et de toutes nos ruines nationales!

Le cours du progrès, un instant interrompu, reprendra sa marche, et le prolétariat accomplira, malgré tout, son émancipation!

Le délégué au Journal officiel.

LES ÉLECTIONS COMMUNALES.

Le comité central de la garde nationale a convoqué pour mercredi prochain, 22 du courant, les électeurs des vingt arrondissements, dans leurs comices, afin de nommer le conseil communal de Paris.

Tous les citoyens comprendront l'utilité et l'importance de ces élections, qui assureront d'une manière régulière tous les services publics et l'administration de la capitale, dont le besoin est si urgent dans les graves circonstances présentes.

En votant pour des républicains socialistes connus, dévoués, intelligents, probes et courageux, les électeurs parisiens assureront non-seulement le salut de la capitale et de la république, mais encore celui de la France.

Jamais occasion aussi solennelle et aussi décisive ne s'est présentée pour le peuple de Paris; il tient son salut dans ses mains; du vote de mercredi prochain dépend son avenir.

S'il suit le conseil que nous lui donnons, il est sauvé ; s'il vote pour des réactionnaires, il est perdu.

Il ne peut donc hésiter : il donnera une nouvelle preuve d'intelligence et de dévouement en consolidant à jamais par son vote la république démocratique.

Les mesures sages et prévoyantes prises par le comité central de la garde nationale ont complétement calmé l'effervescence de la population parisienne.

Sur les boulevards et dans les rues, la circulation est aussi active que d'habitude. Bien que les événements accomplis ces derniers jours soient commentés avec animation, les citoyens acceptent franchement le nouvel état de choses, garanti du reste par l'aide et le concours de la garde nationale tout entière.

La troupe régulière a, de son côté, compris que ses chefs ne pouvaient plus lui commander le feu sur les Français, après les avoir fait fuir devant les Prussiens.

Les auteurs de tous nos maux ont quitté Paris sans emporter le moindre regret.

Et maintenant, soldats, mobiles et gardes nationaux sont unis par la même pensée, le même désir, le même but : nous voulons tous l'union et la paix.

Plus d'émeutes dans les rues ! Assez de sang versé pour les tyrans.

Que les ambitieux ou les traîtres se le tiennent pour dit.

Vous, commerçants qui voulez la stabilité dans les affaires; vous, boutiquiers qui demandez le va-et-vient favorable à la consommation; vous, ouvriers qui avez besoin d'utiliser vos bras pour assurer l'existence de vos familles; vous tous enfin qui, après tant de calamités, aspirez à jouir de la sécurité indispensable au bonheur d'un grand peuple, rejetez les conseils funestes qui tendent à nous mettre de nouveau entre des mains royales ou impériales.

Pour renverser notre république sacro-sainte, cimentée hier encore par l'œuvre commune, il faudrait supporter l'horreur d'une nouvelle lutte fratricide, et passer sur nombre de cadavres républicains.

Sacrifions toutes nos jalousies, toutes nos rancunes sur l'autel de la patrie, et que de toutes les poitrines françaises parte ce cri grand et sublime :

Vive à jamais la république !

Tous les journaux réactionnaires publient des récits plus ou moins dramatiques sur ce qu'ils appellent « l'assassinat » des généraux Lecomte et Clément Thomas.

Sans doute ces actes sont regrettables.

Mais il importe, pour être impartial, de constater deux faits :

1º Que le général Lecomte avait commandé à quatre reprises, sur la place Pigalle, de charger une foule inoffensive de femmes et d'enfants ;

2º Que le général Clément Thomas a été arrêté au moment où il levait, en vêtements civils, un plan des barricades de Montmartre.

Ces deux hommes ont donc subi la loi de la guerre, qui n'admet ni l'assassinat des femmes ni l'espionnage.

On nous raconte que l'exécution du général Lecomte a été opérée par des soldats de la ligne, et celle du général Clément Thomas par des gardes nationaux.

Il est faux que ces exécutions aient eu lieu sous les yeux et par les ordres du comité central de la garde nationale. Le comité central siégeait avant-hier rue Onfroy, près de la Bastille, jusqu'à l'heure où il a pris possession de l'hôtel de ville; et il a appris en même temps l'arrestation et la mort des deux victimes de la justice populaire.

Ajoutons qu'il a ordonné une enquête immédiate sur ces faits.

———

Tous les journaux réactionnaires s'indignent de la mort du général Clément Thomas.

Le 22 janvier, quand Sapia tombait criblé de balles, ainsi que plusieurs républicains, les mêmes journaux approuvaient la fusillade bretonne.

Aujourd'hui, ils devraient avoir au moins la pudeur de garder le silence.

———

Versailles, 21 mars 1871, 11 h. 10 matin.

LE PRÉSIDENT DU CONSEIL, CHEF DU POUVOIR EXÉCUTIF, A PRÉFETS ET SOUS-PRÉFETS.

Les nouvelles de toute la France sont parfaitement rassurantes. Les hommes de désordre ne triomphent nulle part, et, à Paris même, les bons citoyens se rallient et s'organisent pour comprimer la sédition.

A Versailles, l'Assemblée, le gouvernement, ralliés et entourés d'une armée de 45,000 hommes nullement ébranlés, sont en mesure de mener les événements et les dominent dès aujourd'hui.

Hier l'Assemblée a tenu sa première séance et s'est montrée calme, unie et résolue. Elle a formé une commission qui s'est entendue avec le chef du pouvoir exécutif, et qui est convenue avec lui de toutes les mesures à prendre dans les circonstances actuelles.

Elle va publier une proclamation.

Lille, Lyon, Marseille, Bordeaux sont tranquilles.

Vous pouvez donner aux populations ces nouvelles, — qui sont rigoureusement exactes, — car le gouvernement qui vous les adresse est un gouvernement de vérité.

Qu'il reste bien entendu que tout agent de l'autorité qui pactiserait avec le désordre sera poursuivi selon les lois comme coupable de forfaiture.

A. THIERS

LE 22 MARS 1871.

Le *Journal officiel* de Paris publie dans sa partie officielle les pièces suivantes :

FÉDÉRATION RÉPUBLICAINE DE LA GARDE NATIONALE.

Le comité central, n'ayant pu établir une entente parfaite avec les maires, se voit forcé de procéder aux élections sans leur concours.

En conséquence, le comité arrête :

1° Les élections se feront dans chaque arrondissement par les soins d'une commission électorale nommée à cet effet par le comité central;

2° Les électeurs de la ville de Paris sont convoqués jeudi 23 mars 1871, dans leurs colléges électoraux, à l'effet d'élire le conseil communal de Paris;

3° Le vote se fera au scrutin de liste et par arrondissement;

4° Le nombre de conseillers est fixé à 90, soit 1 pour 20,000 habitants et par fraction de plus de 10,000;

5° Ils sont répartis d'après la population, ainsi qu'il suit :

ARRONDISSEMENTS	POPULATION	NOMBRE DE CONSEILLERS.
Ier...............	81.665	4
IIe...............	79.909	4
IIIe...............	92.680	5
IVe...............	98.648	5
V^e...............	104.083	5
VIe...............	99.115	5
VIIe...............	75.438	4
	A reporter......	32

ARRONDISSEMENTS	POPULATION	NOMBRE DE CONSEILLERS
Report		32
VIIIe	70.259	4
IXe	106.221	5
Xe	116.438	6
XIe	149.644	7
XIIe	78.635	4
XIIIe	70.192	4
XIVe	65.506	3
XVe	69.340	3
XVIe	42.187	2
XVIIe	93.493	5
XVIIIe	130.456	7
XIXe	88.930	4
XXe	87.444	4
Total		90

6° Les électeurs voteront sur la présentation de la carte qui leur a été délivrée pour l'élection des députés à l'Assemblée nationale, le 8 février 1871, et dans les mêmes locaux ;

7° Ceux des électeurs qui n'auraient pas retiré leur carte à cette époque, ou l'auraient égarée depuis, prendront part au vote, après vérification de leur inscription sur la liste électorale. Ils devront faire constater leur identité par deux électeurs inscrits dans leur section ;

8° Le scrutin ouvrira à 8 heures du matin et sera clos à 6 heures du soir ; le dépouillement commencera immédiatement après la clôture du scrutin.

Citoyens,

Le comité central remet aux mains du peuple de

Paris le pouvoir tombé de mains indignes. Les élections communales se feront d'après le mode ordinaire ; mais le comité central exprime le vœu qu'à l'avenir le vote nominal soit considéré comme le seul vraiment moral et digne des principes démocratiques.

Le comité central de la garde nationale,

AVOINE FILS, ANT. ARNAUD, G. ARNOLD, ASSI, ANDIGNOUX, BOUIT, JULES BERGERET, BABICK, BOURSIER, BAROU, BILLIORAY, BLANCHET, CASTIONI, CHOUTEAU, C. DUPONT, FERRAT, HENRI FORTUNÉ, FABRE, FLEURY, POUGERET, C. GAUDIER, GOUHIER, GUIRAL, GÉRESME, GROLLARD, JOSSELIN, FR. JOURDE, MAXIME LISBONNE, LAVALETTE, CH. LULLIER, MALJOURNAL, MOREAU, MORTIER, PRUDHOMME, ROUSSEAU, RANVIER, VARLIN, VIARD.

Voici la proclamation des députés et maires de Paris :

CITOYENS,

Pénétrés de la nécessité absolue de sauver Paris et la république en écartant toute cause de collision, et convaincus que le meilleur moyen d'atteindre ce but suprême est de donner satisfaction aux vœux légitimes du peuple, nous avons résolu de demander aujourd'hui même à l'Assemblée nationale l'adoption de deux mesures qui, nous en avons l'espoir, contribueront, si elles sont adoptées, à ramener le calme dans les esprits.

Ces deux mesures sont : l'élection de tous les

chefs de la garde nationale et l'établissement d'un conseil municipal élu par tous les citoyens.

Ce que nous voulons, ce que le bien public réclame en toute circonstance et ce que la situation présente rend plus indispensable que jamais, c'est l'ordre dans la liberté et par la liberté.

Vive la France ! Vive la république.

(Suivent les signatures.)

Le général commandant en chef des gardes nationales de la Seine a nommé, en date de ce jour, le général Raoul du Bisson aux fonctions de chef d'état-major général ;

Le colonel Valigranne aux fonctions de sous-chef d'état-major général et commandant militaire à l'hôtel de ville.

Le commandement du palais des Tuileries a été confié au colonel Dardelles, commandant des cavaliers de la république.

Pour le général en chef des gardes nationales de la Seine :

Le sous-chef d'état-major général,

DU BISSON.

Le *Journal officiel* de Paris contient les pièces suivantes dans sa partie non officielle :

PARIS EST DANS LE DROIT.

Le droit, la souveraineté du peuple sont-ils à Versailles ou à Paris ?

Poser cette question, c'est la résoudre.

L'Assemblée, siégeant d'abord à Bordeaux et actuellement à Versailles, a été nommée dans des circonstances particulières et chargée d'une mission déterminée à l'avance, d'une sorte de mandat impératif restreint.

Élue à la veille d'une capitulation, pendant l'occupation du territoire par l'ennemi, les élections de ses membres ont nécessairement et forcément subi la pression de l'étranger et des baïonnettes prussiennes ; une partie au moins des députés, ceux des départements envahis, n'ont pu être nommés librement.

Aujourd'hui que les préliminaires de paix, cédant deux provinces à la Prusse, sont signés, les représentants de l'Alsace et de la Lorraine ne pouvaient plus siéger à l'Assemblée ; ils l'ont compris eux-mêmes, c'est pourquoi ils ont donné leur démission.

Un grand nombre d'autres représentants, pour des motifs divers, ont imité cet exemple.

L'Assemblée est donc incomplète, et l'élection d'une partie de ses membres a été entachée et viciée par l'occupation et la pression étrangères.

Cette Assemblée ne représente donc pas d'une manière complète, incontestable, la libre souveraineté populaire.

D'un autre côté, par son vote de défiance et de haine contre Paris, où elle a refusé de venir siéger, l'Assemblée de Bordeaux et de Versailles a méconnu les services rendus par Paris et l'esprit si généreux et si dévoué de sa population. Elle n'est plus digne de siéger dans la **capitale**.

Par l'esprit profondément réactionnaire dont elle a fait preuve, par son étroitesse de vues, son caractère exclusif et rural, par l'intolérance dont elle s'est rendue coupable envers les plus illustres et les plus dévoués citoyens, cette assemblée provinciale a prouvé qu'elle n'était pas à la hauteur des événements actuels, et qu'elle était incapable de prendre et de faire exécuter les résolutions énergiques indispensables au salut de la patrie.

Il n'y a qu'une Assemblée librement élue, en dehors de toute pression étrangère et de toute influence officielle réactionnaire et siégeant à Paris, à qui la France entière puisse reconnaître le caractère de souveraineté nationale et déléguer le pouvoir législatif ou constituant.

Hors de l'indépendance et de la liberté des élections, et en dehors de Paris, il ne peut exister que des faux-semblants de représentation nationale et d'assemblée souveraine.

Que l'Assemblée actuelle se hâte donc d'achever la triste besogne qui lui a été confiée : celle de résoudre la question de la paix ou de la guerre, et qu'elle disparaisse au plus vite. Elle n'a reçu qu'un mandat limité et ne peut, sans violer la souveraineté du peuple, s'octroyer le pouvoir constituant et le droit d'élaborer les lois organiques.

C'est à Paris qu'incombe le devoir de faire respecter la souveraineté du peuple et d'exiger qu'il ne soit point porté atteinte à ses droits.

Paris ne peut se séparer de la province, ni souffrir qu'on la détache de lui.

Paris a été, est encore et doit rester définitivement la capitale de la France, la tête et le cœur de la république démocratique, une et indivisible.

Il a donc le droit incontestable de procéder aux élections d'un conseil communal, de s'administrer lui-même, ainsi que cela convient à toute cité démocratique, et de veiller à la liberté et au repos public à l'aide de la garde nationale, composée de tous les citoyens élisant directement leurs chefs par le suffrage universel.

Le comité central de la garde nationale, en prenant les mesures nécessaires pour assurer l'établissement du conseil communal de Paris et l'élection de tous les chefs de la garde nationale, a donc pris des mesures très-sages, indispensables et de première nécessité.

C'est aux électeurs et aux gardes nationaux qu'il appartient maintenant de soutenir les décisions du gouvernement, et d'assurer par leurs votes, en nommant des républicains convaincus et dévoués, le salut de la France et l'avenir de la république.

Demain ils tiendront leurs destinées dans leurs mains, et nous sommes persuadés à l'avance qu'ils feront bon usage de leurs droits.

Que Paris délivre la France et sauve la république!

Le délégué au Journal officiel.

LES GROUPES DES BOULEVARDS.

De distance en distance, du boulevard Montmartre à la Madeleine, notamment sur le boulevard des Italiens, quelques groupes de vingt-cinq, cinquante et même cent personnes, sont là, en permanence, discutant, gesticulant, et gênant la circulation.

Chaque groupe possède quatre ou cinq orateurs en plein vent qui tiennent l'attention des auditeurs. Ces orateurs, presque toujours réactionnaires, s'appuient sur ce thème que ce qu'il faut maintenant, c'est du travail, et que le nouveau gouvernement sera incapable d'en procurer.

Oui, certes, il faut du travail et de l'ordre, mais pour avoir ces deux choses dans Paris, il y faut aussi la république en toute sécurité.

Il faut que les fonctions militaires ou administratives, d'ordre supérieur surtout, soient confiées à des républicains énergiques.

C'est à ces conditions-là que la république peut et doit exister. Or la garantie pour l'ordre et la reprise du travail est dans la nomination d'un conseil communal, ayant pouvoir sur toutes les autorités municipales.

AVERTISSEMENT.

Après les excitations à la guerre civile, les injures grossières et les calomnies odieuses, devait nécessairement venir la provocation ouverte à la désobéissance aux décrets du gouvernement siégeant à l'hôtel de ville, régulièrement élu par l'immense majorité des bataillons de la garde nationale de Paris (215 sur 266 environ).

Plusieurs journaux publient en effet aujourd'hui une provocation à la désobéissance à l'arrêté du comité central de la garde nationale, convoquant les électeurs pour le 22 courant, pour la nomination de la commission communale de la ville de Paris.

Voici cette pièce, véritable attentat contre la souveraineté du peuple de Paris, commis par les rédacteurs de la presse réactionnaire :

AUX ÉLECTEURS DE PARIS.

DÉCLARATION DE LA PRESSE.

Attendu que la convocation des électeurs est un acte de la souveraineté nationale ;

Que l'exercice de cette souveraineté n'appartient qu'aux pouvoirs émanés du suffrage universel ;

Que, par suite, le comité qui s'est installé à l'hôtel de ville n'a ni droit ni qualité pour faire cette convocation ;

Les représentants des journaux soussignés regardent la convocation affichée pour le 22 courant comme nulle et non avenue, et engagent les électeurs à n'en pas tenir compte.

Le Journal des Débats, le Constitutionnel, le Moniteur universel, le Figaro, le Gaulois, la Vérité, Paris-Journal, la Presse, la France, la Liberté, le Pays, le National, l'Univers, le Temps, la Cloche, la Patrie, le Bien public, l'Union, l'Avenir libéral, Journal des Villes et des Campagnes, le Charivari, le Monde, la France nouvelle, la Gazette de France, le Petit Moniteur, le Petit National, l'Électeur libre, la Petite Presse.

Comme il l'a déjà déclaré, le comité central de la garde nationale, siégeant à l'hôtel de ville, respecte la liberté de la presse, c'est-à-dire le droit qu'ont tous les citoyens de contrôler, de discuter et de critiquer ses actes à l'aide de tous les moyens de publicité, mais il entend faire respecter les décisions des représentants de la souveraineté du peuple de Paris, et il ne permettra pas impunément que l'on y porte atteinte plus longtemps en continuant à exciter à la désobéissance à ses décisions et à ses ordres.

Une répression sévère sera la conséquence de tels attentats, s'ils continuent à se produire.

On lit dans le journal le *Cri du peuple* :

L'ancien commissaire de police Claude, à la suite d'une première visite de reconnaissance qu'il avait faite hier *incognito* à la préfecture de police, est venu se faire arrêter aujourd'hui, après un refus formel de servir la république.

Le bruit court que le général d'Aurelle de Paladines aurait été arrêté.

Le fort du mont Valérien a été réoccupé sans coup férir par la garde nationale.

Au pont de Sèvres, environ neuf cents gendarmes ou anciens agents sont campés avec deux pièces de canon et poussent des cris de : Vive l'empereur !

Les officiers de l'armée active renvoyés de Paris, et réunis à Versailles, s'occupent activement de réorganiser leurs corps avec l'intention, dit-on, de marcher sur Paris.

En outre, on sait de source certaine que de nombreux repris de justice ont été dirigés sur Paris pour piller et dévaster dans les quartiers riches. Une affiche officielle va prévenir la garde nationale d'exercer la plus active surveillance.

Le *Cri du peuple* a vu avec regret la suppression de deux journaux, bien que ces journaux fussent le *Figaro* et le *Gaulois*.

Versailles, 22 mars 1871, 7 h. 40 m. matin.

LE PRÉSIDENT DU CONSEIL, CHEF DU POUVOIR EXÉCUTIF, A MM. LES PRÉFETS ET SOUS-PRÉFETS.

L'ordre se maintient partout, et tend même à se rétablir à Paris, où les honnêtes gens ont fait hier une manifestation des plus significatives.

A Versailles, la tranquillité est complète, l'Assemblée, dans la séance d'hier, a voté, à l'unanimité, une proclamation digne et ferme, et s'est associée au gouvernement dans l'attitude prise à l'égard de la ville de Paris. Une discussion fort animée a contribué à resserrer l'union entre l'Assemblée et le pouvoir exécutif.

L'armée réorganisée, campée autour de Versailles, montre les plus fermes dispositions, et, de toutes parts, on offre au gouvernement de la république des bataillons de mobiles pour la soutenir contre l'anarchie, si elle pouvait en avoir besoin. Les bons citoyens peuvent donc se rassurer et prendre confiance.

A Boulogne, M. Rouher, découvert avec une caisse de papiers scellée, a couru les plus grands dangers, et aurait été en péril sans l'énergie du sous-préfet de Boulogne et du préfet d'Arras. Il est provisoirement détenu à Arras, au grand regret du gouvernement, qui ne songe pas le moins du monde à se livrer à aucun acte de rigueur.

Les frères Chevreau et M. Boitelle, qui l'accompagnaient, sont retournés en Angleterre.

Tous les chefs de l'armée qui rentrent viennent offrir leur épée au gouvernement. Le maréchal Canrobert, se joignant à tous les autres, a fait auprès du président du conseil une démarche des plus dignes et qui a reçu l'accueil qu'elle méritait.

L'adhésion est donc unanime, et tous les bons Français se réunissent pour sauver le pays, qu'ils réussiront certainement à sauver.

Signé : THIERS.

Le *Journal officiel* de Versailles du 22 mars publie les pièces suivantes :

Versailles, 21 mars 1871.

L'Assemblée nationale a adopté le projet de loi dont la teneur suit :

Article unique. — Le département de Seine-et-Oise est mis en état de siége.

Délibéré en séance publique, à Versailles, le vingt mars mil huit cent soixante et onze.

Le Président,
JULES GRÉVY.

Les secrétaires,
PAUL BETHMONT, PAUL DE RÉMUSAT, N. JOHNSTON.

L'ASSEMBLÉE NATIONALE AU PEUPLE ET A L'ARMÉE.

Citoyens et soldats,

Le plus grand attentat qui se puisse commettre chez un peuple qui veut être libre, une révolte ouverte contre la souveraineté nationale, ajoute en ce moment comme un nouveau désastre à tous les maux de la patrie.

Des criminels, des insensés au lendemain de nos revers, quand l'étranger s'éloignait à peine de nos champs ravagés, n'ont pas craint de porter dans ce Paris qu'ils prétendent honorer et défendre plus que le désordre et la ruine, le déshonneur. Ils l'ont taché d'un sang qui soulève contre eux la conscience humaine, en même temps qu'il leur interdit de prononcer ce noble mot de

« république » qui n'a de sens qu'avec l'inviolable respect du droit et de la liberté.

Déjà, nous le savons, la France entière repousse avec indignation cette odieuse entreprise. Ne craignez pas de nous ces faiblesses morales qui aggraveraient le mal en pactisant avec les coupables. Nous vous conserverons intact le dépôt que vous nous avez commis pour sauver, organiser, constituer le pays, ce grand et tutélaire principe de la souveraineté nationale.

Nous le tenons de vos libres suffrages, les plus libres qui furent jamais. Nous sommes vos représentants et vos seuls mandataires; c'est par nous, c'est en notre nom que la moindre parcelle de notre sol doit être gouvernée; à plus forte raison, cette héroïque cité, le cœur de notre France, qui n'est pas faite pour se laisser longtemps surprendre par une minorité factieuse.

Citoyens et soldats,

Il s'agit du premier de vos droits, c'est à vous de le maintenir. Pour faire appel à vos courages, pour réclamer de vous une énergique assistance, vos représentants sont unanimes. Tous, à l'envi, sans dissidence, nous vous adjurons de vous serrer étroitement autour de cette Assemblée, votre œuvre, votre image, votre espoir, votre unique salut.

LE 23 MARS 1871.

Le *Journal officiel* de Paris renferme dans sa partie officielle les pièces suivantes :

COMITÉ CENTRAL.

Citoyens,

Le comité central a reçu du quartier général prussien la dépêche suivante :

COMMANDEMENT EN CHEF DU 3ᵉ CORPS D'ARMÉE.

Quartier général de Compiègne, le 21 mars 1871.

AU COMMANDANT ACTUEL DE PARIS.

Le soussigné, commandant en chef, prend la liberté de vous informer que les troupes allemandes qui occupent les forts du nord et de l'est de Paris, ainsi que les environs de la rive droite de la Seine, ont reçu l'ordre de garder une attitude amicale et passive tant que les événements dont l'intérieur de Paris est le théâtre ne prendront point, à l'égard des armées allemandes, un caractère hostile et de nature à les mettre en danger, mais se maintiendront dans les termes arrêtés par les préliminaires de la paix.

Mais dans le cas où ces événements auraient un caractère d'hostilité, la ville de Paris serait traitée en ennemie.

Pour le commandant en chef du 3ᵉ corps des armées impériales,

Le chef du quartier général,

Signé : VON SCHLOTHEIM,

Major général.

Le délégué du comité central aux relations extérieures a répondu :

Paris, le 22 mars 1871.

AU COMMANDANT EN CHEF DU 3ᵉ CORPS
DES ARMÉES IMPÉRIALES PRUSSIENNES.

Le soussigné, délégué du comité central aux affaires extérieures, en réponse à votre dépêche en date de Compiègne, 21 mars courant, vous informe que la révolution accomplie à Paris par le comité central, ayant un caractère essentiellement municipal, n'est en aucune façon agressive contre les armées allemandes.

Nous n'avons pas qualité pour discuter les préliminaires de la paix votés par l'Assemblée de Bordeaux.

Le comité central et son délégué
aux affaires étrangères.

La presse réactionnaire a recours au mensonge et à la calomnie pour jeter la déconsidération sur les patriotes qui ont fait triompher les droits du peuple.

Nous ne pouvons pas attenter à la liberté de la presse : seulement, le gouvernement de Versailles ayant suspendu le cours ordinaire des tribunaux, nous prévenons les écrivains de mauvaise foi auxquels seraient applicables en temps ordinaire les lois de droit commun sur la calomnie et l'outrage, qu'ils seront immédiatement déférés au comité central de la garde nationale.

Par suite de la désertion générale des employés du gouvernement, les services publics sont complétement désorganisés.

Tous les employés des administrations publiques qui, à partir du 25 de ce mois, n'auront pas repris leurs occupations habituelles, seront irrémissiblement destitués.

———

Vu les mesures prises par le gouvernement de Versailles pour empêcher le retour dans leurs foyers des soldats licenciés par le fait des derniers événements ;

Le comité central décide que, jusqu'à ce qu'une loi ait fixé la réorganisation des forces nationales, les soldats actuellement à Paris seront incorporés dans les rangs de la garde nationale et en toucheront l'indemnité.

Hôtel de ville, 22 mars 1871.

Le comité central de la garde nationale,

ANT. ARNAUD, ASSI, BILLIORAY, FERRAT, BABICK, ED. MOREAU, C. DUPONT, VARLIN, BOURSIER, MARTIN, GOUHIER, LAVALETTE, FR. JOURDE, ROUSSEAU, CH. LULLIER, G. ARNOLD, VIARD, BLANCHET, J. GROLARD, BAROUD, H. GÉRESME, FABRE, FOUGERET, BOUIT, H. CHOUTEAU, ANDIGNOUX, C. GAUDIER, CASTIONI, PRUDHOMME, JOSSELIN, MAXIME LISBONNE, J. BERGERET, MALJOURNAL, RANVIER, FLEURY, AVOINE fils, EUDES, GUILLER.

En prenant possession de la préfecture de police et des casernes, des gardes nationaux ont trouvé des armes qu'on leur dérobait depuis longtemps.

A cette heure, certains d'entre eux sont possesseurs de plusieurs fusils.

Le comité central les engage vivement à ne garder par devers eux qu'une arme, et à venir déposer les autres au ministère des finances ou à l'hôtel de ville. On ne peut laisser inutile un fusil qui peut armer un bon citoyen.

Hôtel de ville, 22 mars 1871.

Pour le comité central de la garde nationale,
BOURSIER, EUDES, MOREAU.

Par arrêté du délégué près le ministère de l'intérieur, en date du 22 mars 1871, le citoyen Hauréau, directeur de l'imprimerie nationale;

Le citoyen de Picamilh, sous-directeur;

Le citoyen Derenemesnil, chef des travaux, sont relevés de leurs fonctions.

Le citoyen Huyard, sous-prote, est, sur sa demande, relevé de ses fonctions.

Le délégué de l'intérieur, pour le comité central,
GRÉLIER.

Le *Journal officiel* de Paris, contient, dans sa partie non officielle, les documents suivants :

Le citoyen Ch. Delescluze vient d'adresser au directeur de l'*Avenir national* la note suivante :

Paris, le 22 mars 1871.

Monsieur le rédacteur de l'*Avenir national*,

Il n'est point exact que « j'aie été prié de joindre mes efforts à ceux de mes collègues » à propos des événements qui sont en train de s'accomplir.

Je n'ai reçu d'eux ni prière ni invitation, et j'ajouterai d'ailleurs que je n'y aurais pas obtempéré. Voici mes raisons :

A Bordeaux, mettant de côté mes sentiments personnels, j'ai voulu me rapprocher du groupe qui s'intitule « gauche radicale ». J'y ai trouvé d'excellents républicains, sans doute, mais en général trop disposés à suivre la désertion de certains hommes qui, compromis par leur vote pébliscitaire au 3 novembre, ne peuvent plus se dispenser de soutenir ou d'amnistier quand même les traîtres qui, trois mois plus tard, ont livré Paris et la France à l'ennemi. J'ai dû me retirer.

Quels motifs avais-je de sortir de cette réserve une fois revenu à Paris ? Je voyais un certain nombre de représentants de Paris chercher à s'entendre avec les maires. Or j'avais, deux mois durant, de novembre à janvier, expérimenté l'esprit de MM. les maires, alors mes collègues, et je savais qu'il n'y avait rien à en attendre de sérieux et d'utile.

Voilà pourquoi, puisque vous tenez à le savoir, je ne

me suis mêlé ni aux représentants du groupe Louis Blanc, ni aux chefs des municipalités.

Quant au comité de l'hôtel de ville, je comprends mal que vous vous étonniez de n'y pas trouver mon nom. Il est le produit d'une situation antérieure à ma rentrée dans Paris. Sa valeur est précisément dans son caractère délégataire et anonyme. Je n'avais rien à y faire. Mais laissons ce qui me concerne et constatons les faits suivants :

Il y a quelques jours encore, la république était discutée, contestée, même audacieusement niée et tournée en dérision. Le gouvernement l'acclame lui-même aujourd'hui.

On sait ce qu'il en a coûté au 31 octobre comme au 22 janvier pour réclamer la constitution du conseil municipal de Paris, et voilà que l'Assemblée — l'Assemblée de Bordeaux ! — vote d'enthousiasme l'urgence de la loi qui doit rendre à Paris son autonomie.

La loi sur les échéances était détestable; le ministre qui l'a fait voter d'urgence demande aujourd'hui l'urgence pour son annulation.

Ainsi en sera-t-il successivement de toutes les réclamations de Paris, qui s'imposeront, parce qu'elles sont commandées par le droit et la justice.

Eh bien, qui oserait soutenir que, sans l'action continue de Paris, ces résultats seraient et pourraient être atteints?

Ne soyons donc ni ingrats ni oublieux, sachons reconnaître que, si des malheurs regrettables ont eu lieu, il n'a été possible ni de les prévoir ni de les prévenir.

Qu'on songe enfin que des mouvements de cette intensité et de cette durée ne sont pas le produit d'efforts individuels, d'intrigues dirigées par quelques meneurs;

pour mettre en branle des masses aussi considérables, il faut un accord de volontés qui ne se commande pas comme l'exercice.

Agréez mes salutations empressées.

CH. DELESCLUZE.

L'affiche suivante, imprimée sur papier rouge, a été collée hier dans le quartier de l'Hôtel-de-Ville.

CHAMBRE SYNDICALE DES OUVRIERS TAILLEURS ET SCIEURS DE PIERRES.

Citoyens,

A l'appel de la patrie en danger, nous avons pris les armes, là était notre devoir; aujourd'hui, la misère et la lèpre nous ont atteints. Ce n'est que par un sublime effort que nous pourrons améliorer notre avenir.

L'époque difficile que nous traversons doit nous avoir amenés à des réflexions sérieuses au sujet de notre position sociale comme travailleurs. Nous devons nous demander si nous, producteurs, nous devons continuer à faire vivre grassement ceux qui ne produisent rien ; si le système que l'on a suivi jusqu'ici est destiné à exister toujours, alors même qu'ils nous est complétement opposé. Prouvons par notre attachement à la sainte cause de la démocratie que nous sommes dignes de tous les égards qui nous sont dus.

Donc, travailleurs, à l'ouvrage ! car nos patrons ne songent en ce moment qu'à profiter de notre misère pour nous exploiter encore davantage, si cela est possible ; et, si nous savons nous entendre, nous mettrons un frein à leurs basses rapacités.

A cet effet, nous convoquons les ouvriers tailleurs et scieurs de pierres à une réunion qui aura lieu jeudi, 23 mars 1871, à midi, place de la Corderie-du-Temple, 6 (salle Montier).

Le but que se propose la chambre syndicale est de veiller et de soutenir les intérêts généraux de ses membres, et de leur venir en aide en cas de blessure ou victimes d'accident, étant à leurs travaux ; de rechercher et de réaliser pour la prospérité de la profession toutes les améliorations qu'elle doit obtenir.

Pour la chambre syndicale des tailleurs et scieurs de pierres.

ALLAIN, LOUIS BALLIÈRE, ÉMILE BANDIER, BONNE-FEMPE, BRÈS, CHANTELOUP, LOUIS FAGES, GÉRAULT, GUITTON, IBOS, JOUSSELIN, LACROIX, LAVERNIAT, LEROUGET, RIBERON, VALLET.

La Nouvelle République, journal rédigé par M. Paschal Grousset, contient la proclamation suivante :

A TOUS LES RÉPUBLICAINS.

Citoyens,

Le bonapartisme relève la tête. Hier il a osé promener dans Paris sa hideuse mascarade, et tenter de troubler l'ordre que le peuple est résolu à maintenir.

Arrêté dans cette voie par l'énergie des bons citoyens, il change maintenant de tactique et cherche à vous faire croire que vous n'avez pas le droit de vous donner un conseil municipal, sous le vain prétexte que la convocation des électeurs est un acte de souveraineté nationale.

En qui réside donc cette souveraineté, si ce n'est en vous?

Voulez-vous par l'abstention vous décerner à vous-mêmes le titre d'esclaves?

Non, citoyens, vous ne vous prendrez pas à ce mot d'ordre bonapartiste.

Que l'acharnement de la réaction à vous empêcher de voter vous prouve à quel point il est nécessaire que vous remplissiez ce devoir civique!

Allez tous au scrutin! Choisissez pour vous représenter des hommes qui en soient vraiment dignes.

Maintenez dans la rue l'ordre que des misérables essayent de troubler. Au besoin, faites usage de vos armes pour le rétablir.

La guerre civile perdrait la république; c'est pourquoi la réaction veut la déchaîner.

N'ayons tous qu'une devise :

L'ordre et la liberté municipale ou la mort

ARTHUR ARNOULD, EDM. BAZIRE, A. BREUILLÉ, G. CAULET, CH. DACOSTA, G. DACOSTA, SIMON DEREURE, A. GRANDIER, PASCHAL GROUSSET, E. MOROT, OLIVIER PAIN, L. PICARD, ALBERT REGNARD, RAOUL RIGAULT, L. RONSIN.

Le *Journal officiel* de Versailles publie les pièces suivantes, dans sa partie non officielle :

Aujourd'hui, 22 mars, vers une heure et demie, quatre mille personnes environ, parmi lesquelles des mobiles et des gardes nationaux sans armes, descendaient la rue de la Paix aux cris de : « Vive la république! vive l'Assemblée! vive l'ordre! » Un homme portant un drapeau marchait en tête. A la hauteur de la place Vendôme, la colonne se heurta contre des gardes nationaux des bataillons insurrectionnels qui lui barrèrent le passage. Bientôt une force assez considérable se massa sur la place.

La colonne veut passer outre. Les insurgés chargent leurs armes, font feu, et trois décharges successives atteignent une quinzaine de personnes. On évalue à six le nombre des morts.

La proclamation suivante a été affichée hier dans Paris :

Les maires et adjoints de Paris et les représentants de la Seine font savoir à leurs concitoyens que l'Assemblée nationale a, dans sa séance d'hier, voté l'urgence du projet de loi relatif aux élections du conseil municipal de la ville de Paris.

La garde nationale, ne prenant conseil que de son patriotisme, tiendra à honneur d'écarter toute cause de conflit en attendant les décisions qui sont prises par l'Assemblée nationale.

Vive la France! vive la république!

« *Les représentants de la Seine :*

LOUIS BLANC, V. SCOELCHER, A. PEYRAT, EDMOND

ADAM, FLOQUET, MARTIN BERNARD, LANGLOIS, ÉDOUARD LOCKROY, FARCY, H. BRISSON, GREPPO. MILLIÈRE, EDGAR QUINET.

Les maires et adjoints de Paris :
1ᵉʳ *arrondissement,* ED. ADAM, adjoint; MÉLINE, adjoint. — 2ᵉ *arrondissement,* TIRARD, maire, représentant de la Seine; E. BRELAY, adjoint; CHÉRON, adjoint; LOISEAU-PINSON, adjoint. — 3ᵉ *arrondissement,* BONVALET, maire; CH. MURAT, adjoint. — 4ᵉ *arrondissement,* VAUTRAIN, maire; LOISEAU, adjoint; CALLON, adjoint. — 5ᵉ *arrondissement,* JOURDAN, adjoint; COLLIN, adjoint. — 6ᵉ *arrondissement,* HÉRISSON, maire; A. LEROY, adjoint. — 7ᵉ *arrondissement,* ARNAUD (de l'Ariége), maire, représentant de la Seine; HORTUS et BELLAIGUE, adjoints. — 8ᵉ *arrondissement,* CARNOT, maire. — 9ᵉ *arrondissement,* DESMARET, maire; FERRY, ANDRÉ et NAST, adjoints. — 10ᵉ *arrondissement,* DUBAIL, maire; A. MURAT, adjoint; DEGOUVE-DENUNCQUES, adjoint. — 11ᵉ *arrondissement,* MOTTU, maire, représentant de la Seine; BLANCHON, adjoint; POIRIER, adjoint; TOLAIN, adjoint, représentant de la Seine. — 12ᵉ *arrondissement,* GRIVOT, maire; DENIZOT, adjoint; DUMAS, adjoint; TURILLON, adjoint. — 13ᵉ *arrondissement,* LÉO MEILLET, adjoint; COMBES, adjoint. — 14ᵉ *arrondissement,* HÉLIGON, adjoint. — 15ᵉ *arrondissement,* JOBBÉ DUVAL, adjoint; SEXTIUS MICHEL, adjoint. — 16ᵉ *arrondissement,* HENRI MARTIN, maire, représentant de la Seine; MARMOTTAN, adjoint; CHAUDET, adjoint; SEVESTE, adjoint. — 17ᵉ *arrondissement,* FRANÇOIS FAVRE, maire; MALON, adjoint; VILLENEUVE, adjoint; CACHEUX, adjoint. — 18ᵉ *arrondissement,* CLÉMENCEAU, maire, représentant de la Seine; J.-B. LAFONT, adjoint; DEREURE, adjoint; JACLARD, adjoint.

Les maires de Paris et les représentants de la Seine soussignés ont répondu par la proclamation suivante à la convocation illégale des électeurs pour la nomination du conseil municipal de Paris faite par le comité insurrectionnel qui s'intitule le *comité central :*

A LA GARDE NATIONALE ET A TOUS LES CITOYENS.

LES MAIRES ET ADJOINTS DE PARIS ET LES DÉPUTÉS DE LA SEINE.

La patrie sanglante et mutilée est près d'expirer, et nous, ses enfants, nous lui portons le dernier coup! L'étranger est à nos portes, épiant le moment d'y rentrer en maître, et nous tournerions les uns contre les autres nos armes fratricides!

Au nom de tous les grands souvenirs de notre malheureuse France, au nom de nos enfants, dont nous détruirions à jamais l'avenir, nos cœurs brisés font appel aux vôtres.

Que nos mains s'unissent comme elles s'unissaient durant les heures douloureuses et glorieuses du siége! Ne perdons pas en un jour cet honneur qu'avaient gardé intact cinq mois de courage et de constance sans exemple!

Cherchons, citoyens, ce qui nous unit et non ce qui nous divise.

Nous voulions le maintien, l'affermissement de la grande institution de la garde nationale, dont l'existence est inséparable de celle de la république :

Nous l'aurons.

Nous voulions que Paris retrouvât sa liberté municipale, si longtemps confisquée par un arrogant despotisme :

Nous l'aurons.

Vos vœux ont été portés à l'Assemblée nationale par vos députés : l'Assemblée y a satisfait par un vote unanime, qui garantit les élections municipales, sous un bref délai, à Paris et dans toutes les communes de France.

En attendant ces élections, seules légales et régulières, seules conformes aux vrais principes des institutions républicaines, le devoir des bons citoyens est de ne pas répondre à un appel qui leur est adressé sans titre et sans droit.

Nous, vos représentants municipaux ; nous, vos députés, déclarons donc rester entièrement étrangers aux élections annoncées pour demain, et protestons contre leur illégalité.

Citoyens, unissons-nous donc dans le respect de la loi, et la patrie et la république seront sauvées.

Vive la France! vive la république!

Les maires et adjoints de Paris.
Les représentants de la Seine.

Les proclamations suivantes furent affichées dans Paris :

RÉPUBLIQUE FRANÇAISE.

LIBERTÉ, ÉGALITÉ, FRATERNITÉ.

L'assemblée des maires et adjoints de Paris,
En vertu des pouvoirs qui lui ont été conférés,

Au nom du suffrage universel, dont elle est issue et dont elle entend faire respecter le principe,

En attendant la promulgation de la loi qui conférera à la garde nationale de Paris son plein droit d'élection,

Vu l'urgence,

Nomme provisoirement :

L'amiral Saisset, représentant de la Seine, commandant supérieur de la garde nationale de Paris ;

Le colonel Langlois, représentant de la Seine, chef d'état-major général ;

Le colonel Schœlcher, représentant de la Seine, commandant en chef de l'artillerie de la garde nationale.

(*Suivent les signatures des maires et adjoints de la ville de Paris.*)

Paris, le 23 mars 1871.

RÉPUBLIQUE FRANÇAISE.

La solde de la garde nationale et les services d'assistance seront régulièrement continués par les soins des officiers-payeurs de chaque bataillon.

Les fonds publics nécessaires à cet effet sont à la disposition exclusive des maires issus du suffrage universel.

Le service sera provisoirement établi, dès demain, au palais de la Bourse pour les bataillons dépendant des mairies envahies ; il sera repris, dans ces dernières, aussitôt que les maires et adjoints y seront réinstallés.

Pour les maires et adjoints de Paris,
Les délégués :

TIRARD, DUBAIL, HÉLIGON.

RÉPUBLIQUE FRANÇAISE.

LIBERTÉ, ÉGALITÉ, FRATERNITÉ.

Chers concitoyens,

Je m'empresse de porter à votre connaissance que, d'accord avec les députés de la Seine et les maires élus de Paris, nous avons obtenu du gouvernement de l'Assemblée nationale :

1° La reconnaissance complète de vos franchises municipales;

2° L'élection de tous les officiers de la garde nationale, y compris le général en chef;

3° Des modifications à la loi sur les échéances;

4° Un projet de loi sur les loyers, favorable aux locataires jusques et y compris les loyers de 1,200 francs.

En attendant que vous confirmiez ma nomination ou que vous m'ayez remplacé, je resterai à mon poste d'honneur pour veiller à l'exécution des lois de conciliation que nous avons réussi à obtenir, et contribuer ains à l'affermissement de la république.

Le vice-amiral, commandant en chef provisoire de la garde nationale,

SAISSET.

Paris, le 23 mars 1871.

LE VICE-AMIRAL SAISSET A SES CONCITOYENS.

Investi du commandement en chef des gardes nationales de la Seine, et d'accord avec MM. les maires de

Paris élus par le suffrage universel, j'entre en fonctions à partir de ce jour.

Je n'ai d'autre titre à l'honneur de vous commander, mes chers concitoyens, que celui de m'être associé à votre héroïque résistance en défendant de mon mieux contre l'ennemi, jusqu'à la dernière heure, les positions et les forts placés sous mon commandement. M'appuyant sur les chefs de nos municipalités, j'espère arriver par la persuasion et de sages avis à opérer la conciliation de tous sur le terrain de la république; mais je suis fermement résolu à donner ma vie, s'il le faut, pour la défense de l'ordre, le respect des personnes et de la propriété, comme mon fils unique a donné la sienne pour la défense de la patrie.

Groupez-vous autour de moi, accordez-moi votre confiance, et la république sera sauvée. Ma devise est celle des marins : *Honneur et Patrie.*

Le vice-amiral, membre de l'Assemblée, commandant en chef des gardes nationales de la Seine,

SAISSET.

Paris, le 23 mars 1871.

LE 24 MARS 1871.

Le *Journal officiel* de Paris contient, dans sa partie officielle, les pièces suivantes :

De nombreux agents bonapartistes et orléanistes

ont été surpris faisant des distributions d'argent pour détourner les habitants de leurs devoirs civiques.

Tout individu convaincu de corruption ou de tentative de corruption sera immédiatement déféré au comité central de la garde nationale.

Pour le comité central,
E. LEBEAU,
Délégué au Journal officiel.

A partir du 24 de ce mois, tous les services militaires concernant l'exécution sont confiés au général Bergeret.

Le service militaire est commandé par le bureau de la place.

Tous les bataillons devront y envoyer leur fourrier d'ordre, le matin à neuf heures.

On voit placardée sur une des portes de l'hôtel de ville l'affiche suivante :

RÉPUBLIQUE FRANÇAISE.

LIBERTÉ, ÉGALITÉ, FRATERNITÉ, JUSTICE.

MORT AUX VOLEURS!

Tout individu pris en flagrant délit de vol sera immédiatement fusillé.

MINISTÈRE DES FINANCES.

La perception des octrois sera effectuée comme par le passé. Les mesures les plus énergiques seront prises contre les employés de ce service qui n'accompliraient pas leurs versements, par voie administrative, à la délégation des finances du comité central.

Les délégués au ministère des finances, membres du comité central,

VARLIN, FR. JOURDE.

COMITÉ CENTRAL.

Citoyens,

Votre légitime colère nous a placés le 18 mars au poste que nous ne devions occuper que le temps strictement nécessaire pour procéder aux élections communales.

Vos maires, vos députés, répudiant les engagements pris à l'heure où ils étaient des candidats, ont tout mis en œuvre pour entraver ces élections, que nous voulions faire à bref délai.

La réaction, soulevée par eux, nous déclare la guerre.

Nous devons accepter la lutte et briser la résistance, afin que vous puissiez y procéder dans le calme de votre volonté et de votre force.

En conséquence, les élections sont remises au dimanche prochain, 26 mars.

Jusque-là, les mesures les plus énergiques seront prises pour faire respecter les droits que vous avez revendiqués.

Hôtel de ville, 22 mars 1871.

Le comité central de la garde nationale,

AVOINE FILS, ANT. ARNAUD, G. ARNOLD, ASSI, ANDIGNOUX, BOUIT, JULES BERGERET, BABICK, BOURSIER, BAROU, BILLIORAY, BLANCHET, CASTIONI, CHOUTEAU, C. DUPONT, FERRAT, HENRI FORTUNÉ, FABRE, FLEURY, FOUGERET, C. GAUDIER, GOUHIER, GUIRAL, GÉRESME, GROLLARD, JOSSELIN, FR. JOURDE, MAXIME LISBONNE, LAVALETTE, CH. LULLIER, MALJOURNAL, MOREAU, MORTIER, PRUDHOMME, ROUSSEAU, RANVIER, VARLIN, VIARD.

Le *Journal officiel* de Paris contient, dans sa partie non officielle, ce qui suit :

Dès son arrivée au pouvoir, M. Jules Favre s'est empressé de faire mettre en liberté Pic et Taillefer, condamnés pour vol et faux en écriture dans l'affaire de l'*Etendard*. Ledit Taillefer, rencontré hier par une de ses anciennes connaissances, a été de suite mené devant un commissaire de police récemment nommé, qui a ordonné sa réincarcération immédiate.

Une altercation très-vive a eu lieu entre les deux Picard, de l'intérieur et de l'*Électeur libre*.

DE LA COMMUNE.   77

Il s'agissait de partager les énormes bénéfices qu'ils avaient faits en jetant la perturbation dans le monde de la Bourse, pendant l'investissement de Paris.

Quelles gens!

On nous communique la lettre suivante :

On se préoccupe beaucoup d'arracher la France à l'occupation prussienne en payant à nos vainqueurs l'énorme indemnité qu'ils réclament, et on propose plusieurs expédients, tous plus insuffisants les uns que les autres.

Permettez-moi de vous exposer la seule mesure qui soit vraiment équitable et vraiment rationnelle.

En étudiant le jeu de nos institutions économiques, on constate que les diverses fortunes se forment et se développent dans la proportion suivante : 1, 2, 4, 8, 16; et inversement que les ménages, possédant ces diverses fortunes, sont dans le rapport de 16, 8, 4, 2, 1. Il ne peut pas en être autrement, sans quoi la misère ou l'opulence serait générale.

L'ensemble de ces deux progressions constitue la loi qui préside à la répartition de la richesse publique entre les cinq groupes de population, dont la situation est : misérable, tolérable, aisée, riche et opulente.

La richesse mobilière et immobilière de la France étant d'environ 310 milliards, et le nombre des ménages de 13,950,000, une simple proportion arithmétique donne les résultats suivants :

1er groupe, 7,200,000 ménages. Indigents de toute espèce, travailleurs au salaire minime, possédant des hardes, instruments de travail : 10 milliards.

2e groupe, 3,600,000. Ouvriers possédant la terre ou

le métier qui leur permet de travailler à leur compte : 20 milliards.

3ᵉ groupe, 1,800,000. Petite bourgeoisie, commerce de détail : 40 milliards.

4ᵉ groupe, 900,000. Moyenne bourgeoisie, commerce de gros : 80 milliards.

5ᵉ groupe, 450,000. Grands propriétaires, gros capitalistes : 160 milliards.

Eh bien, que les fortunes de ce dernier groupe, composé en grande partie des organisateurs ou des favoris du banditisme impérial, soient imposées de 3 à 4 0/0, et on réalisera immédiatement la somme nécessaire à la rapacité allemande.

Les statistiques des économistes sont d'accord avec moi dans cette répartition de la richesse publique.

Le *Cri du peuple*, rédigé par le citoyen Jules Vallès, publie la proclamation suivante :

AUX ÉLECTEURS DE PARIS, LE COMITÉ CENTRAL DES VINGT ARRONDISSEMENTS.

Citoyens,

Provoquée par les partis monarchiques coalisés, la garde nationale de Paris a dû repousser ces provocations et accomplir une nouvelle révolution que les députés et magistrats municipaux n'ont su ni prévenir ni empêcher.

Maître de la situation depuis quatre jours, le peuple de Paris a répondu victorieusement aux calomnies dont il est l'objet depuis si longtemps, et l'ordre n'a jusqu'ici été troublé que par ceux qui se contentent d'inscrire ce mot sur leur drapeau.

Désireux surtout de donner à la France les gages les plus sérieux de sécurité, le comité de la fédération de la garde nationale, siégeant à l'hôtel de ville, s'est empressé de déclarer qu'il entendait remettre immédiatement le pouvoir administratif entre les mains d'une municipalité librement élue.

En témoignage de sa sincérité, le comité vous appelle pour aujourd'hui au scrutin.

Dans ces circonstances, les habiles, profitant d'une déclaration regrettable signée par les députés et les municipalités de Paris, — déclaration aussitôt appuyée par les journaux réactionnaires, — vous invitent à déserter l'urne électorale, espérant bien que tout retard apporté dans les élections communales amènera forcément un conflit entre les citoyens de la grande cité.

Citoyens,

Il importe au salut de la patrie et de la république de déjouer de pareilles manœuvres.

En conséquence, le comité central des vingt arrondissements, composé d'hommes déjà connus d'un grand nombre d'entre vous, vous adjure de vous rendre au scrutin, et, dût-il durer deux jours pour permettre à chacun d'accomplir ce devoir sacré en toute certitude, de donner par là la seule solution qui convienne au mouvement accompli le 18 mars : la constitution d'une représentation municipale ramenant dans Paris la sécurité que n'a pu lui procurer aucun des gouvernements autoritaires qui l'ont opprimé jusqu'ici.

Aux urnes, citoyens, aux urnes! — afin que le fusil soit aussitôt remplacé par l'outil, et qu'ainsi soient assurés pour tous le travail, l'ordre et la liberté.

Au nom du comité central des vingt arrondissements et par délégation,

CH. BESLAY, BRIOSNE, BAUX, H. BOCQUET, BEDOUCH, A. BREUILLÉ, CHALVET, CAMÉLINAT, CH. DUMONT, P. DENIS, JULES FERRÉ, HAMET, AMBROISE LYAS, LEFRANÇAIS, CONSTANT MARTIN, EUGÈNE POTTIER, ROCHAT, CH. RÉGNIER, THÉLIDON, THEISZ, VAILLANT, JULES VALLÈS.

La dépêche suivante est adressée par le chef du pouvoir exécutif aux préfets, sous-préfets, généraux de divisions territoriales, procureurs généraux.

24 mars 1871, 11 h. 30 m.

La situation n'est pas sensiblement changée ; mais le changement est dans le sens du bien. Le parti de l'ordre s'est organisé dans Paris et occupe les principaux quartiers de la ville, notamment la partie ouest, et se trouve ainsi en communications continuelles avec Versailles.

L'armée se renforce et se consolide. Des bataillons constitutionnels, destinés à la garde de l'Assemblée, s'organisent, et les populations ainsi que les autorités ne sauraient trop s'occuper de cet objet. Hier, la présence des maires de Paris a produit une émotion vive dans l'Assemblée. Dans la séance du soir, l'explication de l'un des maires de Paris (M. Arnaud de l'Ariége) a fait disparaître les impressions pénibles de la journée. L'Assemblée reste unie avec elle-même, et surtout avec le pouvoir exécutif.

L'ordre, un moment troublé à Lyon, tend à se rétablir par l'intervention de la garde nationale attachée à l'ordre. La France, justement émue, commence à se rassurer. L'armée allemande, devenue menaçante lorsque l'on pouvait craindre le triomphe du désordre, a changé tout à coup et est redevenue pacifique depuis qu'elle a vu le gouvernement raffermi ; elle a fait parvenir au chef du pouvoir exécutif les explications les plus satisfaisantes.

A. THIERS.

Le *Journal officiel* de Versailles reproduit, dans sa partie non officielle, le récit suivant emprunté au journal le *Siècle*:

Le Siècle publie les détails suivants sur le tragique événement qui a jeté hier Paris dans la consternation :

Vers une heure de l'après-midi, un grand nombre de citoyens s'étaient réunis sur la place du nouvel Opéra pour une manifestation pacifique. Ils étaient environ deux mille sans armes.

Les groupes étaient composés des éléments les plus divers : gardes nationaux, mobiles, soldats de la ligne, ouvriers, bourgeois, négociants, hommes de lettres. L'élément civil s'y trouvait en grande majorité. Il y avait là aussi beaucoup de promeneurs, des curieux indifférents, quelques femmes et même des enfants.

Vers une heure et demie, une pancarte portant ces mots : *Appel aux hommes d'ordre!* fut promenée dans ces groupes. On se rassemble aux cris de : *Vive la République! vive la France! vive l'Assemblée!*

Plusieurs officiers sans armes, de même que tous les citoyens indistinctement qui se trouvaient là, sont accueillis par des démonstrations sympathiques de la foule qui grossit d'instant en instant.

On dit dans les groupes que la situation actuelle de Paris ne peut pas se prolonger, que tous les citoyens qui veulent associer la république à la légalité, à l'ordre, doivent prendre part à cette manifestation pacifique.

Enfin, le drapeau tricolore est déployé, et trois à quatre mille citoyens se mettent en marche.

Ils s'avancent dans la rue de la Paix vers la place Vendôme.

Arrivés à la hauteur de la rue Neuve-des-Petits-Champs, ils rencontrent les sentinelles d'un bataillon aux ordres du comité central. Derrière les sentinelles, les compagnies de ce bataillon viennent se former en ligne.

Les citoyens placés en tête de la manifestation demandent aux sentinelles de leur livrer passage ; ils essuient un refus. Une partie de la foule reprend quelques instants la direction des boulevards avec le porteur du drapeau tricolore.

D'autres citoyens continuent à parlementer avec les sentinelles. Bientôt ceux qui sont groupés autour du drapeau reviennent sur leurs pas vers la place Vendôme.

Quelqu'un s'écrie : « Ce sont des citoyens comme nous, et ils ne tireront pas sur des hommes désarmés. »

Tout à coup des roulements de tambour se font entendre dans la partie qui est comprise entre la rue Neuve-des-Petits-Champs et la place Vendôme.

Ensuite plusieurs coups de fusil sont tirés en l'air et jettent l'épouvante au sein de la foule. Plusieurs courageux citoyens s'écrient : « Restons ! » L'un d'eux ajoute : « Il n'est pas possible que des Français veuillent tirer sur des compatriotes sans défense. »

Mais au même instant les fusils s'abaissent et un feu de mousqueterie est dirigé sur la foule qui fuit affolée d'horreur dans la rue de la Paix. Ceux qui occupent les trottoirs cherchent un abri contre les balles dans l'embrasure des portes cochères, malheureusement fermées ; quelques-unes s'ouvrent, et beaucoup de citoyens y trouvent un refuge contre la mort.

En un clin d'œil, la rue de la Paix est vide ; mais les victimes, dont le nombre nous est encore inconnu, ne sont point toutes relevées au moment où, le cœur navré de douleur et de dégoût, nous nous éloignons de cette lamentable scène.

Voici quelques noms des victimes de la fusillade de la rue de la Paix :

Tiby, officier de la Légion d'honneur, demeurant rue Louis-le-Grand, 1 ;

Georges Hannah-Tinnel, Américain, âgé de vingt-neuf ans ;

Elphège Baude, ingénieur ;

Vicomte de Molinet ;

Édouard Collin ;

A. Lemaire, 36, rue de Trévise.

Un inconnu tué, porté à la pharmacie Béral, a été transporté à la Morgue.

On nous cite un officier mortellement blessé et une vingtaine de personnes plus ou moins grièvement blessées.

Parmi les gardes nationaux de l'insurrection, plusieurs

se seraient entre eux tiré des coups de fusil dans leur précipitation et leur émotion; plusieurs se seraient blessés.

LE 25 MARS 1871.

Le *Journal officiel* de Paris contient, dans sa partie officielle, les pièces suivantes :

Considérant que la situation réclame des mesures rapides;

Que de tous côtés les commandements supérieurs, continuant les errements du passé, ont, par leur inaction, amené l'état de choses actuel; que la réaction monarchique a empêché jusqu'ici, par l'émeute et le mensonge, les élections qui auraient constitué le seul pouvoir légal de Paris;

En conséquence, le comité arrête :

Les pouvoirs militaires de Paris sont remis aux délégués :

Brunel, Eudes, Duval.

Ils ont le titre de généraux et agiront de concert, en attendant l'arrivée du général Garibaldi, acclamé comme général en chef.

Du courage encore et toujours, et les traîtres seront déjoués.

Vive la république!

Paris, le 24 mars 1871.

Le comité central de la garde nationale,

AVOINE FILS, ANTOINE ARNAUD, G. ARNOLD, ASSI, ANDIGNOUX, BOUIT, J. BERGERET, BABICK, BABOU, BILLIORAY, BLANCHET, CASTIONI, CHOUTEAU, C. DUPONT, FERRAT, FABRE, FLEURY, FOUGERET, C. GAUDIER, GOUHIER, GÉRESME, GROLARD, JOSSELIN, FR. JOURDE, LAVALETTE, MALJOURNAL, ED. MOREAU, PRUDHOMME, ROUSSEAU, RANVIER, VARLIN, VIARD.

CITOYENS,

Appelés par le comité central au poste grand et périlleux de commander provisoirement la garde nationale républicaine, nous jurons de remplir énergiquement cette mission, afin d'assurer le rétablissement de l'entente sociale entre tous les citoyens.

Nous voulons l'ordre..... mais non celui que patronnent les régimes déchus, en assassinant les factionnaires paisibles et en autorisant tous les abus.

Ceux qui provoquent à l'émeute n'hésitent pas, pour arriver à leur but de restaurations monarchiques, à se servir de moyens infâmes; ils n'hésitent pas à affamer la garde nationale en séquestrant la Banque et la Manutention.

Le temps n'est plus au parlementarisme; il faut agir, et punir sévèrement les ennemis de la république.

Tout ce qui n'est pas avec nous est contre nous.

Paris veut être libre. La contre-révolution ne l'effraye pas ; mais la grande cité ne permet pas qu'on trouble impunément l'ordre public.

Vive la république !

Les généraux commandants,
BRUNEL, E. DUVAL, E. EUDES.

CITOYENS, GARDES NATIONAUX,

Brutalement provoqués, vous vous êtes levés spontanément pour assurer par votre attitude la mission que vous nous aviez confiée.

La tâche est ardue pour tous : elle comporte beaucoup de fatigues, beaucoup de résolution, et chacun a fait preuve du sentiment de ses devoirs.

Quelques bataillons cependant, égarés par des chefs réactionnaires, ont cru devoir entraver notre mouvement par une opposition incompréhensible, puisqu'elle apporte un obstacle aux volontés de la garde nationale.

Des maires, des députés, oublieux de leurs mandats, ont encouragé cette résistance.

Une partie de la presse, qui ne voit pas sans dépit l'avénement du monde des travailleurs, a répandu sur nous les calomnies les plus absurdes, rééditant les épithètes de communistes, de partageux, de pillards, de buveurs de sang, etc.; et des citoyens craintifs ont ajouté foi à ces mensonges.

Mais nous avons laissé passer cet orage; nous apportions les libertés soustraites; et, bien qu'on s'en servît contre nous, nous avons dédaigné l'abus.

On a agité le fantôme prussien, menacé du bombardement, de l'occupation, etc., et les Prussiens, qui nous ont jugés à notre valeur, ont répondu en reconnaissant notre droit.

La cause de la démocratie, la cause du peuple, la sainte cause de la justice et de la liberté doit triompher de tous les obstacles, et elle en triomphera.

Quant à nous, sûrs du succès de l'œuvre commune, nous vous remercions avec effusion de votre dévouement en face des fatigues d'un service extraordinaire; nous comptons sur votre courage pour aller avec nous jusqu'au bout. Nos adversaires, mieux éclairés, quand ils auront compris la légitimité de nos revendications, viendront à nous, ils y viennent déjà chaque jour, et dimanche au scrutin, il n'y aura définitivement au chiffre des abstentions que ceux qui caressaient traîtreusement l'espérance d'un retour à la monarchie et à tous les priviléges et aux institutions plus ou moins féodales qui en sont le cortége obligé.

Citoyens, gardes nationaux,

Nous comptons sur votre courage, sur vos efforts persévérants, sur votre abnégation et votre bon vouloir en présence des charges du service, des croisements d'ordre qui peuvent se produire et de vos fatigues de tous les jours.

Marchons fermement au but sauveur : l'établissement définitif de la république par le contrôle permanent de la Commune, appuyé par cette seule force : la garde nationale élective dans tous les grades.

Quand nous pourrons avoir les yeux partout où se traitent nos affaires, partout où se préparent nos destinées, alors, mais seulement alors, on ne pourra plus étrangler la république.

<small>Hôtel de ville, 23 mars 1871.</small>

(*Suivent les signatures.*)

CITOYENS,

La cause de nos divisions repose sur un malentendu. En adversaires loyaux, voulant le dissiper, nous exprimerons encore nos légitimes griefs.

Le gouvernement, suspect à la démocratie par sa composition même, avait néanmoins été accepté par nous, en nous réservant de veiller à ce qu'il ne trahît pas la république, après avoir trahi Paris.

Nous avons fait, sans coup férir, une révolution : c'était un devoir sacré ; en voici les preuves :

Que demandions-nous ?

Le maintien de la république comme gouvernement seul possible et indiscutable ;

Le droit commun pour Paris, c'est-à-dire un conseil communal élu ;

La suppression de la préfecture de police, que le préfet de Kératry avait lui-même réclamée;

La suppression de l'armée permanente et le droit pour vous, garde nationale, d'être seule à assurer l'ordre dans Paris;

Le droit de nommer tous nos chefs;

Enfin, la réorganisation de la garde nationale sur des bases qui donneraient des garanties au peuple.

Comment le gouvernement a-t-il répondu à cette revendication légitime?

Il a rétabli l'état de siége tombé en désuétude, et donné le commandement à Vinoy, qui s'est installé la menace à la bouche.

Il a porté la main sur la liberté de la presse en supprimant six journaux.

Il a nommé au commandement de la garde nationale un général impopulaire, qui avait mission de l'assujettir à une discipline de fer et de la réorganiser sur les vieilles bases antidémocratiques.

Il nous a mis la gendarmerie à la préfecture dans la personne du général Valentin, ex-colonel de gendarmes.

L'Assemblée même n'a pas craint de souffleter Paris qui venait de prouver son héroïsme.

Nous gardions, jusqu'à notre réorganisation, des canons payés par nous et que nous avions soustraits aux Prussiens. On a tenté de s'en emparer par des entreprises nocturnes et les armes à la main.

On ne voulait rien accorder; il fallait obtenir, et

nous nous sommes levés pacifiquement, mais en masse.

On nous objecte aujourd'hui que l'Assemblée, saisie de peur, nous promet, pour un temps (non déterminé), l'élection communale et celle de nos chefs, et que, dès lors, notre résistance au pouvoir n'a plus à se prolonger.

La raison est mauvaise. Nous avons été trompés trop de fois pour ne l'être pas encore ; la main gauche, tout au moins, reprendrait ce qu'aurait donné la droite, et le peuple, encore une fois évincé, serait une fois de plus la victime du mensonge et de la trahison.

Voyez, en effet, ce que le gouvernement fait déjà !

Il vient de jeter à la Chambre, par la voix de Jules Favre, le plus épouvantable appel à la guerre civile, à la destruction de Paris par la province, et déverse sur nous les calomnies les plus odieuses.

Citoyens,

Notre cause est juste, notre cause est la vôtre ; joignez-vous donc à nous pour son triomphe. Ne prêtez pas l'oreille aux conseils de quelques hommes soldés qui cherchent à semer la division dans nos rangs ; et, enfin, si vos convictions sont autres, venez donc protester par des bulletins blancs, comme c'est le devoir de tout bon citoyen.

Déserter les urnes n'est pas prouver qu'on a raison ; c'est, au contraire, user de subterfuge pour s'assimiler, comme voix d'abstentions, les défaillances des indifférents, des paresseux ou des citoyens sans foi politique.

Les hommes honnêtes répudient d'habitude de semblables compromissions.

Avant l'accomplissement de l'acte, après lequel nous devons disparaître, nous avons voulu tenter cet appel à la raison et à la vérité.

Notre devoir est accompli.

Hôtel de ville, 24 mars 1871.

(*Suivent les signatures.*)

CITOYENS,

Le gouvernement fugitif à Versailles a cherché à faire le vide autour de vous; la province s'est trouvée tout à coup privée de toutes nouvelles de Paris.

Mais l'isolement dans lequel on a voulu vous mettre n'a pas réussi à empêcher le souffle révolutionnaire de se frayer un passage à travers toutes ces précautions.

Le comité central a reçu hier et aujourd'hui plusieurs délégations des villes de Lyon, Bordeaux, Marseille, Rouen, etc., qui sont venues savoir quelle était la nature de notre révolution, et qui sont reparties au plus vite pour aller donner le signal d'un mouvement analogue, qui est préparé partout.

Vive la France! vive la république!

Hôtel de ville, 23 mars 1871.

(*Suivent les signatures.*)

CITOYENS,

Demain aura lieu l'élection de l'Assemblée communale, demain la population de Paris viendra confirmer de son vote l'expression de sa volonté, si ouvertement manifestée le 18 mars par l'expulsion d'un pouvoir provocateur qui semblait n'avoir d'autre but que d'achever l'œuvre de ses prédécesseurs et de consommer ainsi par la destruction de la république la ruine du pays.

Par cette révolution sans précédents dans l'histoire et dont la grandeur apparaît chaque jour davantage, Paris a fait un éclatant effort de justice. Il a affirmé l'union indissoluble dans son esprit des idées d'ordre et de liberté, seuls fondements de la république.

A ceux que nos désastres avaient rendus maîtres de nos destinées et qui s'étaient donné pour tâche d'annuler sa vie politique et sociale, Paris a répondu par l'affirmation du droit imprescriptible de toute cité, comme de tout pays, de s'administrer soi-même, de diriger les faits de sa vie intérieure, municipale, laissant au gouvernement central l'administration générale, la direction politique du pays.

Il n'y a pas de pays libre là où l'individu et la cité ne sont pas libres, il n'y aurait pas de république en France si la capitale du pays n'avait pas le droit de s'administrer elle-même.

C'est ce droit, qu'on n'oserait contester aux plus modestes bourgades, que l'on ne veut pas reconnaître à Paris, parce que l'on craint son amour de la liberté, sa volonté inébranlable de maintenir la république que la révolution communale du 18 mars a affirmée et que vous confirmerez par votre vote de demain.

Huit jours se sont écoulés depuis que Paris s'est délivré, depuis que la grande cité est maîtresse d'elle-même, et huit jours de liberté sans contrainte ont montré à tout juge impartial de quel côté était l'amour de l'ordre, la conscience du droit.

Né de la revendication de justice qui a produit la révolution du 18 mars, le comité central a été installé à l'hôtel de ville, non comme gouvernement, mais comme la sentinelle du peuple, comme le comité de vigilance et d'organisation, tenu de veiller à ce qu'on n'enlevât pas au peuple par surprise ou intrigue le fruit de sa victoire, chargé d'organiser la manifestation définitive de la volonté populaire, c'est-à-dire l'élection libre d'une assemblée qui représente non pas seulement les idées, mais aussi les intérêts de la population parisienne.

Le jour même où l'assemblée communale sera installée, le jour où les résultats du scrutin seront proclamés, le comité central déposera ses pouvoirs, et il pourra se retirer, fier d'avoir rempli son devoir, heureux d'avoir terminé sa mission.

Quant à Paris, il sera vraiment l'arbitre de ses destinées; il aura trouvé dans son assemblée communale l'organe nécessaire pour représenter ses intérêts et les défendre en face des intérêts des autres parties du pays, et devant le pouvoir national central.

Il pourra résoudre lui-même après enquêtes et débats contradictoires sans immixtions injustes et violentes, où les notions de droit et de justice sont impudemment violées au profit des factions monarchiques, ces questions si complexes d'intérêts communaux et privés, devenues plus complexes et plus délicates encore après la longue épreuve qu'il vient de subir si courageusement pour sauver le pays.

Il pourra enfin décider lui-même quelles sont les mesures qui permettront au plus tôt sans froissements et sans secousses d'amener la reprise des affaires et du travail.

Une république ne vit ni de fantaisies administratives coûteuses, ni de spéculations ruineuses, mais de liberté, d'économie, de travail et d'ordre. La république doit établir l'harmonie des intérêts, et non les sacrifier les uns aux autres. Les questions d'échéances, de loyers, ne peuvent être réglées que par les représentants de la ville, soutenus par leurs concitoyens, toujours appelés, toujours entendus. Pas plus que tout ce qui regarde les intérêts de la cité, elles ne peuvent être abandonnées aux caprices d'un pouvoir qui n'obéit le plus souvent qu'à l'esprit de parti.

Il en est de même de la question du travail, du travail seule base de la vie publique, seule assise des affaires honnêtes et loyales; les citoyens qu'une guerre engagée et soutenue par des gouvernements sans contrôle a arrachés au travail ne peuvent être plongés par une brusque suppression de solde dans la misère et le chômage.

Il y a une période de transition dont on doit tenir compte, une solution qui doit être cherchée de bonne foi, un devoir de crédit au travail, qui arrachera le travailleur à une misère immédiate et lui permettra d'arriver rapidement à son émancipation définitive.

Ces questions et bien d'autres devront être résolues par votre conseil communal, et pour chacune d'elles il ne pourra se décider que suivant les droits de tous, car il ne se prononcera qu'après les avoir consultés, car, responsable et révocable, il sera sous la surveillance continuelle des citoyens.

Enfin, il aura à traiter des rapports de la cité avec le gouvernement central, de façon à assurer et garantir l'indépendance et l'autonomie de la Commune.

Au vote donc, citoyens, que chacun de vous comprenne la grandeur du devoir qui lui incombe, de l'acte qu'il va accomplir, et qu'il sache qu'en jetant dans l'urne son bulletin de vote, il fonde à jamais la liberté, la grandeur de Paris, il conserve à la France la république, et fait pour la république ce que naguère il faisait si vaillamment devant l'ennemi : son devoir.

Hôtel de ville, **25 mars 1871**.

Les délégués à l'intérieur,
ANT. ARNAUD, ED. VAILLANT.

Nous publions la proclamation suivante qui, affichée il y a plusieurs jours, n'avait pu encore être insérée à l'*Officiel* :

citoyens,

Vous êtes appelés à élire votre assemblée communale (le conseil municipal de la ville de Paris).

Pour la première fois depuis le 4 septembre, la république est affranchie du gouvernement de ses ennemis.

Conformément au droit républicain, vous vous convoquez vous-mêmes, par l'organe de votre comité, pour donner aux hommes que vous-mêmes aurez élus un mandat que vous-mêmes aurez défini.

Votre souveraineté vous est rendue tout entière, vous vous appartenez complétement ; profitez de cette heure précieuse, unique peut-être, pour ressaisir les libertés communales dont jouissent ailleurs les plus humbles villages, et dont vous êtes depuis si longtemps privés.

En donnant à votre ville une forte organisation communale, vous y jetterez les premières assises de votre droit, indestructible base de vos institutions républicaines.

Le droit de la cité est aussi imprescriptible que celui de la nation ; la cité doit avoir, comme la nation, son assemblée, qui s'appelle indistinctement assemblée municipale ou communale, ou commune.

C'est cette assemblée qui, récemment, aurait pu

faire la force et le succès de la défense nationale, et, aujourd'hui, peut faire la force et le salut de la république.

Cette assemblée fonde l'ordre véritable, le seul durable, en l'appuyant sur le consentement souvent renouvelé d'une majorité souvent consultée, et supprime toute cause de conflit, de guerre civile et de révolution, en supprimant tout antagonisme entre l'opinion politique de Paris et le pouvoir exécutif central.

Elle sauvegarde à la fois le droit de la cité et le droit de la nation, celui de la capitale et celui de la province, fait leur juste part aux deux influences, et réconcilie les deux esprits.

Enfin, elle donne à la cité une milice nationale qui défend les citoyens contre le pouvoir, au lieu d'une armée permanente qui défend le pouvoir contre les citoyens, et une police municipale qui poursuit les malfaiteurs, au lieu d'une police politique qui poursuit les honnêtes gens.

Cette assemblée nomme dans son sein des comités spéciaux qui se partagent ses attributions diverses (instruction, travail, finances, assistance, garde nationale, police, etc.).

Les membres de l'assemblée municipale, sans cesse contrôlés, surveillés, discutés par l'opinion, sont révocables, comptables et responsables ; c'est une telle assemblée, la ville libre dans le pays libre, que vous allez fonder. Citoyens, vous tiendrez à honneur de contribuer par votre vote à cette fondation. Vous voudrez conquérir à Paris la gloire d'avoir posé la première pierre du nouvel édifice social, d'avoir élu le premier sa commune républicaine.

Citoyens,

Paris ne veut pas régner, mais il veut être libre ; il n'ambitionne pas d'autre dictature que celle de l'exemple ; il ne prétend ni imposer ni abdiquer sa volonté ; il ne se soucie pas plus de lancer des décrets que de subir des plébiscites ; il démontre le mouvement en marchant lui-même, et prépare la liberté des autres en fondant la sienne. Il ne pousse personne violemment dans les voies de la république ; il est content d'y entrer le premier.

Hôtel de ville, 22 mars 1871.

(*Suivent les signatures.*)

La note suivante a été placardée aux principales stations télégraphiques :

AUX EMPLOYÉS DU TÉLÉGRAPHE.

J'ai l'honneur de vous annoncer que je viens d'être nommé directeur du télégraphe, en remplacement du citoyen Combatz, relevé de ses fonctions sur sa demande.

Je vous invite à vous rendre demain, 25 courant,

à 10 heures du matin, à la direction générale, pour nous entendre sur l'organisation du service.

Le directeur général délégué,

PAUVERT,

Officier de l'intendance militaire.

Le comité central apprend que des hommes vêtus d'uniformes de gardes nationaux, et reconnus pour d'anciens gendarmes et sergents de ville, ont tiré sur les lignes prussiennes.

Le comité prévient que, si un cas semblable se présentait, il prendrait lui-même les mesures nécessaires pour s'assurer des coupables, et les ferait immédiatement passer par les armes.

La sécurité de la ville entière exige ces mesures de rigueur.

Le *Journal officiel* de Paris contient, dans sa partie non officielle, les pièces suivantes :

Le comité central a ordonné une enquête sur les événements qui se sont passés place Vendôme, dans la journée du 22. Le comité n'a pas voulu publier un récit immédiat, qui aurait pu être accusé de parti pris. Voici les faits, tels qu'ils résultent des témoignages produits dans l'enquête.

A une heure et demie, la manifestation, qui se massait depuis midi sur la place du Nouvel-Opéra, s'est engagée dans la rue de la Paix. Dans les premiers rangs, un groupe très-exalté, parmi lequel les gardes nationaux affirment avoir reconnu MM. de Heeckeren, de Coëtlegon et H. de Pène, anciens familiers de l'empire, agitait violemment un drapeau sans inscription. Arrivée à la hauteur de la rue Neuve-Saint-Augustin, la manifestation a entouré, désarmé et maltraité deux gardes nationaux détachés en sentinelles avancées. Ces citoyens n'ont dû leur salut qu'à la retraite, et sans fusils, les vêtements déchirés, ils se sont réfugiés sur la place Vendôme. Aussitôt les gardes nationaux, saisissant leurs armes, se sont portés immédiatement en ordre de bataille jusqu'à la hauteur de la rue Neuve-des-Petits-Champs.

La première ligne avait reçu l'ordre de lever la crosse en l'air si elle était rompue, et de se replier derrière la troisième ; de même pour la seconde ; la troisième devait croiser la baïonnette ; mais recommandation expresse était faite de ne pas tirer.

Le premier rang de la foule, qui comptait environ 800 à 1,000 personnes, se trouve bientôt face à face avec les gardes nationaux. Le caractère de la manifestation se dessine dès lors nettement. On crie : *A bas les assassins! A bas le comité!* Les gardes nationaux sont l'objet des plus grossières insultes. On les appelle : *Assassins! lâches! brigands!* Des furieux saisissant les fusils des gardes nationaux. On arrache le sabre d'un officier. Les cris redoublent ; on a affaire non à une manifestation, mais à une véritable émeute. En effet, un coup de revolver vient atteindre à la cuisse le citoyen Maljournal, lieutenant d'état-major de la place, membre du comité central. Le général Bergeret, commandant la place, accouru au premier rang dès le début, fait sommer les émeutiers de se retirer. Pendant près de cinq minutes on entend le roulement du tambour. Dix sommations sont faites. On n'y répond que par des cris et des injures. Deux gardes nationaux tombent grièvement blessés. Cependant leurs camarades hésitent et tirent en l'air. Les émeutiers s'efforcent de rompre les lignes et de les désarmer. Des coups de feu retentissent, et l'émeute est subitement dispersée. Le général Bergeret fait immédiatement cesser le feu. Les officiers se précipitent, joignant leurs efforts à ceux du général. Cependant quelques coups de fusil se font entendre encore dans l'intérieur de la place ; il n'est que trop vrai que des maisons on a tiré sur les gardes nationaux. Deux d'entre eux ont été tués : les citoyens Wahlin et François, appartenant au 7e et au 215e bataillon; huit ont été blessés : ce sont les citoyens Maljournal, Cochet, Miche, Ancelot, Legat, Reyer, Train, Laborde.

Le premier des morts, porté à l'ambulance du Crédit mobilier, est le vicomte de Molinet, atteint à la tête et par derrière, au premier rang de l'émeute. Il est tombé au coin de la rue de la Paix et de la rue Neuve-des-Petits-Champs, la face contre terre, du côté de la place Vendôme. Il est de toute évidence que le vicomte de Molinet a été frappé par les émeutiers; car, s'il eût été atteint en fuyant, le corps serait tombé dans la direction du nouvel Opéra. On a trouvé sur le corps un poignard fixé à la ceinture par une chaînette.

Un grand nombre de revolvers et de cannes à épée ont été ramassés dans la rue de la Paix et portés à l'état-major de la place.

Le docteur Ramlow, ancien chirurgien-major du camp de Toulouse, domicilié 32, rue de la Victoire, et un certain nombre de médecins accourus, ont donné leurs soins aux blessés et signé les procès-verbaux.

6.

Les valeurs trouvées sur les émeutiers ont été placées sous enveloppes scellées et déposées à l'état-major de la place.

C'est grâce au sang-froid et à la fermeté du général Bergeret, qui a su contenir la juste indignation des gardes nationaux, que de plus grands accidents ont pu être évités.

Le général américain Sheridan, qui d'une croisée de la rue de la Paix a suivi les événements, a attesté que des coups de feu ont été tirés par les hommes de la manifestation.

La dépêche suivante a été adressée par le chef du pouvoir exécutif aux préfets, sous-préfets, etc.

Versailles, 25 mars, 10 h. matin.

L'ordre se maintient dans la presque totalité de la France ; il se rétablit à Lyon ; il a été troublé à Marseille, mais pas d'une manière inquiétante.

A Paris, le parti de l'ordre contient celui du désordre et lui tient tête. Il y a eu un certain retour de calme dû à l'intervention des maires.

A Versailles, l'armée, largement pourvue de tout ce qui lui est nécessaire, s'augmente considérablement ; une nombreuse cavalerie est arrivée.

Signé : THIERS.

LE 26 MARS 1871.

Le *Journal officiel* de Paris contient, dans sa partie officielle, les pièces suivantes :

COMITÉ CENTRAL.

Le comité central s'empresse de transmettre à la population de Paris la dépêche suivante d'un de ses délégués à Lyon :

Lyon, 24 mars 1871.

AUX CITOYENS MEMBRES DU COMITÉ CENTRAL, A PARIS.

Nous sommes arrivés à Lyon et immédiatement introduits à l'hôtel de ville; nous avons dû paraître au balcon, aux acclamations de plus de vingt mille citoyens.

Dix-huit bataillons sur vingt-quatre sont heureux de se fédéraliser avec les deux cent quinze bataillons de Paris.

Pas une goutte de sang versé, grâce aux mesures préservatrices prises par la commission provisoire.

Le gouvernement de Versailles n'est pas reconnu.

En somme, la cause du peuple triomphe, et Paris seul est reconnu comme capitale.

Pour la délégation,
AMOUROUX.

A l'appui de cette lettre, Lyon envoyait un exemplaire de l'affiche suivante :

RÉPUBLIQUE FRANÇAISE.

COMMUNE DE LYON.

Le comité démocratique de la garde nationale du Rhône,

Le comité central démocratique de l'alliance républicaine du Rhône aux Lyonnais.

Citoyens,

La Commune vient d'être proclamée du haut du balcon de l'hôtel de ville, aux applaudissements frénétiques de la population entière.

Notre ville, qui, la première au 4 septembre, a proclamé la république, ne pouvait tarder d'imiter Paris.

Honneur à cette courageuse et vaillante population lyonnaise !

Elle vient de concourir au rétablissement de la liberté et de la vraie république.

Elle vient de reprendre la direction de ses intérêts trop longtemps absorbés par le pouvoir central.

Avec la Commune, citoyens, nous aurons un pouvoir unique qui concentrera dans ses mains la force armée et la police municipale.

Avec la Commune, les impôts s'allégeront, les

deniers publics ne seront plus gaspillés, les institutions sociales attendues avec une légitime impatience par les travailleurs seront fondées et mises en pratique. Une ère nouvelle, citoyens, commence pour notre cité.

Bien des souffrances et des misères seront soulagées, en attendant que disparaisse la hideuse plaie sociale appelée paupérisme.

Que les habitants restent calmes et dignes dans leur victoire!

Qu'ils aient confiance, et bientôt l'ordre et la prospérité ne seront plus de vains mots.

Par notre attitude, prouvons aux ennemis de la vraie liberté que le peuple ne confond jamais cette sublime institution appelée Commune avec les débordements dont ils se plaisent à l'accuser.

Bientôt nos détracteurs eux-mêmes seront contraints de reconnaître que le peuple est digne d'être régi par des institutions républicaines. Soyons unis et restons armés pour soutenir la république une et indivisible.

Vive la Commune! vive la république!

Pour le comité de la garde nationale,

LACONDAMINE, MALARD, JERRICARD, A. DELMAS, FRANQUET.

Pour le comité démocratique de l'alliance républicaine,

BRUN, ROLAND, présidents; GOUTORBE, CHAPITET.

Le comité a voté d'urgence, à l'unanimité, la mise en liberté non-seulement du général Chanzy, mais également du général de Langourian.

Le comité central de la garde nationale, auquel se sont ralliés les députés de Paris, les maires et adjoints, convaincus que le seul moyen d'éviter la guerre civile, l'effusion du sang à Paris, et en même temps d'affermir la république, est de procéder à des élections immédiates, convoquent pour demain dimanche tous les citoyens dans les colléges électoraux.

Les habitants de Paris comprendront que, dans les circonstances actuelles, le patriotisme les oblige à venir tous au vote, afin que les élections aient le caractère sérieux qui, seul, peut assurer la paix dans la cité.

Les bureaux seront ouverts à huit heures du matin et fermés à minuit.

Vive la république!

Les maires et adjoints de Paris,

1er arrondissement : AD. ADAM, MÉLINE, adjoints. — 2e ÉMILE BRELAY, LOISEAU-PINSON, adjoints. — 3e BONVALET, maire; CH. MURAT, adjoint. — 4e VAUTRAIN, maire; DE CHATILLON, LOISEAU, adjoints. — 5e JOURDAN, COLLIN, adjoints. — 6e A. LEROY, adjoint. — 9e DESMARETS, maire; E. FERRY, ANDRÉ, NAST, adjoints. — 10e A. MURAT, adjoint. 11e MOTTU, maire; BLANCHON, POIRIER, TOLAIN, adjoints. — 12ᵉ GRIVOT, maire; DENIZOT, DUMAS, TURILLON, adjoints. — 13ᵉ COMBES, LÉO MEILLET, adjoints. — 15ᵉ JOBBÉ-DUVAL, SEXTUS-MICHEL, adjoints. — 16ᵉ CHAUDET, SEVESTRE, adjoints. — 17ᵉ FR. FAVRE, maire; MALON, VILLENEUVE, CACHEUX, adjoints. — 18ᵉ CLÉMENCEAU, maire; J.-A. LAFONT, DEREURE, JACLARD, adjoints. — 19ᵉ DEVEAUX, SATORY, adjoints.

Les représentants de la Seine présents à Paris,

LOCKROY, FLOQUET, TOLAIN, CLÉMENCEAU, V. SCHOELCHER, GREPPO.

Le comité central de la garde nationale,

AVOINE FILS, ANT. ARNAUD, G. ARNOLD, ASSI, ANDIGNOUX, BOUIT, JULES BERGERET, BABICK, BAROU, BILLIORAY, BLANCHET, L. BOURSIER, CASTIONI, CHOUTEAU, C. DUPONT, FABRE, FERRAT, HENRI FORTUNÉ, FLEURY, FOUGERET, C. GAUDIER, GOUHIER, H. GÉRESME, GRELIER, GROLARD, JOURDE, JOSSELIN, LAVALETTE, LISBONNE, MALJOURNAL, ÉDOUARD MOREAU, MORTIER, PRUDHOMME, ROUSSEAU, RANVIER, VARLIN.

La déclaration que l'on vient de lire avait été précédée et résulte des proclamations suivantes, que nous publions à titre de documents :

COMITÉ CENTRAL.

Citoyens,

Entraînés par notre ardent désir de conciliation, heureux de réaliser cette fusion, but incessant de tous nos efforts, nous avons loyalement ouvert à ceux qui nous combattaient une main fraternelle. Mais la continuité de certaines manœuvres, et notamment le transfert nocturne de mitrailleuses à la mairie du 2e arrondissement, nous obligent à maintenir notre résolution première.

Le vote aura lieu dimanche 26 mars.

Si nous nous sommes mépris sur la pensée de nos adversaires, nous les invitons à nous le témoigner en s'unissant à nous dans le vote commun de dimanche.

Hôtel de ville, 25 mars 1871.

Les membres du comité central,

(SUIVENT LES SIGNATURES.)

Les députés de Paris, les maires et les adjoints élus réintégrés dans les mairies de leurs arrondissements, et les membres du comité central fédéral de la garde nationale, convaincus que, pour éviter la guerre civile, l'effusion du sang à Paris, et pour affermir la république, il faut procéder à des élections immédiates, convoquent les électeurs demain dimanche dans leurs colléges électoraux.

Le scrutin sera ouvert à huit heures du matin et fermé à minuit.

Les habitants de Paris comprendront que, dans les circonstances actuelles, ils doivent tous prendre part au vote, afin que ce vote ait le caractère sérieux qui seul peut assurer la paix dans la cité.

Les représentants de la Seine présents à Paris,
E. LOCKROY, CH. FLOQUET, G. CLÉMENCEAU, TOLAIN, GREPPO. *Les maires et adjoints.*

MINISTÈRE DE L'INTÉRIEUR.

Considérant que la population du 19ᵉ arrondissement avait été, par erreur, évaluée à 88,930 habitants, tandis qu'elle est réellement de 113,000 ;

En vertu de l'arrêté du comité central réglant le vote du 26 mars et déterminant le nombre des conseillers relativement à celui des habitants de l'arrondissement, à raison de 1 conseiller pour 20,000 habitants et par fraction de plus de 10,000 ;

Les délégués soussignés à l'intérieur arrêtent :

Le nombre des conseillers à élire pour le 19ᵉ arrondissement sera de six.

Paris, le 25 mars 1871.
Les délégués de l'intérieur.
ANT. ARNAUD, E. VAILLANT.

VILLE DE PARIS.

—

MAIRIE DU 20ᵉ ARRONDISSEMENT.

Citoyens du 20ᵉ arrondissement,

Nous venons prendre à votre mairie le poste auquel votre confiance nous avait appelés, et qui, jusqu'ici, avait été occupé par une commission provisoire.

L'admirable victoire qui a remis le peuple parisien en possession de son indépendance communale n'est encore qu'incomplète.

Il nous faut soutenir énergiquement notre droit à l'autonomie municipale, contre tous les empiétements arbitraires, illégaux, des pouvoirs politiques.

La majorité de nos collègues aux mairies de Paris et quelques députés de Paris prétendent que nous ne pouvons élire nos conseillers municipaux, sans que l'Assemblée de Versailles ait statué sur notre droit à faire des élections.

Cette prétention, insoutenable en bonne justice, est le fruit d'une erreur complète de principes et d'une confusion flagrante de pouvoirs.

Le droit que possède chaque commune d'élire sa municipalité est imprescriptible et inaliénable. Ce droit, toutes les communes de France, excepté Paris, l'exercent, et il n'a pu vous être ravi que par l'abominable despotisme de l'empire.

Paris a reconquis son droit de municipalité libre par sa dernière révolution; malheur à qui essayerait de le lui reprendre!

Cette entreprise insensée, criminelle, serait le signal de la guerre civile.

Nous ne voulons plus que notre sang coule dans des luttes fratricides entre Français.

C'est pourquoi nous ne voulons plus dans Paris

d'autre armée que la garde nationale, d'autre municipalité que celle librement élue par le peuple.

Nous vous convoquons donc pour demain dimanche, 26 mars, à l'effet d'élire, dans le 20e arrondissement, quatre représentants au conseil communal de Paris.

En même temps que cette affiche, en paraît une autre où nous vous indiquons le mode de votation et le lieu de vote, pour chaque section de l'arrondissement.

Citoyens, les hommes que vous avez chargés de défendre provisoirement vos intérêts, et qui siégent en ce moment à l'hôtel de ville, vivent de leurs trente sous de gardes nationaux, eux et leurs familles.

C'est la première fois qu'un tel exemple de désintéressement se produit dans l'histoire.

Faites en sorte de nommer des hommes aussi dévoués, aussi honnêtes, et vous aurez sauvé la France.

Vive la république démocratique et sociale, universelle!

Paris, le 25 mars 1871.

L'adjoint, *Le maire,*
GUSTAVE FLOURENS. RANVIER.

La circulaire suivante a été adressée par le chef du pouvoir exécutif à MM. les préfets, sous-préfets, procureurs généraux, généraux de divisions territoriales.

Versailles, 26 mars, midi 10 m.

Rien de nouveau dans la situation. Lyon est tout à fait rentré dans l'ordre, grâce à l'énergie du général et du préfet, et grâce aussi au concours que la garde nationale leur a prêté.

A Marseille, des étrangers, appuyant les anarchistes, ont occasionné une émotion passagère, que des forces envoyées sur les lieux auront bientôt réprimée.

Toulouse essaye d'imiter ce triste exemple, mais sans force véritable.

Sauf ces tentatives insignifiantes, la France, résolue et indignée, se serre autour du gouvernement et de l'Assemblée nationale pour réprimer l'anarchie; cette anarchie essaye toujours de dominer Paris.

Un accord, auquel le gouvernement est resté étranger, s'est établi entre la prétendue Commune et les maires, pour en appeler aux élections; elles se feront aujourd'hui probablement, sans liberté, et dès lors sans autorité morale.

Que le pays ne s'en préoccupe point et ait confiance : l'ordre sera rétabli à Paris comme ailleurs.

A. THIERS.

LE 27 MARS 1871.

Le *Journal officiel* de Paris, dans sa partie officielle, contient ce qui suit :

La proclamation suivante a été affichée hier sur les murs de Paris :

CITOYENS,

Notre mission est terminée ; nous allons céder la place dans votre hôtel de ville à vos nouveaux élus, à vos mandataires réguliers.

Aidés par votre patriotisme et votre dévouement, nous avons pu mener à bonne fin l'œuvre difficile entreprise en votre nom. Merci de votre concours persévérant ; la solidarité n'est plus un vain mot : le salut de la république est assuré.

Si nos conseils peuvent avoir quelque poids dans vos résolutions, permettez à vos plus zélés serviteurs de vous faire connaître, avant le scrutin, ce qu'ils attendent du vote aujourd'hui.

Citoyens,

Ne perdez pas de vue que les hommes qui vous serviront le mieux sont ceux que vous choisirez parmi vous, vivant de votre propre vie, souffrant des mêmes maux.

Défiez-vous autant des ambitieux que des parvenus ; les uns comme les autres ne consultent que leur propre intérêt, et finissent toujours par se considérer comme indispensables.

Défiez-vous également des parleurs, incapables de passer à l'action ; ils sacrifieront tout à un discours, à un effet oratoire ou à un mot spirituel. — Évitez également ceux que la fortune a trop favorisés, car trop rarement celui qui possède la fortune est disposé à regarder le travailleur comme un frère.

Enfin, cherchez des hommes aux convictions sincères, des hommes du peuple, résolus, actifs, ayant un sens droit et une honnêteté reconnue. — Portez vos préférences sur ceux qui ne brigueront pas vos suffrages; le véritable mérite est modeste, et c'est aux électeurs à connaître leurs hommes, et non à ceux-ci de se présenter.

Nous sommes convaincus que, si vous tenez compte de ces observations, vous aurez enfin inauguré la véritable représentation populaire, vous aurez trouvé des mandataires qui ne se considéreront jamais comme vos maîtres.

Hôtel de ville, 25 mars 1871.

Le comité central de la garde nationale,

AVOINE FILS, ANT. ARNAUD, G. ARNOLD, ASSI, ANDIGNOUX, BOUIT, JULES BERGERET, BABICK, BAROUD, BILLIORAY, L. BOURSIER, BLANCHET, CASTIONI, CHOUTEAU, C. DUPONT, FABRE, FERRAT, FLEURY, FOUGERET, C. GAUDIER, GOUHIER, H. GÉRESME, GRÊLIER, GROLARD, JOSSELIN, FR. JOURDE, LAVALETTE, HENRI FORTUNÉ, MALJOURNAL, ÉDOUARD MOREAU, MORTIER, PRUDHOMME, ROUSSEAU, RANVIER, VARLIN.

L'avis suivant, réglant le mode de votation, a été publié par le comité dans la journée du 26 :

AVIS AUX ÉLECTEURS.

Le comité central rappelle aux électeurs que le scrutin ne doit être clos qu'à minuit.

Les électeurs qui seront de service hors de leur arrondissement devront se réunir, soit par compagnie, soit par bataillon, constituer un bureau électoral, procéder au vote, et en envoyer le résultat à la mairie de leur arrondissement.

Les électeurs de service dans leur arrondissement devront voter dans leurs sections respectives.

Les chefs de poste sont chargés de délivrer les permissions nécessaires à cet effet, de manière à ne pas entraver le service.

Hôtel de ville, 26 mars 1871.

Pour les membres du comité,

CHOUTEAU, BOUIT, MOREAU.

D'après la loi électorale de 1849, un huitième des électeurs inscrits donne une majorité suffisante pour être élu. Le comité central conserve l'esprit et la lettre de la loi précitée.

Paris, 26 mars, minuit.

Les citoyens qui désirent communiquer avec les personnes retenues soit à la Conciergerie, soit dans les maisons centrales, peuvent s'adresser pour les autorisations à l'ex-préfecture de police (secrétariat général) tous les jours, de dix heures à midi.

Le délégué civil,   Le général commandant,
RAOUL RIGAULT.   E. DUVAL.

Deux individus qu'on accuse d'avoir tiré, il y a quelques nuits, sur une patrouille prussienne, ont été arrêtés par ordre du comité de l'hôtel de ville. Ils sont détenus à Ménilmontant, et ils seront prochainement jugés par un conseil de guerre.

5e ARRONDISSEMENT DE PARIS.
(MAIRIE DU PANTHÉON.)

Citoyens,

Il y a peu de jours, votre municipalité était déserte; — les hommes que vous aviez élus au 4 novembre, quand triomphaient les idées de réaction, sentant le courage revenir au peuple, se sont enfuis tour à tour.

Sur le désir de nos amis du comité central, nous avons remplacé cette municipalité défaillante.

Nous l'avons fait au moment où de tristes compétitions, des menées qui se couvrent d'un prétendu amour de l'ordre et de la légalité, préparaient peut-être une lutte armée et allaient, involontairement sans doute, ramener ces tristes journées, non oubliées de vous, où le sang du peuple inondait nos rues.

Malgré ces démonstrations hostiles, malgré les calomnies que nous dédaignons, nous sommes restés inébranlables dans nos sentiments de rapprochement et d'entente.

Nous avons réussi. La paix est faite, les malentendus expliqués, et toute chance de danger, nous l'espérons, éloignée à jamais.

Mais la paix dans la rue sera insuffisante si elle ne s'accompagne pas de l'accord dans les esprits, de l'homogénéité dans le conseil qui va gérer tous vos intérêts.

Les hommes du 4 septembre ont laissé consommer la défaite, ruiné ou compromis les destinées de la France.

Défiez-vous, citoyens, de ceux qui ont été leurs complices, leurs collaborateurs ou même leurs adhérents, — de ceux qui, sous couleur de respecter *l'ordre*, de défendre *la légalité*, prennent parti pour une assemblée monarchique, née sous cette double influence : la peur et la pression prussienne.

Écartez de vous ceux qui regardent comme une *voie fatale* l'œuvre de salut que vous accomplissez dans un admirable accord.

Déjà vous avez les grands centres, bientôt le pays entier sera avec vous.

Électeurs du 5ᵉ arrondissement, vous prouverez par votre vote que vous vous associez à cette force immense, récemment révélée, qui résulte de l'union, de la fédération de la garde nationale; — que vous ne blâmez pas ces jeunes citoyens dont l'énergie, le talent, la probité et l'audace heureuse ont subitement transformé une situation et vaincu la vieille politique.

Les autres classes, en réduisant le pays aux plus tristes extrémités, ont désormais donné la mesure de leur impuissance et de leur caducité : — elles ont perdu le droit de se dire les seules classes gouvernementales.

Laissez arriver l'honnêteté, le travail, la justice; — ouvrez les portes au prolétariat instruit, au vrai peuple, à la seule classe pure encore de nos fautes et de nos déchéances; à la seule, enfin, capable de sauver le pays.

Les adjoints provisoires,   *Le maire provisoire,*
ACONIN, MURAT.   D.-TH. RÉGÈRE.

La lettre suivante a été adressée au comité central de la garde nationale :

25 mars 1871.

CITOYENS,

Élu le 7 novembre dernier comme adjoint à la mairie du 20e arrondissement, je n'ai pu prendre possession de mon poste jusqu'au 18 mars.

Depuis ce jour, et ne voulant point entraver par la moindre hésitation l'action qui venait de s'engager, par le fait même de ceux qui vous taxaient d'être un gouvernement anarchique, je me suis abstenu de me rendre à la mairie du 20ᵉ arrondissement, ce qui me constitue par le fait à l'état de démissionnaire.

Aujourd'hui que la révolution du 18 mars est un fait accompli et reconnu, j'ai l'honneur de vous adresser, à vous, citoyens, seuls représentants du pouvoir communal à cette heure, ma démission d'adjoint à la mairie du 20ᵉ arrondissement, démission que je n'eusse jamais consentie, par respect pour les électeurs qui m'avaient honoré de leurs suffrages, à donner à M. Picard.

Salut et fraternité.

G. LEFRANÇAIS,
adjoint démissionnaire à la mairie
du 20ᵉ arrondissement.

D'après l'arrêté du comité central en date du 24 mars, il y a trois commandants militaires pour la ville de Paris; aucun d'eux n'a de prépondérance sur ses collègues. Ces trois généraux forment le conseil militaire et sont subordonnés au comité central.

La place de Paris seule commande le roulement des bataillons pour le service de la ville et des forts.

En conséquence, les chefs de légion sont avertis qu'ils n'auront désormais d'ordres à recevoir que de l'état-major de la place Vendôme.

L'administration des forts reste confiée au ministère de la guerre.

Toutes convocations de bataillons en dehors de ces dispositions sera considérée comme nulle et non avenue; quiconque enfreindra cet arrêté sera poursuivi pour usurpation de pouvoir.

Paris, 26 mars 1871.

(*Suivent les signatures.*)

LA COMMUNE A MARSEILLE.

Le 24 mars au matin, la proclamation suivante a été affichée :

RÉPUBLIQUE FRANÇAISE.

LIBERTÉ, ÉGALITÉ, FRATERNITÉ.

PRÉFECTURE DES BOUCHES-DU-RHONE.

La commission départementale provisoire aux habitants de Marseille et du département des Bouches-du-Rhône.

Citoyens,

Une collision sanglante allait éclater parmi nous. La guerre civile était prête à sortir des circulaires et des provocations irritantes qu'un pouvoir aveugle lançait comme un défi aux grandes cités françaises.

Nous sommes intervenus.

Grâce à l'union de tous les groupes républicains,

nous avons vu se dissiper le malentendu qui menaçait d'armer les uns contre les autres, dans une lutte fratricide ajoutée à tant d'autres désastres, les citoyens d'une même ville, les soldats d'une même cause.

Nous avons parlé d'apaisement, de conciliation. Marseille a répondu à notre appel par une manifestation imposante. Il n'a pas été versé une seule goutte de sang. On espérait nous diviser en deux camps : Marseille a été unanime à déclarer qu'elle soutiendrait le gouvernement républicain régulièrement constitué, qui siégerait dans la capitale.

Et par là, nous avons tous ensemble affirmé du même coup notre amour pour la république, notre sympathie pour l'héroïque capitale martyre qui, à elle seule, aurait sauvé notre patrie, si notre patrie avait dû être sauvée.

Après avoir échappé au danger, à force de patriotisme et de sagesse, Marseille ne pouvait plus avoir confiance dans l'administration préfectorale.

L'opinion publique exigeait une satisfaction.

Le conseil municipal, avec le concours de tous les groupes républicains de la cité, a dû instituer une commission départementale, chargée d'administrer provisoirement le département des Bouches-du-Rhône et la ville de Marseille.

Les membres de cette commission provisoire se sont mis immédiatement à l'œuvre. Ils comptent sur votre concours et sur votre confiance.

Maintenez avec nous l'ordre dans la cité, retournez

paisiblement à vos travaux; que le commerce et que l'industrie reprennent promptement l'essor pacifique qui doit contribuer au relèvement de notre patrie.

Nous veillons nuit et jour sur la république, jusqu'à ce qu'une autorité nouvelle, émanant d'un gouvernement régulier, siégeant à Paris, vienne nous relever de nos fonctions.

Vive Paris!
Vive la république!

Marseille, 23 mars 1871.

Les membres de la commission départementale provisoire, du département des Bouches-du-Rhône,

GASTON CRÉMIEUX, ÉTIENNE PÈRE, JOB, BOSC, DAVID, DESSERVY, SIDORE, conseillers municipaux; MAVIEL, ALLERINI, GUELLARD, BARTHELET, ÉMILE BOUCHET, CARTOUX.

Le comité républicain a publié l'adresse suivante :

AUX MARSEILLAIS.

Citoyens,

Le comité républicain, réuni spontanément en présence de la manifestation de la garde nationale, déclare se rallier sans réserve à la proclamation du conseil municipal.

Le comité républicain honore Paris comme la capitale de la république, et demande qu'une assemblée constituante y établisse son siége.

Le comité veut le maintien de la république et la nomination à toutes les fonctions d'hommes connus par leur dévouement aux principes de la démocratie.

Il demande que tous les complices de l'empire, qui ont livré la France démoralisée et désarmée à l'invasion prussienne, soient à tout jamais exclus des fonctions publiques.

Le comité a pleine confiance dans l'énergie et l'initiative du conseil municipal pour maintenir haut et ferme le drapeau de la république, et pour assurer à Marseille le respect des personnes et des propriétés publiques ou privées.

Pour le comité républicain :

Les membres du bureau,

LÉART, président; SOIRON, JOSEPH MARTIN, vice-présidents; JULES RIGAUT, GAY, secrétaires.

CONSEIL MUNICIPAL.

EXTRAIT DE LA SÉANCE DU 23 MARS, 10 H. SOIR.

Sur la demande du club républicain de la garde nationale, le conseil municipal, animé d'un esprit de conciliation et de concorde, désigne trois de ses membres, les citoyens Bosc, Desservy et Sidore, comme délégués à la préfecture pour faire partie de la commission provisoirement chargée de l'administration du département des Bouches-du-Rhône.

Pour extrait :

Le secrétaire,

PIERRE GAY.

Le *Journal officiel* de Paris contient, dans sa partie non officielle, les pièces suivantes :

A l'heure où nous écrivons, le comité central aura de droit, sinon de fait, cédé la place à la commune. Ayant rempli le mandat extraordinaire dont la nécessité l'avait investi, il se réduira de lui-même à la fonction spéciale qui fut sa raison d'être, et qui, contestée violemment par le pouvoir, l'obligerait à lutter, à vaincre, ou à mourir avec la cité dont il était la représentation armée.

Expression de la liberté municipale légitimement, juridiquement insurgée contre l'arbitraire gouvernemental, le comité n'avait d'autre mission que d'empêcher à tout prix qu'on arrachât à Paris le droit primordial qu'il avait triomphalement conquis. Au lendemain du vote, on peut dire que le comité a fait son devoir.

Quant à la Commune élue, son rôle sera tout autre et ses moyens pourront être différents. Avant tout, il lui faudra définir son mandat, délimiter ses attributions. Ce pouvoir constituant qu'on accorde si large, si indéfini, si confus pour la France à une Assemblée nationale, elle devra l'exercer pour elle-même, c'est-à-dire pour la cité, dont elle n'est que l'expression.

Aussi l'œuvre première de nos élus devra être la discussion et la rédaction de leur charte, de cet acte que nos aïeux du moyen âge appelaient leur commune. Ceci fait, il lui faudra aviser aux moyens de faire reconnaître et garantir par le pouvoir central, quel qu'il puisse être, ce statut de l'autonomie municipale. Cette partie de leur tâche ne sera pas la moins ardue si le mouvement, localisé à Paris et dans une ou deux grandes villes, permet à l'Assemblée nationale actuelle d'éterniser un mandat que le bon sens et la force des choses limitaient à la conclusion de la paix, et qui déjà se trouve depuis quelque temps accompli.

A une usurpation de pouvoir, la Commune de Paris n'aura pas à répondre en usurpant elle-même. Fédérée avec les communes de France déjà affranchies, elle devra, en son nom et au nom de Lyon, de Marseille et bientôt peut-être de dix grandes villes, étudier les clauses du contrat qui devra les relier à la nation, poser l'ultimatum du traité qu'elles entendent signer.

Quel sera cet ultimatum? D'abord il est bien entendu qu'il devra contenir la garantie de l'autonomie, de la souveraineté municipale reconquises. En second lieu, il devra assurer le libre jeu des rapports de la Commune avec les représentants de l'unité nationale.

Enfin il devra imposer à l'Assemblée, si elle accepte de traiter, la promulgation d'une loi électorale telle que la représentation des villes ne soit plus à l'avenir absorbée et comme noyée dans la représentation des campagnes. Tant qu'une loi électorale conçue dans cet esprit n'aura pas été appliquée, l'unité nationale brisée, l'équilibre social rompu ne pourraient pas se rétablir.

A ces conditions, et à ces conditions seulement, la ville insurgée redeviendra la ville capitale. Circulant plus libre à travers la France, son esprit sera bientôt l'esprit même de la nation, esprit d'ordre, de progrès, de justice, c'est-à-dire de révolution.

ASSCCIATION INTERNATIONALE DES TRAVAILLEURS.

CONSEIL FÉDÉRAL DES SECTIONS PARISIENNES.

CHAMBRE FÉDÉRALE DES SOCIÉTÉS OUVRIÈRES.

Travailleurs,

Une longue suite de revers, une catastrophe qui semble devoir entraîner la ruine complète de notre pays, tel est le bilan de la situation créée à la France par les gouvernements qui l'ont dominée.

Avons-nous perdu les qualités nécessaires pour nous relever de cet abaissement? Sommes-nous dégénérés au point de subir avec résignation le despotisme hypocrite de ceux qui nous ont livrés à l'étranger, et de ne retrouver d'énergie que pour rendre notre ruine irrémédiable par la guerre civile?

Les derniers événements ont démontré la force du peuple de Paris; nous sommes convaincus qu'une entente fraternelle démontrera bientôt sa sagesse.

Le principe d'autorité est désormais impuissant pour rétablir l'ordre dans la rue, pour faire renaître le travail dans l'atelier, et cette impuissance est sa négation.

L'insolidarité des intérêts a créé la ruine générale, engendré la guerre sociale; *c'est à la liberté, à l'égalité, à la solidarité qu'il faut demander d'assurer l'ordre sur de nouvelles bases, de réorganiser le travail qui est sa condition première.*

Travailleurs,

La révolution communale affirme ces principes, elle

écarte toute cause de conflit dans l'avenir. Hésiterez-vous à lui donner votre sanction définitive ?

L'indépendance de la commune est le gage d'un contrat dont les clauses librement débattues feront cesser l'antagonisme des classes et assureront l'égalité sociale.

Nous avons revendiqué l'émancipation des travailleurs et la délégation communale en est la garantie, car elle doit fournir à chaque citoyen les moyens de défendre ses droits, de contrôler d'une manière efficace les actes de ses mandataires chargés de la gestion de ses intérêts, et de déterminer l'application progressive des réformes sociales.

L'autonomie de chaque commune enlève tout caractère oppressif à ses revendications et affirme la république dans sa plus haute expression.

Travailleurs,

Nous avons combattu, nous avons appris à souffrir pour notre principe égalitaire, nous ne saurions reculer alors que nous pouvons aider à mettre la première pierre de l'édifice social.

Qu'avons-nous demandé ?

L'organisation du crédit, de l'échange, de l'association, afin d'assurer au travailleur la valeur intégrale de son travail.

L'instruction gratuite, laïque et intégrale.

Le droit de réunion et d'association, la liberté absolue de la presse, celle du citoyen ;

L'organisation au point de vue municipal des services de police, de force armée, d'hygiène, de statistique, etc.

Nous avons été dupes de nos gouvernants, nous nous sommes laissé prendre à leur jeu, alors qu'ils caressaient et réprimaient tour à tour les factions dont l'antagonisme assurait leur existence.

Aujourd'hui le peuple de Paris est clairvoyant, il se refuse à ce rôle d'enfant dirigé par le précepteur, et dans les élections municipales, produit d'un mouvement dont il est lui-même l'auteur, il se rappellera que le principe qui préside à l'organisation d'un groupe, d'une association, est le même qui doit gouverner la société entière, et, comme il rejetterait tout administrateur, président imposé par un pouvoir en dehors de son sein, il repoussera tout maire, tout préfet imposé par un gouvernement étranger à ses aspirations.

Il affirmera son droit supérieur au vote d'une Assemblée de rester maître dans sa ville, et de constituer comme il lui convient sa représentation municipale, sans prétendre l'imposer aux autres.

Dimanche 26 mars, nous en sommes convaincus, le peuple de Paris tiendra à honneur de voter pour la Commune.

Les délégués présents à la séance de nuit du 23 mars 1871,

Conseil fédéral des sections parisiennes de l'association internationale :

AUBRY (fédération rouennaise), BOUDET, CHAUDESAIGUES, COIFÉ, V. DEMAY, A. DUCHÊNE, DUPUIS, LÉO FRANKEL, H. GOULLÉ, LAUREAU, LIMOUSIN, MARTIN LÉON, NOSTAG, CH. ROCHAT.

Chambre fédérale des sociétés ouvrières :

CAMÉLINAT, DESCAMPS, EVETTE, GALAND, HAAN, HAMET, JANCE, J. LALLEMAND, LAZARE LÉVY, PINDY, EUGÈNE POTTIER, ROUVEYROLES, SPOETLER, A. THEISZ, VERY.

LE 28 MARS 1871.

Le *Journal officiel* de Paris contient, dans sa partie officielle, le tableau suivant :

COMMUNE DE PARIS.

RÉSULTAT DES ÉLECTIONS.

Premier arrondissement. (Louvre.)

Adam.......... 7,272 | Rochart........ 6,629
Meline .... 7,251 | Barré.......... 6,294

Deuxième arrondissement (Bourse).

Brélay .... 7,025 | Chéron 6,066
Tirard .... 6,391 | Loiseau-Pinson.. 6,962

Troisième arrondissement (Temple).

Demay......... 8,730 | Pindy.......... 7,816
Arnaud .... 8,679 | Cléray 6,115
Dupont 5,661

Quatrième arrondissement (Hôtel de ville).

Lefrançais...... 8,619 | Clémence 8,163
Arthur Arnould.. 8,608 | Amouroux...... 8,150
Gérardin 8,154

Cinquième arrondissement (Panthéon).

Jourde	3,949	Tridon	3,948
Régère	4,026	Blanchet	3,271
	Ledroit	3,236	

Sixième arrondissement (Luxembourg).

Leroy	5,800	Robinet	3,904
Goupil	5,111	Beslay	3,714
	Varlin	3,602	

Septième arrondissement (Palais-Bourbon).

Parizel	3,367	Urbain	2,803
Lefèvre	2,859	Brunel	1,947

Huitième arrondissement (Élysée).

Raoult Rigault	2,175	Arthur Arnould	2,114
Vaillant	2,145	Alix	2,028

Neuvième arrondissement (Opéra).

Ranc	8,950	Desmarest	4,232
U. Parent	4,770	Ferry	3,732
	Mast	9,691	

Dixième arrondissement (Enclos Saint-Laurent).

Félix Pyat	11,813	Gambon	10,734
Henri Fortuné	11,354	Champy	11,042
	Babick	10,738	

Onzième arrondissement. (Popincourt.)

Assi..........	18,041	Mortier.......	19,397
Avrial........	16,193	Eudes.........	17,392
Delescluze....	18,379	Protot........	18,062
	Verdure.......	15,657	

Douzième arrondissement (Reuilly).

Varlin.........	2,312	Géresme.......	2,494
Fruneau.......	2,173	Theisz........	2,150

Treizième arrondissement (Gobelins).

Léo Meillet.....	6,664	Chardon.......	4,761
Durand........	6,630	Frankel.......	4,520

Quatorzième arrondissement (Observatoire).

Billioray.......	6,100	Martelet......	5,927
	Decamp........	5,830	

Quinzième arrondissement (Vaugirard).

Clément........	5,025	J. Vallès......	4,403
	Langevin......	2,417	

Seizième arrondissement (Passy).

Dr Marmottan...	2,675	Bouteiller.....	1,959

Dix-septième arrondissement (Batignolles-Monceaux).

Varlin.........	9,356	Gérardin......	6,142
Clément.......	7,121	Chalin........	4,545
	Malon.........	4,199	

Dix-huitième arrondissement (Butte-Montmartre).

Blanqui	14,950	Clément	14,188
Theisz	14,950	Ferré	13,784
Dereure	14,661	Vermorel	13,784
	P. Grousset	13,359	

Dix-neuvième arrondissement (Buttes-Chaumont).

Oudet	10,065	Delescluze	5,846
Puget	9,547	Ostyn	5,065
Cournet	5,540	J. Miot	5,520

Vingtième arrondissement (Ménilmontant).

Ranvier	14,127	Flourens	13,498
Bergeret	14,003	Blanqui	13,338

Demain, le *Journal officiel* donnera la publication officielle du scrutin, en indiquant ceux des candidats qui, ayant obtenu au moins le huitième des voix des électeurs inscrits, doivent être dès maintenant considérés comme élus.

Le *Journal officiel* de Paris contient, dans sa partie non officielle, ce qui suit :

Nous reproduisons l'article suivant du citoyen Ed. Vaillant, article qui nous paraît répondre d'une façon satisfaisante à une des difficultés du moment.

Le délégué rédacteur en chef du *Journal officiel*,

CH. LONGUET.

On nous assure, mais la nouvelle n'a rien d'officiel, que le duc d'Aumale serait à Versailles. Si cela était vrai, c'est que, de Bordeaux à Versailles, le duc d'Aumale n'aurait pas rencontré un citoyen.

C'est par des faits semblables que l'on voit combien le sens moral et civique s'est affaissé. Dans les républiques antiques, le tyrannicide était la loi. Ici, une prétendue morale nomme assassinat cet acte de justice et de nécessité.

Aux corrompus qui se plaisent dans la pourriture monarchique, aux intrigants qui en vivent, s'unit le groupe des niais sentimentaux.

Ceux-ci déclarent que ces pauvres diables de princes ne sont pas responsables des crimes de leurs pères, de leur nom, de leur famille, pas plus que ne le serait le fils de Tropmann.

Ils oublient que le fils du forçat n'est pas condamné par l'opinion publique s'il n'est forçat lui-même; mais, à juste titre, la défiance s'attache à celui dont la jeunesse à dû subir l'influence de si mauvais exemples, dont l'éducation première a eu un tel directeur.

De même un prince, fils de prince, qui continue à s'appeler prince, et qui, comme le d'Aumale en question, ose venir poser dans la France républicaine la question monarchique et la candidature de sa famille, excite notre colère et appelle notre justice.

Et quand même ces princes qui rêvent de nous rejeter dans l'oppression auraient été éclairés par le génie de la révolution, ils devraient alors comprendre qu'ils ne doivent pas devenir des agents de discordes et de guerres civiles, et ils devraient se condamner eux-mêmes à aller expier dans une contrée lointaine le malheur et la honte de leur naissance.

Car il ne suffit pas qu'ils se prétendent sans ambition, — nous nous rappelons les serments et les protestations de Bonaparte, — fussent-ils sincères, leur nom, leur présence, seraient exploités par ceux que l'ambition, l'intérêt, l'intrigue attachent à leur fortune, et, quelle que fût la volonté du prince, son influence néfaste serait la même.

De même que, dans le cours inaltérable des choses, tout élément discordant est éliminé et rien de ce qui est contre l'équilibre ne pourrait prévaloir, de même, dans la société, tout objet de trouble dans l'ordre moral, tout obstacle à la réalisation de l'idéal de justice que poursuit la révolution doit être brisé.

La société n'a qu'un devoir envers les princes : la mort. Elle n'est tenue qu'à une formalité : la constatation d'identité. Les d'Orléans sont en France ; les Bonaparte veulent revenir : que les bons citoyens avisent!

Versailles, 28 mars, 3 h. 35 matin.

LE CHEF DU POUVOIR EXÉCUTIF A PRÉFETS ET SOUS-PRÉFETS

L'ordre, déjà rétabli à Lyon, vient de l'être à Toulouse d'une manière prompte et complète. Le nouveau préfet, M. de Kératry, qui s'était arrêté à Agen, est entré hier à Toulouse, a dispersé les représentants de la Commune, expulsé M. Duportal, qui était l'oppresseur ridicule et odieux de cette grande cité. Il a fallu à peine 500 hommes pour opérer cette révolution, grâce au concours des bons citoyens, indignés du joug qu'on leur faisait subir.

Le plan d'insurger les grandes villes a donc complétement échoué. Les auteurs de ces désordres auront à en rendre compte devant la justice. Ils n'ont conservé une sorte d'influence que sur Marseille, Narbonne et Saint-Étienne, où cependant la Commune est expirante.

La France est tout entière ralliée derrière le gouvernement légal et librement élu.

A Paris règne un calme tout matériel. Les élections, auxquelles une partie des maires s'étaient résignés, ont été désertées par les citoyens amis de l'ordre. Là où ils ont pris le parti de voter, ils ont obtenu la majorité, qu'ils obtiendront toujours lorsqu'ils voudront user de leurs droits.

On va voir ce qui sortira de ces illégalités accumulées.

En attendant, les commandes, qui commençaient à venir dans tous les centres industriels, se sont tout à coup arrêtées, et il faut que les bons ouvriers, si nombreux par rapport aux mauvais, sachent que si le pain s'éloigne encore de leur bouche, ils le doivent aux adeptes de l'*Internationale,* qui sont les tyrans du travail, dont ils se prétendent les libérateurs.

Il faut aussi que les agriculteurs, si pressés de voir l'ennemi s'éloigner de leurs champs, sachent que, si cet ennemi prolonge son séjour au milieu de nous, ils le doivent à ces mêmes perturbateurs, devant lesquels l'armée allemande a retardé son départ.

La France, déjà si malheureuse, leur doit encore ses derniers malheurs, et sait bien qu'elle ne les doit qu'à eux.

Du reste, si le gouvernement, pour éviter le plus longtemps possible l'effusion du sang, a temporisé, il n'est point resté inactif; les moyens de rétablir l'ordre n'en sont que mieux préparés et plus certains.

Le *Journal officiel* de Versailles publie, dans sa partie non officielle, les pièces suivantes :

Versailles, 23 mars.

MINISTRE DE L'INTÉRIEUR

A MM. LES PRÉFETS DES DÉPARTEMENTS DE L'OUEST, DU NORD ET DU CENTRE.

Une portion considérable de la population et de la garde nationale de Paris sollicite le concours des départements pour le rétablissement de l'ordre.

Formez et organisez des bataillons de volontaires pour répondre à cet appel et à celui de l'Assemblée nationale.

Signé : E. PICARD.

Le gouvernement a reçu ce soir à dix heures la nouvelle que l'ordre est rétabli à Toulouse, que la Commune y a été dissoute et que le Capitole a été évacué sans qu'une goutte de sang ait été versé. M. de Kératry a pris son poste à la préfecture et il a été appuyé par la ferme attitude de la garde nationale, des troupes et de l'artillerie.

LE 29 MARS 1871.

Le *Journal officiel* de Paris, dans sa partie officielle, contient la déclaration suivante :

Dans sa séance d'installation, la Commune de Paris a déclaré que la garde nationale et le comité central ont bien mérité de la patrie et de la république.

Le président,
CH. BESLAY.

Les secrétaires,
TH. FERRET, RAOUL RIGAULT.

Le *Journal officiel* de Paris, dans sa partie non officielle, contient les pièces suivantes :

Les citoyens membres de la Commune de Paris sont convoqués pour aujourd'hui mercredi, 8 germinal, à une heure très-précise, à l'hôtel de ville, salle du conseil.

LA COMMUNE DE L'ALGÉRIE.

Citoyens,

Les délégués de l'Algérie déclarent, au nom de tous leurs commettants, adhérer de la façon la plus absolue à la Commune de Paris.

L'Algérie tout entière revendique les libertés communales.

Opprimée pendant quarante années par la double centralisation de l'armée et de l'administration, la colonie a compris depuis longtemps que l'affranchissement complet de la commune est le seul moyen pour elle d'arriver à la liberté et à la prospérité.

Paris, le 28 mars 1871.

ALEXANDRE LAMBERT, LUCIEN RABUEL, LOUIS CALVINHAC.

5ᵉ ARRONDISSEMENT DE PARIS.

(MAIRIE DU PANTHÉON.)

Le maire du 5ᵉ arrondissement,

Considérant que l'administration de l'assistance patriotique a subitement, et sans en faire connaître les motifs, interrompu la distribution de ses secours;

Que cette interruption porte préjudice à des situations pénibles et entièrement dignes d'intérêt,

Arrête :

Art. 1ᵉʳ. Les distributions sont reprises à partir de demain, au même lieu, au même jour et pour les mêmes quotités que par le passé.

Art. 2. Elles seront faites par les soins de notre municipalité provisoire du cinquième, et sur les fonds spéciaux mis à sa disposition.

Art. 3. Le citoyen Henri Régère, capitaine adjudant-major, notre secrétaire particulier, est temporairement chargé de ce service.

Fait à Paris, le 28 mars 1871.

Le maire provisoire, membre du conseil communal de Paris,

D.-TH. RÉGÈRE.

Les adjoints provisoires,
ACONIN, MURAT.

Le *Journal officiel* de Versailles, dans sa partie non officielle, publie le document suivant :

Le ministre des affaires étrangères vient de recevoir du général de Fabrice la lettre suivante :

Rouen, le 26 mars 1871.

Monsieur le ministre,

Une commission purement militaire, envoyée dernièrement par le chef d'état-major de la troisième armée allemande à l'adresse du commandant temporaire de Paris, a donné lieu à des commentaires.

On s'est plu à considérer cette notification comme un encouragement donné au mouvement parisien.

Pour détruire tout soupçon de cette nature, il suffira de rétablir dans son authenticité le texte de la lettre allemande du général de Schlothelm. Cette lettre porte qu'en dehors de certaines éventualités qu'il était nécessaire de préciser en présence d'un pouvoir inconnu dont on ignorait les dispositions, les troupes allemandes conserveraient une attitude pacifique (*friedlich*) et complétement passive, Le comité central, en publiant la notification, a cru utile de changer « attitude pacifique » en « attitude amicale ».

Veuillez agréer, monsieur le ministre, les assurances de ma haute considération.

Signé : FABRICE.

LE 30 MARS 1871.

Le *Journal officiel* de Paris, dans sa partie officielle, contient les pièces suivantes :

Le comité central a remis ses pouvoirs à la Commune.

COMMUNE DE PARIS.

Citoyens,

Votre Commune est constituée.

Le vote du 26 mars a sanctionné la révolution victorieuse.

Un pouvoir lâchement agresseur vous avait pris à la gorge : vous avez, dans votre légitime défense, repoussé de vos murs ce gouvernement qui voulait vous déshonorer en vous imposant un roi.

Aujourd'hui, les criminels, que vous n'avez même pas voulu poursuivre, abusent de votre magnanimité pour organiser aux portes mêmes de la cité un foyer de conspiration monarchique. Ils invoquent la guerre civile; ils mettent en œuvre toutes les corruptions; ils acceptent toutes les complicités; ils ont osé mendier jusqu'à l'appui de l'étranger.

Nous en appelons, de ces menées exécrables, au jugement de la France et du monde.

Citoyens,

Vous venez de vous donner des institutions qui défient toutes les tentatives.

Vous êtes maîtres de vos destinées. Forte de votre appui, la représentation que vous venez d'établir va réparer les désastres causés par le pouvoir déchu : l'industrie compromise, le travail suspendu, les transactions commerciales paralysées vont recevoir une impulsion vigoureuse.

Dès aujourd'hui, la décision attendue sur les loyers;

Demain, celle des échéances;

Tous les services publics rétablis et simplifiés;

La garde nationale, désormais seule force armée de la cité, réorganisée sans délai;

Tels seront nos premiers actes.

Les élus du peuple ne lui demandent, pour assurer le triomphe de la république, que de les soutenir de leur confiance.

Quant à eux, ils feront leur devoir.

Hôtel de ville, 29 mars 1871.

La Commune de Paris.

La Commune de Paris décrète :

1° La conscription est abolie ;

2° Aucune force militaire, autre que la garde nationale, ne pourra être créée ou introduite dans Paris ;

3° Tous les citoyens valides font partie de la garde nationale.

Hôtel de ville, 29 mars 1871.

La Commune de Paris.

La Commune de Paris,

Considérant que le travail, l'industrie et le commerce ont supporté toutes les charges de la guerre, qu'il est juste que la propriété fasse au pays sa part de sacrifices,

DÉCRÈTE :

Art. 1er. Remise générale est faite aux locataires des termes d'octobre 1870, janvier et avril 1871.

Art. 2. Toutes les sommes payées par les locataires pendant les neuf mois seront imputables sur les termes à venir.

Art. 3. Il est fait également remise des sommes dues pour les locations en garni.

Art. 4. Tous les baux sont résiliables, à la volonté des locataires, pendant une durée de six mois, à partir du présent décret.

Art. 5. Tous congés donnés seront, sur la demande des locataires, prorogés de trois mois.

Hôtel de ville, 29 mars 1871.
La Commune de Paris.

Nota. — Un décret spécial réglera la question des intérêts hypothécaires.

La Commune de Paris décrète :

ARTICLE UNIQUE.

La vente des objets déposés au mont-de-piété est suspendue.

Hôtel de ville, 20 mars 1871.
La Commune de Paris.

ORGANISATION DES COMMISSIONS.

Commission exécutive.

Les citoyens : Eudes, Tridon, Vaillant, Lefrançais, Duval, Félix Pyat, Bergeret.

Commission des finances.

Les citoyens : Victor Clément, Varlin, Jourde, Beslay, Régère.

Commission militaire.

Les citoyens : Pindy, Eudes, Bergeret, Duval, Chardon, Flourens, Ranvier.

Commission de la justice.

Les citoyens : Ranc, Protot, Léo Meillet, Vermorel, Ledroit, Babick.

Commission de la sûreté générale.

Les citoyens : Raoul Rigault, Ferré, Assi, Cournet, Oudet, Chalain, Gérardin.

Commission des subsistances.

Les citoyens : Dereure, Champy, Ostyn, Clément, Parizel, Émile Clément, Fortuné Henri.

Commission du travail. — Industrie et échange.

Les citoyens : Malon, Frankel, Theisz, Dupont, Avrial, Loiseau-Pinson, Eug. Gérardin, Puget.

Commission des relations extérieures.

Les citoyens : Delescluze, Ranc, Paschal Grousset, Ulysse Parent, Arthur Arnould, Ant. Arnauld, Ch. Girardin.

Commission des services publics.

Les citoyens : Ostyn, Billioray, Clément (J.-B.), Mardelet, Mortier, Rastoul.

Commission de l'enseignement.

Les citoyens : Jules Vallès, docteur Goupil, Lefèvre, Urbain, Albert Leroy, Verdure, Demay, docteur Robinet.

Demain, réunion des commissions à une heure. Séance générale à trois heures.

CITOYENS,

La Commune étant actuellement le seul pouvoir,

DÉCRÈTE :

Art. 1ᵉʳ. Les employés des divers services publics tiendront désormais pour nuls et non avenus les ordres ou communications émanant du gouvernement de Versailles ou de ses adhérents.

Art. 2. Tout fonctionnaire ou employé qui ne se conformerait pas à ce décret sera immédiatement révoqué.

Hôtel de ville, 29 mars 1871.

Pour la Commune, par délégation :

Le président,

LEFRANÇAIS.

Les assesseurs,

RANC, ED. VAILLANT.

La commission militaire décrète :

Le roulement du service militaire de la place de Paris sera fait tous les jours par l'état-major de la place Vendôme, et le mot d'ordre partira également de la même place.

A cet effet, les chefs de légion pour les légions

organisées, et les chefs de bataillon pour celles qui ne le sont pas encore, enverront tous les jours, à neuf heures du matin, à l'état-major de la place Vendôme (bureau du service), un capitaine adjudant-major pour prendre le service du lendemain, et à trois heures du soir un adjudant sous-officier pour le mot d'ordre.

Tout ordre de service et tout mot d'ordre émanant d'une autre source seront considérés comme nuls et non avenus et leurs auteurs rigoureusement poursuivis.

Le général Bergeret, commandant la place de Paris, membre de la commission militaire, est chargé de l'exécution du présent décret.

Les membres de la commission militaire,

PINDY, EUDES, JULES BERGERET, E. DUVAL, CHARDON, G. FLOURENS, RANVIER.

Il n'appartient qu'à l'autorité communale et aux municipalités d'apposer des affiches sur papier blanc.

Les municipalités ne peuvent afficher en dehors de leur arrondissement respectif.

L'affichage des actes émanant du gouvernement de Versailles est formellement interdit.

Tout afficheur ou tout entrepreneur d'affichage contrevenant au présent avis sera rigoureusement poursuivi.

Hôtel de ville, 29 mars 1871.

Pour le comité et par délégation,

L. BOURSIER.

Le délégué civil et le commandant militaire de l'ex-préfecture de police,

Considérant qu'un exemple pernicieux est donné à la population par des chevaliers d'industrie qui encombrent la voie publique et excitent les patriotes aux jeux de hasard de toute sorte;

Qu'il est immoral et contre toute justice que des hommes puissent, sur un coup de dé et sans peine, supprimer le peu de bien-être qu'apporte la solde dans l'intérieur des familles;

Considérant que le jeu conduit à tous les vices, même au crime, arrêtent :

Art. 1er. Les jeux de hasard sont formellement interdits. Tout joueur de dés, roulette, lotos, etc., sera immédiatement arrêté et conduit à l'ex-préfecture.

Les enjeux seront confisqués au profit de la république.

Art. 2. La garde nationale est chargée de l'exécution du présent arrêté.

Paris, le 25 mars 1871.

Le commandant militaire,
E. DUVAL.

Le délégué civil,
RAOUL RIGAULT.

―――

Le *Journal officiel* de Paris contient ce qui suit dans sa partie non officielle.

Tout mouvement politique qui ne porte pas en soi

une idée nouvelle, créatrice, féconde, ou qui, portant cette idée, ne fait pas surgir aussitôt des hommes capables de la dégager et de la défendre, est condamné, même après un éclatant triomphe de la force, à avorter misérablement.

Ces hommes de réflexion profonde et d'action rapide se trouvèrent prêts aux premières journées de 1789. Aux mouvements instinctifs, tumultueux de la foule, ils donnèrent l'âme, l'intelligence, la vie enfin ; ils en firent des mouvements humains, philosophiques pour ainsi dire, et en quelques mois la foule instinctive était devenue un grand peuple, conscient de lui-même, le peuple de la révolution.

Les Socrates accoucheurs d'idées n'ont pas manqué non plus à la révolution du 18 mars.

Après l'avoir faite, ils l'ont acclamée, défendue, démontrée. Hier elle parlait ; dès aujourd'hui elle agit et ainsi elle se démontre encore.

Les combattants du 10 août ne se bornèrent pas à proclamer la liberté, l'égalité, la fraternité ; ils définirent le sens de ces grandes paroles qui, réunies dans cette triade immortelle, avaient encore, pour leurs contemporains, quelque chose d'étrange, de vague et d'indéterminé ; ils en indiquèrent la portée et les conséquences, ils en montrèrent les applications à la vie civile et politique.

Si les révoltés du 18 mars n'avaient su au lendemain de leur victoire que bégayer le mot de commune, sans déterminer dès l'abord les principes élémentaires, primordiaux de l'organisation communale, il ne resterait peut-être aujourd'hui, de leur vaillance et de leur force, que le souvenir d'une défaite.

Pendant vingt ans peut-être ils auraient subi les outrages et les calomnies de l'histoire mensongère, comme les insurgés de juin 1848, auxquels il ne manqua pour triompher que de concevoir, même imparfaitement, la question impérieuse et redoutable qu'ils avaient sentie et posée.

Avouons-le, la tâche était moins dure aux hommes du 18 mars. Le déplorable malentendu qui, aux journées de juin, arma l'une contre l'autre deux classes, toutes deux intéressées, sinon également, aux grandes réformes économiques, cette funeste méprise qui rendit la répression de juin si sanglante ne pouvait se renouveler.

Cette fois l'antagonisme n'existait pas de classe à classe, il n'y avait pas d'autre sujet de lutte que la vieille guerre, toujours recommencée, bientôt finie sans doute, de la liberté contre l'autorité, du droit municipal et civique contre l'absorption et l'arbitraire gouvernemental.

Paris, en un mot, était prêt à se lever tout entier pour conquérir son indépendance, son autonomie; il voulait, en attendant que la nation le voulût avec lui, le *self-government,* c'est-à-dire la république.

Oh! non, ils ne calomniaient pas l'exécutif, ceux qui l'accusaient de conspirer pour la monarchie. Indigné, l'exécutif protestait de sa sincérité et de ses bonnes intentions.

Eh! que pouvaient faire au peuple de Paris les intentions de l'exécutif! Il y a quelque chose qui domine les intentions des hommes, c'est la force des choses, la logique des principes.

Centralisateur à outrance, au point de priver Paris pendant des mois, et sans fixer de terme à sa déchéance, de cette municipalité subordonnée, restreinte, que la tutelle gouvernementale concède aux plus modestes villages, au point de lui maintenir le stigmate avilissant que l'empire lui avait imprimé, ce caractère honteux de ville-caravansérail qui chaque jour effaçait davantage son originalité et son génie; centralisateur par goût et par système, l'exécutif nous précipitait de nouveau, qu'il en eût ou non conscience, vers la forme la plus parfaite, la plus matérielle de la centralisation administrative et politique, vers la royauté.

Que les partisans de la république centraliste, bourgeoise, fondée sur l'antagonisme du citoyen et de l'État, du travail et du capital, de la classe moyenne et de la plèbe, que les formalistes y réfléchissent : leur utopie a toujours servi de pont à la monarchie; c'est elle qui pendant longtemps a tué, en France, l'idée même de république.

Aujourd'hui cette idée abattue se redresse plus fière et plus triomphante, arborant audacieusement son premier drapeau, ajoutant à son nom nouveau son vieux titre patronymique. Fidèle à sa tradition, consciente d'elle-même, la république est aussi la commune.

C'est la revanche de la science et du travail, de la liberté et de l'ordre, dont la routine gouvernementale avait pendant près d'un siècle retardé l'avénement. S'élevant au-dessus des brouillards qui l'enveloppaient, débarrassés des obstacles qui lui barraient le passage, sûre de sa force, la révolution va de nouveau, par son exemple et sa propagande, répandre sur le monde la liberté, l'égalité, la justice.

FÉDÉRATION DE LA GARDE NATIONALE.

Citoyens,

Aujourd'hui, il nous a été donné d'assister au spectacle

populaire le plus grandiose qui ait jamais frappé nos yeux, qui ait jamais ému nos âmes : Paris saluait, acclamait sa révolution ; Paris ouvrait à une page blanche le livre de l'histoire et y inscrivait son nom puissant.

Deux cent mille hommes libres sont venus affirmer leur liberté et proclamer au bruit du canon l'institution nouvelle. Que les espions de Versailles, qui rôdent autour de nos murs, aillent dire à leurs maîtres quelles sont les vibrations qui sortent de la poitrine d'une population tout entière, comme elles emplissent la cité et franchissent les murailles; que ces espions, glissés dans nos rangs, leur rapportent l'image de ce spectacle grandiose d'un peuple reprenant sa souveraineté, et, sublime ambitieux, le faisant en criant ces mots :

Mourir pour la Patrie!

Citoyens,

Nous venons de remettre en vos mains l'œuvre que vous nous avez chargés d'établir, et, à ce dernier moment de notre éphémère pouvoir, avant de rentrer définitivement dans les attributions du comité de la garde nationale, attributions d'où les événements nous avaient fait sortir, nous voulons vous dire un mot de remercîment.

Aidés dans notre tâche par votre admirable patriotisme et par votre sagesse, nous avons, sans violence, mais sans faiblesse, accompli les clauses de notre mandat. Entravés dans notre marche par la loyauté qui nous interdisait de faire acte de gouvernement, nous avons néanmoins pu, en nous appuyant sur vous, préparer en huit jours une révolution radicale. Nos actes vous sont connus, et c'est avec l'orgueil du devoir accompli que nous nous soumettons à votre jugement. Mais avant de passer nous-mêmes au tribunal de votre opinion, nous voulons dire que rien n'a été fait en bien que par vous; nous voulons proclamer bien haut que, maître absolu et légitime, vous avez affirmé votre force surtout par votre générosité, et que, si vous avez réclamé et imposé les revendications, vous n'avez jamais usé de représailles.

La France, coupable de vingt années de faiblesse, a besoin de se régénérer des tyrannies et des mollesses passées par une liberté calme et par un travail assidu. Votre liberté, les élus d'aujourd'hui la garantiront avec énergie, la consacreront à tout jamais : le travail dépend de vous seuls; les rédemptions sont personnelles. Groupez-vous donc avec confiance autour de votre commune, facilitez ses travaux en vous prêtant aux réformes indispensables; frères entre vous, laissez-vous guider par des frères; marchez dans la voie de l'avenir avec fermeté, avec vaillance; prêchez d'exemple en prouvant la valeur de la liberté, et vous arriverez sûrement au but prochain :

LA RÉPUBLIQUE UNIVERSELLE.

Hôtel de ville, le 28 mars 1871.

Les membres du comité central,

AVOINE FILS, ANT. ARNAUD, G. ARNOLD, ASSI, ANDIGNOUX, BOUIT, JULES BERGERET, BABICK, BAROUD, BILLIORAY, BLANCHET, L. BOURSIER, CASTIONI, CHOUTEAU, C. DUPONT, FABRE, FERRAT, HENRI FORTUNÉ, FLEURY, FOUGERET, C. GAUDIER, GOUHIER, H. GÉRESME, GROLARD, GROLIER, JOURDE, JOSSELIN, LAVALETTE, MALJOURNAL, ED. MOREAU, MORTIER, PRUDHOMME, ROUSSEAU, RANVIER, VARLIN, A. DU CAMP.

Le *Journal officiel* de Versailles publie, dans sa partie officielle, la pièce suivante :

L'Assemblée nationale a adopté, le chef du pouvoir exécutif de la république française promulgue la loi dont la teneur suit :

Art. 1er. Les effets de commerce jouissant du bénéfice de la loi du 10 mars et échéant du 13 au 24 mars, en vertu de ladite loi, sont prorogés au 24 avril.

Les effets échéant du 25 mars au 24 avril sont prorogés d'un mois.

Art. 2. Cette disposition est applicable aux effets qui auraient déjà été protestés. En cas de nouveau protêt à la suite de cette prorogation, le refus de payement sera constaté par une mention écrite par l'officier ministériel sur le précédent protêt, l'enregistrement se fera exceptionnellement gratis. Si les premiers protêts ont été suivis de jugement, il sera sursis à l'exécution de nouveaux délais de prorogation.

Art. 3. Le tribunal de commerce de la Seine pourra, pendant le cours de l'année 1871, accorder des délais modérés pour le payement des effets de commerce, conformément à l'article 1244, § 2, du Code civil.

Délibéré en séance publique, à Versailles, le vingt-quatre mars mil huit cent soixante et onze.

Le président,
Signé : JULES GRÉVY.

Les secrétaires,
Signé : marquis DE CASTELLANE, JOHNSTON, baron DE BARANTE, comte DE MEAUX.

Le chef du pouvoir exécutif de la république française,
Signé : A. THIERS.

On lit dans la partie non officielle :

M. l'amiral Saisset a envoyé au gouvernement sa démission de commandant des gardes nationales de la Seine.

LE 31 MARS 1871.

Le *Journal officiel* de Paris contient, dans sa partie officielle, les pièces suivantes :

RAPPORT DE LA COMMISSION DES ÉLECTIONS.

La commission qui a été chargée de l'examen des élections a dû examiner les questions suivantes :

Existe-t-il une incompatibilité entre le mandat de député à l'Assemblée de Versailles et celui de membre de la Commune?

Considérant que l'Assemblée de Versailles, en refusant de reconnaître la Commune élue par le peuple de Paris, mérite par cela même de ne pas être reconnue par cette Commune;

Que le cumul doit être interdit;

Qu'il y a du reste impossibilité matérielle à suivre les travaux des deux Assemblées;

La commission pense que les fonctions sont incompatibles.

Les étrangers peuvent-ils être admis à la Commune?

Considérant que le drapeau de la Commune est celui de la république universelle ;

Considérant que toute cité a le droit de donner le titre de citoyen aux étrangers qui la servent ;

Que cet usage existe depuis longtemps chez des nations voisines ;

Considérant que le titre de membre de la Commune, étant une marque de confiance plus grande encore que le titre de citoyen, comporte implicitement cette dernière qualité ;

La commission est d'avis que les étrangers peuvent être admis, et vous propose l'admission du citoyen Frankel.

Les élections doivent-elles être validées d'après la loi de 1849, exigeant pour les élus le huitième des électeurs inscrits?

Considérant qu'il a été établi que les élections seraient faites d'après la loi de 1849, la commission est d'avis que le huitième des voix est nécessaire en principe ;

Mais considérant que l'examen des listes électorales de 1871 a fait reconnaître des irrégularités qui sont d'une importance telle, qu'elles ne présentent plus aucune certitude sur le véritable chiffre des électeurs inscrits. Les causes qui ont influé sur l'inexactitude des listes sont de différente nature : c'est le plébiscite impérial, pour lequel une augmentation insolite s'est produite, le plébiscite du 3 novembre, les décès pendant le siége, le chiffre élevé des habitants qui ont abandonné Paris après la capitulation, et d'un autre côté le chiffre considérable pendant le siége des réfugiés étrangers à Paris, etc.;

Considérant qu'il a été matériellement impossible de rectifier à temps toutes les erreurs, et qu'on ne peut s'en rapporter à une base légale aussi évidemment faussée;

En conséquence, la commission propose de déclarer validées, aussi bien que toutes les élections qui ont obtenu le huitième des voix, les six élections qui resteraient en suspens, en s'en rapportant à la majorité relative des citoyens qui ont rempli leur devoir étroit en allant au scrutin.

Pour la commission :

Le rapporteur,

PARISEL.

La Commune a adopté les conclusions du rapport.

COMMUNE DE PARIS.

ÉLECTIONS DU 26 MARS 1871.

Premier arrondissement (Louvre).

12 sections, 81,665 habitants, 4 conseillers.

Inscrits............ 22,060
Le huitième........ 2,757
Votants............ 11,056

Adam (élu) ...... 7,272 | Rochard (élu) ... 6,629
Meline (élu)..... 7,251 | Barré (élu) 6,294

Deuxième arrondissement (Bourse).

20 sections, 79,909 habitants, 4 conseillers.

Inscrits 22,858
Le huitième 2,857
Votants 11,143

Brélay (élu)..... 7,025 | Tirard (élu)..... 6,386
Loiseau (élu).... 6,932 | Chéron (élu) 6,018

Troisième arrondissement (Temple).

12 sections, 92,680 habitants, 5 conseillers.

Demay (élu)..... 9,004 | Pindy (élu) 8,095
Arnaud (élu).... 8,912 | Murat (élu) 5,904
Dupont (élu) 5,752

Quatrième arrondissement (Hôtel de ville).

11 sections, 98,648 habitants, 5 conseillers.

Inscrits 32,060
Le huitième 4,007
Votants 13,910

Arth.Arnould(élu) 8,608 | Clémence(élu)... 8,163
Lefrançais (élu).. 8,619 | Gérardin (élu)... 8,104
Amouroux (élu).. 7,950

Cinquième arrondissement (Panthéon).

10 sections, 104,083 habitants, 5 conseillers.

Inscrits............ 21,632
Le huitième........ 2,704
Votants............ 12,422

Régère (élu)..... 7,469 | Tridon (élu)..... 6,469
Jourde (élu)..... 7,310 | Blanchet (élu) ... 5,994
Ledroy (élu)..... 5,848

Sixième arrondissement (Luxembourg).

13 sections, 75,438 habitants, 4 conseillers.

Inscrits............ 24,807
Le huitième........ 3,100
Votants............ 9,499

Leroy (élu) ..... 5,800 | Beslay (élu) 3,714
Goupil (élu)..... 5,111 | Varlin (élu dans les
Robinet (élu).... 3,904 | 17e et 12e) 3,602

Septième arrondissement (Palais-Bourbon).

19 sections, 75,438 habitants, 4 conseillers.

Inscrits............ 22,092
Le huitième........ 2,206
Votants............ 5,065

Parisel (élu) .... 3,367 | Urbain (élu)..... 2,802
Lefèvre (élu) .... 2,859 | Brunel (élu)..... 2,163

Huitième arrondissement (Élysée).

8 sections, 70,259 habitants, 4 conseillers.

Inscrits............ 17,825
Le huitième........ 2,228
Votants............ 4,396

Raoul Rigault (élu) 2,173 | Arth. Arnould (élu) 2,114
Vaillant (élu).... 2,145 | Alix (élu)....... 2,028

Neuvième arrondissement (Opéra).

9 sections, 106,221 habitants, 5 conseillers.
Inscrits............ 26,608
Le huitième........ 3,326
Votants............ 10,340

Ranc (élu)...... 8,950 | Desmarest (élu).. 4,232
U. Parent (élu)... 4,770 | E. Ferry (élu)... 3,732
Nast (élu)....... 3,691

Dixième arrondissement (Enclos Saint-Laurent).

14 sections, 116,438 habitants, 6 conseillers.
Inscrits............ 28,801
Le huitième........ 3,600
Votants............ 16,765

Gambon (élu)... 13,734 | Champy (élu)... 11,042
Félix Pyat (élu). 11,813 | Babick (élu).... 10,943
H. Fortuné (élu) 11,364 | Rastoud (élu)... 10,738

Onzième arrondissement (Popincourt).

32 sections, 149,641 habitants, 7 conseillers.
Inscrits............ 42,153
Le huitième........ 5,269
Votants............ 25,183

Mortier (élu)... 21,186 | Protot (élu).... 19,780
Delescluze (élu | Eudes (élu) 19,276
  dans le 19e).. 20,264 | Avrial (élu) 17,944
Assi (élu)...... 19,890 | Verdure (élu)... 17,351

Douzième arrondissement (Reuilly).

10 sections, 78,635 habitants, 4 conseillers.

Inscrits............ 19,990
Le huitième........ 2,498
Votants............ 11,329

Varlin (élu dans le 17ᵉ et le 6ᵉ). 9,843	Theisz (élu dans le 18ᵉ)....... 8,710
Géresme (élu)... 8,896	Fruneau (élu)... 8,629

Treizième arrondissement (Gobelins).

5 sections, 70,192 habitants, 4 conseillers.

Inscrits............ 16,597
Le huitième........ 2,074
Votants............ 8,010

Léo Meillet (élu). 6,531	Chardon (élu)... 4,663
Duval (élu)..... 6,482	Frankel (élu).... 4,080

Quatorzième arrondissement (Observatoire).

8 sections, 65,506 habitants, 3 conseillers.

Inscrits............ 17,769
Le huitième........ 2,221
Votants............ 6,570

Billioray (élu)... 6,100 | Martelet (élu)... 5,912
Decamp (élu).... 5,835

Quinzième arrondissement (Vaugirard).

9 sections, 69,340 habitants, 3 conseillers.

Inscrits............ 19,681
Le huitième........ 2,460
Votants............ 6,467

Clément (élu) ... 5,025 | J. Vallès (élu) ... 4,403
Langevin (élu)... 2,417

Seizième arrondissement (Passy).

5 sections, 42,187 habitants, 2 conseillers.

Inscrits............ 10,731
Le huitième........ 1,341
Votants............ 3,732

Marmottan (élu) . 2,036 | De Bouteiller (élu) 1,909

Dix-septième arrondissement (Batignolles-Monceaux).

9 sections, 98,193 habitants, 5 conseillers.

Inscrits............ 26,574
Le huitième........ 3,321
Votants............ 11,394

Varlin (élu)..... 9,356 | Ch. Gérardin (élu) 6,142
Clément (élu) ... 7,121 | Chalin (élu)..... 4,545
Malon (élu)..... 4,199

Dix-huitième arrondissement (Butte-Montmartre).

12 sections, 130,456 habitants, 7 conseillers.

Inscrits............ 32,962
Le huitième........ 4,120
Votants............ 17,443

Blanqui (élu)... 14,953 | Clément (élu).. 14,188
Theisz (élu).... 14,950 | Ferré (élu)..... 13,784
Dereure (élu).. 14,661 | Vermorel (élu).. 13,402
P. Grousset (élu). 13,359

Dix-neuvième arrondissement (Buttes-Chaumont).

16 sections, 113,000 habitants, 6 conseillers.

Inscrits........... 28,270
Le huitième......... 3,533
Votants........... 11,282

Oudet (élu).... 10,065 | dans le 11ᵉ).. 5,846
Puget (élu)..... 9,547 | J. Miot (élu)... 5,520
Delescluze (élu | Ostein (élu).... 5,065
Flourens (élu).. 4,100

Vingtième arrondissement (Ménilmontant).

13 sections, 87,444 habitants, 4 conseillers.

Inscrits........... 28,270
Le huitième........ 3,533
Votants........... 11,282

Bergeret (élu).. 15,290 | Flourens (élu).. 14,089
Ranvier (élu)... 15,049 | Blanqui (élu)... 13,859

La Commune de Paris décrète :

Art. 1ᵉʳ. Les membres de la Commune ont la direction administrative de leur arrondissement.

Art. 2. Ils sont invités à s'adjoindre, à leur choix

et sous leur responsabilité, une commission pour l'expédition des affaires.

Art. 3. Les membres de la Commune ont seuls qualité pour procéder aux actes de l'état civil.

La Commune de Paris.

La Commune de Paris décrète :

Les cinq compagnies d'assurances la *Nationale*, l'*Urbaine*, le *Phénix*, la *Générale*, l'*Union*, sont autorisées à lever les scellés apposés sur leurs livres et caisses à la date du 29 courant.

La saisie pratiquée à la requête de la Commune est maintenue.

La Commune de Paris.

Le *Journal officiel* de Paris, dans sa partie non officielle, contient ce qui suit :

En attendant la loi sur la réorganisation de la garde nationale, et vu l'urgence,

Le comité central arrête :

Tous les bataillons de la garde nationale de Paris procéderont vendredi prochain aux élections nécessaires pour compléter leurs cadres.

Il sera également procédé, dans les compagnies qui ne l'ont point encore fait, à l'élection des délégués de la fédération républicaine de la garde nationale.

Les procès-verbaux de ces élections, ainsi que les états nominatifs des cadres de tous les bataillons, devront être parvenus au comité central samedi prochain au plus tard.

Le comité central rappelle aux gardes nationaux qu'ils ont le droit de révoquer leurs chefs dès qu'ils ont perdu la confiance de ceux qui les ont nommés.

Paris, le 29 mars 1871.

Les membres du comité central,

PRUDHOMME, LAVALETTE, ED. MOREAU, FOUGERET, BAROUD.

On a fait grand bruit, dans la presse et ailleurs, d'un article sur le *Tyrannicide,* publié dans le *Journal officiel* du 27 mars. L'esprit de parti a tenu à exagérer la portée de cette publication.

Il est pourtant bien certain qu'étant signé, — ce qui est contraire aux usages du *Journal officiel,* — cet article ne représentait qu'une opinion individuelle, opinion très-soutenable d'ailleurs et qui a pour elle l'autorité non-seulement de toute l'antiquité, mais encore de modernes tels que Montesquieu, Milton, sir Philip Francis, l'auteur présumé des *Lettres de Junius,* sans parler des théologiens qui l'ont soutenue au point de vue catholique.

Plusieurs journaux reproduisent avec un empressement de mauvais goût une lettre signée Lebeau, dont la forme seule aurait dû inspirer à la presse sérieuse la plus légitime défiance. Le ton de cette lettre trahit depuis la première ligne jusqu'à la dernière un état mental tout particulier.

Aux inexactitudes excusables qu'elle renferme, le comité central et les citoyens Arnaud et Demay, membres de la Commune, mis en cause, pourraient répondre que jamais le signataire de cette lettre n'a été muni d'une délégation régulière, signée de la majorité du comité, à la rédaction du *Journal officiel.*

Quant au citoyen Ch. Longuet, invité à plusieurs reprises par les membres du comité à prendre la direction de l'*Officiel,* il a été pendant plusieurs jours dans l'impossibilité de remplir régulièrement et entièrement le mandat dont il était chargé. L'intervention du citoyen Arnaud, délégué à l'intérieur, dont ressort le *Journal officiel,* n'avait donc rien que de tout à fait naturel, et c'est par un sentiment de délicatesse facile à comprendre qu'elle n'avait pas eu lieu plus tôt.

Le comité central des vingt arrondissements de Paris déclare donner son adhésion pleine et entière aux trois décrets rendus le 29 mars courant par la Commune, relatifs : 1° aux loyers ; 2° à la conscription ; 3° et aux objets engagés au mont-de-piété.

Paris, le 30 mars 1871.

BEDOUCH, NAPIAS-PIQUET, A. TEXIER, TOUSSAINT, THÉLIDON, MISSOL, MONESTÈS, CONSTANT MARTIN, DROSSE, GAVIGNANT, VIGNERON, MARÉCHAL, LANDA, E. TURPIN, JOSEPH RICHARD, ARMAND LÉVY, SICARD, TROHEL, PORTALIER, PAGNIÈRE, J. BAUX, PARTHENAY, CHALVET, RIVAL, PIATZA, TURPIN, RICHARD, BENJ. GASTINEAU, DUPAFILLON, GAILLARD PÈRE, BRIOSNE, BASTOULT, EUG. POTTIER.

Certifié conforme :

Le secrétaire,   *Le président,*
NAPIAS-PIQUET.   BEDOUCH.

LE 1er AVRIL 1871.

La Commune de Paris,
Considérant l'urgence de résoudre la question des échéances et désirant prendre à cet égard une décision qui concilie tous les intérêts ;
La Commune invite :
Les sociétés ouvrières, les chambres syndicales du commerce et de l'industrie, à faire parvenir par écrit, à la commission du travail et de l'échange, leurs observations et tous les renseignements qu'elles jugeront utiles, avant le 10 avril.

La Commune de Paris.

La commission de justice arrête :
Le citoyen Protot est chargé d'expédier les affaires civiles et criminelles les plus urgentes, et de prendre les mesures nécessaires pour garantir la liberté individuelle de tous les citoyens.

Les membres de la Commune de Paris, membres de la commission de justice,

RANC, VERMOREL, LEO MEILLET, BABICK, BILLIORAY.

DÉLÉGATION AUX FINANCES.

La solde de 1 fr. 50 allouée aux gardes nationaux est essentiellement personnelle.

Il est expressément interdit aux officiers payeurs ou sergents-majors de distribuer entre les gardes présents la solde destinée aux citoyens gardes qui ne répondent pas à l'appel, ou qui ont cessé d'avoir droit à cette solde.

Les payeurs qui enfreindraient cet ordre seraient rendus responsables envers le trésor.

Paris, le 31 mars 1871.

Les délégués aux finances, membres de la Commune,
FR. JOURDE, E. VARLIN.

DIRECTION DES CONTRIBUTIONS INDIRECTES DE LA SEINE.

AVIS.

Par suite de l'absence ou de la révocation d'un grand nombre d'employés, l'administration fait appel aux citoyens aptes à servir dans les différentes branches du service.

Se présenter, avec les titres à l'appui, au siége de la direction, rue Duphot, 12.

Le directeur,
A. BASTELICA.

ORDRE.

Nous, délégué civil à l'ex-préfecture de police,
Attendu que la délivrance des laisser-passer exige une surveillance spéciale,

DÉCRÉTONS :

Il ne sera délivré de laisser-passer qu'à la préfecture de police, bureau des passe-ports.

Paris, le 31 mars 1871.

Le délégué civil,
RAOUL RIGAULT.

Vu :
Le général délégué,
E. DUVAL.

Le public est informé que le service de l'assistance extérieure continue de fonctionner. Les citoyens boulangers pourront s'adresser à l'hôtel de ville, bureau de la comptabilité, n° 11, 2ᵉ étage.

Un certain nombre d'employés s'est déjà rallié à la Commune, et bientôt tous les services seront réorganisés.

Le chef du personnel,
JULES ANDRIEUX.

AVIS IMPORTANT.

Un grand nombre de lettres arrivent à l'hôtel de ville, portant cette suscription :

Au président de la Commune.

Nous ne saurions trop le répéter : il n'y a qu'un président temporaire du bureau, mais la Commune de Paris n'a et ne saurait avoir de président.

Prière aux intéressés d'adresser leurs correspondances avec cette suscription :

Aux membres de la Commune,
à l'hôtel de ville.

———

Les citoyens qui auront des communications ou des mémoires relatifs à la question des échéances à faire parvenir à la Commune sont priés de les adresser aux membres de la commission des finances, siégeant à l'hôtel de ville.

———

Un groupe nombreux de commerçants et d'industriels s'étant présenté à l'hôtel de ville pour demander des explications sur la mesure prise par le gouvernement de Versailles, relative à la suppression postale des correspondances, les délégués de la Commune leur ont expliqué qu'ils étaient absolument étrangers à une mesure aussi préjudiciable aux intérêts du commerce et de l'industrie parisienne. Après des explications réciproques, il a été décidé par la Commune de Paris, en séance générale, que :

La Commune de Paris, sans reconnaître le pouvoir de Versailles, est disposée, dans l'intérêt général, à accepter toutes les propositions qui, sans préjuger la question de principe, permettront le libre fonctionnement du service des postes.

———

Le *Journal officiel* de Paris publie, dans sa partie non officielle, les pièces suivantes :

Certains journaux croient voir dans les premiers actes de la Commune de Paris l'intention de sortir des attributions municipales. Il n'est pas douteux qu'en rendant pour Paris des décrets portant la remise des loyers, l'abolition de la conscription, etc., etc., la Commune est sortie du cercle étroit où la législation antérieure enfermait la liberté municipale. Mais ce serait une illusion étrange et même puérile de penser que la révolution du 18 mars avait pour but unique d'assurer à Paris une représentation communale élue, mais soumise à la tutelle despotique d'un pouvoir national fortement centralisé. Jamais en France la loi n'a satisfait, ni pour Paris, ni pour les villes, ni pour les villages, les besoins d'indépendance, de libre administration, qui sont une condition absolue de vie régulière, de stabilité et de progrès dans un état républicain.

C'est, comme on l'a dit dès le premier jour, pour conquérir et assurer dans l'avenir cette indépendance à toutes les communes de France, et aussi à tous les groupes supérieurs, cantons, départements ou provinces, reliés entre eux, pour leurs intérêts généraux, par un pacte alors vraiment national ; c'est pour garantir en même temps et perpétuer la république assise enfin sur sa base fondamentale, que les hommes du 18 mars ont lutté et vaincu.

Quel esprit éclairé et de bonne foi oserait soutenir que Paris a affronté, après les souffrances et les dangers du siége, les conséquences douloureuses, quoique momentanées, d'une violente rupture, pour se soumettre de bonne grâce à une loi qu'il n'aurait même pas discutée, à une loi qui ne lui laisserait ni l'administration de sa police, ni la disposition souveraine de ses finances, ni la direction de sa garde nationale; à une loi qui serait non pas le gage de sa liberté, mais le sceau même de sa servitude.

En se constituant en Commune, si Paris a renoncé à son omnipotence apparente, identique en fait de sa déchéance, il n'a pas renoncé à son rôle initiateur, il n'a pas abdiqué ce pouvoir moral, cette influence intellectuelle qui a tant de fois en France et en Europe donné la victoire à sa propagande. Paris affranchi, Paris autonome n'en doit pas moins rester le centre du mouvement économique et industriel, le siége de la Banque, des chemins de fer, des grandes institutions nationales, d'où la vie se répandra plus largement à travers les veines du corps social, qui, de leur côté, la lui reporteront plus active et plus intense.

En attendant que le triomphe définitif de sa cause ait rendu à Paris affranchi le rôle influent, mais non dominateur, que la nature, l'évolution économique et le mouvement des idées lui assurent, la Commune se bornera à défendre dans leur intégrité ses intérêts et ses droits. Qu'il s'agisse d'organisation municipale, de loyers ou d'échéances, elle légiférera pour lui souverainement, parce que ce sont là ses affaires, ses intérêts propres, lesquels ne peuvent être légitimement satisfaits que par ceux qui les représentent, et non pas par ceux qui les écrasent ou qui les nient.

La Commune aurait le droit d'agir ainsi en face d'un pouvoir central qui, réduit à sa fonction, ne serait plus que le gardien et le défenseur des intérêts généraux. A plus forte raison en a-t-elle le devoir en face d'un pouvoir usurpateur, qui ne sait qu'obéir à la raison d'État, ne fait appel qu'à la haine sociale, aux lâches terreurs, et à ceux qui réclamaient un contrat, des garanties, ne parla jamais que de répression et de vengeance.

Nous publions à titre de renseignement la pièce suivante, adressée avant les élections communales au comité central de la garde nationale :

SOCIÉTÉ FRATERNELLE DE PROTECTION DES ALSACIENS ET LORRAINS.

SIÈGE : 166, RUE SAINT-DENIS.

Citoyens,

Au nom des Alsaciens et Lorrains en si grand nombre dans l'armée et dans les rangs de la démocratie ; au nom du droit imprescriptible de la liberté individuelle, et au nom de notre amour sacré pour la république, qui seule peut sauver le pays et reconstituer la France de 89 dans toute son intégrité territoriale, nous, soussignés délégués, avec pleins pouvoirs, demandons au comité central de la fédération républicaine de la garde nationale la mise en liberté immédiate du général Chanzy.

Nous déclarons formellement et sous notre pleine et entière responsabilité :

1° Que le général Chanzy était, lors de son arrestation, en situation de disponibilité;

2° Que le général Chanzy prend l'engagement de n'accepter aucun commandement avant six mois, à moins que ce ne soit contre l'étranger. Nous prenons la liberté de rappeler au comité que le général qui s'est si fortement affirmé en faveur de l'Alsace et de la Lorraine est notre chef militaire désigné pour le jour de la revendication. Le général a exprimé d'une manière solennelle son adhésion à la république, et 63,000 voix recueillies à Paris, sans candidature posée, attestent que le peuple l'a compris. Il ne faut donc pas que sa popularité, qu'il s'engage loyalement à ne mettre qu'au service de la république, le rende victime d'une suspicion odieuse.

Encore une fois, nous affirmons sur l'honneur que le général restera éloigné de toute intervention directe ou indirecte dans les événements actuels, et qu'en conséquence la continuation de sa détention prendrait un caractère arbitraire susceptible d'alarmer les amis et les défenseurs de la république.

Vive à jamais la république pour le salut de la France!

Les délégués membres de la Société.
Le lieutenant-colonel, chef d'état-major,

JULES ARONSOHN.

Approuvé :
Général CHANZY.

On lit dans le journal *le Cri du peuple*.

La nouvelle étant arrivée que le service des postes venait d'être interrompu sur un ordre de Versailles, l'Assemblée a confié au citoyen Theisz la direction des postes.

Le comité de sûreté générale doit poursuivre l'arrestation du directeur Rampont comme coupable d'excitation au désordre, et de complicité avec les insurgés de Versailles.

La commission électorale a demandé la validation, à la majorité, de toutes les élections parisiennes, se basant sur l'irrégularité et l'immoralité flagrante des listes établies par l'empire.

Versailles, 1er avril, midi 45 m.

DÉPÊCHES DU GOUVERNEMENT. — LE CHEF DU POUVOIR EXÉCUTIF AUX PRÉFETS, SOUS-PRÉFETS, GÉNÉRAUX DE DIVISION ET PROCUREURS GÉNÉRAUX.

. . . .

A Paris, la Commune, déjà divisée, essayant de semer partout de fausses nouvelles et pillant les caisses publiques, s'agite impuissante et elle est en horreur aux Parisiens, qui attendent avec impatience le moment d'en être délivrés.

L'Assemblée nationale, serrée autour du gouvernement, siège paisiblement à Versailles, où s'achève de s'organiser une des plus belles armées que la France ait possédées.

Les bons citoyens peuvent donc se rassurer et espérer la fin prochaine d'une crise qui aura été douloureuse, mais courte. Ils peuvent être certains qu'on ne leur laissera rien ignorer, et que, lorsque le gouvernement se taira, c'est qu'il n'aura aucun fait grave ou intéressant à leur faire connaître.

A. THIERS.

LE 2 AVRIL 1871.

Le *Journal officiel* de Paris contient, dans sa partie officielle, les pièces suivantes :

La Commune de Paris,

Considérant que les citoyens Adam, Meline, Rochart, Barré, Brelay, Loiseau, Tirard, Chéron, Leroy, Robinet, Desmarest, Ferry, Nast, Fruneau, Marmottan, de Bouteiller, élus le 26 mars, se sont démis des fonctions de membres de la Commune;

Que, d'un autre côté, des options ont dû être exercées par les citoyens A. Arnould, Varlin, Delescluze, Theisz et Blanqui, élus dans plusieurs arrondissements;

Qu'un certain nombre de vacances se sont ainsi produites, et qu'il importe, pour compléter le nombre légal, de procéder à de nouvelles élections dans les arrondissements et pour le nombre de membres de la Commune indiqués au tableau ci-après,

DÉCRÈTE :

Art. 1ᵉʳ. Les électeurs des 1ᵉʳ, 2ᵉ, 6ᵉ, 8ᵉ, 9ᵉ, 12ᵉ, 17ᵉ, 18ᵉ et 19ᵉ arrondissements sont convoqués pour le mercredi prochain 5 avril, à l'effet d'élire le nombre de membres dont suit le détail :

>   1ᵉʳ arrondissement, 4 élections.
>   2ᵉ   —   4   —
>   6ᵉ   —   2   —
>   8ᵉ   —   1   —
>   9ᵉ   —   3   —
>   12ᵉ   —   2   —
>   16ᵉ   —   2   —
>   17ᵉ   —   1   —
>   18ᵉ   —   2   —
>   19ᵉ   —   1   —

Art. 2. Le scrutin sera ouvert à 8 heures du matin et fermé à 8 heures du soir.

Art. 3. Les administrations municipales desdits arrondissements sont chargées de l'exécution du présent décret.

La Commune de Paris.

La Commune de Paris décrète :

1° Le titre et les fonctions de général en chef sont supprimés ;

2° Le citoyen Brunel est mis en disponibilité ;

3° Le citoyen Eudes est délégué à la guerre, Bergeret à l'état-major de la garde nationale, et Duval au commandement militaire de l'ex-préfecture de police.

Paris, le 1er avril 1871.
La commission exécutive,
Général EUDES, FÉLIX PYAT, G. TRIDON, Général JULES BERGERET, LEFRANÇAIS, E. DUVAL, ED. VAILLANT.

La Commune de Paris,
Considérant :
Que jusqu'à ce jour, les emplois supérieurs des services publics, par les appointements élevés qui leur ont été attribués, ont été recherchés et accordés comme places de faveur ;
Considérant :
Que, dans une république réellement démocratique, il ne peut y avoir ni sinécure, ni exagération de traitement ;

DÉCRÈTE :

Article unique. Le maximum de traitement des employés aux divers services communaux est fixé à six mille francs par an.

Hôtel de ville, 2 avril 1871.
La Commune de Paris.

Les citoyens Simon, Langlois, Delamarche, Champeval et Lefranc sont nommés membres d'une commission de réorganisation et de direction du service de l'octroi. Ils agiront de concert avec le citoyen Volpénile, directeur général, nommé par nous, et prendront ensemble telles mesures qu'ils jugeront nécessaires dans l'intérêt financier de la Commune de Paris.

*Les membres de la Commune de Paris,
délégués aux finances,*

VARLIN, D.-TH. RÉGÈRE.

Pour ampliation ;
Le secrétaire général,
E. MERLIEUX.

La commission du travail et de l'échange

ARRÊTE :

Article unique. Une sous-commission composée des citoyens Bertin, Lévy Lazare, Minet et Rouveyrolles est nommée à l'effet de présenter, dans le plus bref délai, un état détaillé des travaux de construction et de réparation inachevés et de présenter, s'il y a lieu, un projet relatif à l'achèvement de ces travaux par la Commune de Paris.

Hôtel de ville, 1er avril 1871.

(*Suivent les signatures.*)

La circulation, tant au dedans qu'en dehors de Paris, est libre.

Néanmoins, tout citoyen sortant de Paris ne pourra emporter avec lui aucun effet d'équipement, d'armement ou d'habillement militaire.

De même, tout journal imprimé à Paris peut librement être expédié hors Paris, après avoir, comme par le passé, acquitté au préalable les droits de port.

Le membre du comité de sûreté générale, délégué près l'ex-préfecture de police,

RAOUL RIGAULT.

COMMISSION DES SERVICES PUBLICS.

AVIS.

Les membres de la Commune formant la commission des services publics invitent les employés attachés à cette administration à se rendre immédiatement dans leurs bureaux respectifs pour y reprendre leurs fonctions et se mettre à la disposition de la nouvelle direction.

Tout employé qui ne sera pas à son poste dans les vingt-quatre heures sera considéré comme démissionnaire, et il sera pourvu à son remplacement.

Les membres de la Commune formant la commission des services publics,

OSTYN, D. RASTOUL.

ADMINISTRATION DES POSTES.

Un fait inouï vient de se produire.

Un service public, relevant directement des citoyens, et qui ne pouvait excuser son privilége que par la garantie qu'il devait assurer dans toutes les relations commerciales, a été indignement sacrifié à des questions d'intérêt purement politique.

Le service des postes est, depuis quelques jours, systématiquement désorganisé par ceux qui avaient accepté le mandat de le diriger.

On a privé Paris de toute communication avec la province, sans se soucier des intérêts qu'une semblable résolution a compromis à la veille de l'échéance d'avril.

A qui incombe la responsabilité d'un pareil acte? Nous en appelons à la conscience publique!

Dans une première entrevue, M. Rampont, ex-directeur général des postes, actuellement en fuite, nous avait demandé l'envoi de deux délégués choisis par le comité central de la garde nationale pour contrôler sa gestion jusqu'à ce que la Commune, dont il reconnaissait l'autorité, fût régulièrement constituée.

Cette proposition, qui nous parut de nature à écarter tout malentendu entre républicains, devait être prochainement soumise à la Commune. Sans tenir compte des engagements pris, il ne voulut pas attendre, et le 30, dans la journée, la Commune fut instruite que toutes les dispositions étaient prises pour interrompre le service des postes à Paris.

M. Rampont, engagé par sa parole, par sa proposition, a abandonné furtivement son poste, et un ordre anonyme, affiché dans les cours de l'hôtel, a imposé aux employés de quitter immédiatement leurs fonctions.

Les faillites, la ruine que cet acte pouvait provoquer, peu importe! le peuple de Paris n'a échappé aux malheurs d'un long siége que pour se trouver investi brutalement par ceux-là mêmes qui se proclament les mandataires de la France.

Les faits que nous avançons défient tout démenti. Que la responsabilité retombe sur ceux qui ont recours à ces manœuvres criminelles.

Quant à nous, nous ferons tous nos efforts pour réorganiser le service postal, et nous sommes convaincu qu'avec le concours de la population parisienne, il sera promptement rétabli dans l'intérieur de Paris.

Le directeur,
A. THEISZ.

———

Le citoyen Goupil est délégué par la commission d'enseignement à l'administration des services de l'instruction publique.

Paris, le 1er avril 1871.

Les membres de la Commune, membres de la commission d'enseignement,
A. VERDURE, DEMAY, ERNEST LEFÈVRE, J.-B. CLÉMENT, J. MIOT, URBAIN.

Le citoyen Goupil recevra les communications destinées à la commission d'enseignement tous les jours, de deux à quatre heures, au ministère de l'instruction publique.

La commission militaire fait appel au patriotisme de tous les citoyens qui sont détenteurs de plusieurs fusils.

En conséquence, ordre est donné de les reporter au siége de la légion de chaque arrondissement dans le plus bref délai.

Par délégation de la commission militaire,

Général E. DUVAL, général BERGERET, général EUDES, colonel CHARDON, commandant RANVIER, colonel PINDY, colonel FLOURENS.

DIRECTION DES CONTRIBUTIONS INDIRECTES DE LA SEINE.

L'entrepôt des tabacs de la Chaussée-d'Antin (rue de Luxembourg), dont la Commune a pris possession, sera ouvert, lundi 3 avril, à l'heure habituelle.

M. Cardozo, l'entreposeur, a été remplacé dans ses fonctions.

Le service des laisser-passer pour subsistances est transféré au local de l'ex-ministère du commerce et de l'agriculture, rue Saint-Dominique. Le public est admis de huit à cinq heures.

Avis est donné à tous les négociants en grains qui voudront contribuer à l'importation de blés dans nos murs, qu'ils seront reçus, lundi 3 avril, à une heure, au siége de la commission des subsistances, ex-ministère du commerce.

Le membre de la Commune, commissaire aux subsistances,

PARISEL.

MM. les entrepreneurs de travaux publics, ainsi que MM. les ingénieurs, sont priés de venir prendre connaissance d'un projet dont l'exécution les intéresse.

Pour la commission du travail et de l'échange, séant à l'hôtel de ville :

Le secrétaire,

G. BERTINI.

AVIS IMPORTANT.

Un grand nombre de lettres arrivent à l'hôtel de ville, portant cette suscription :

Au président de la Commune.

Nous ne saurions trop le répéter : il n'y a qu'un président temporaire du bureau, mais la Commune de Paris n'a et ne saurait avoir de président.

Prière aux intéressés d'adresser leurs correspondances avec cette suscription :

*Aux membres de la Commune,
à l'hôtel de ville.*

Le citoyen Dereure a déposé hier sur le bureau de la Commune un paquet contenant vingt-neuf actions des chemins de fer romains.

Ces actions avaient été trouvées à Montmartre, rue Ravignan, par le fils du citoyen Weber, tailleur, rue Durantin 24, qui se trouve dans la plus grande misère.

Ces actions sont aujourd'hui déposées à l'ex-préfecture de police, où elles pourront être réclamées, de dix heures à quatre heures, à la 1re division.

C'est par erreur que le nom du citoyen Ledroit n'a pas figuré au bas de l'arrêté de la commission de justice.

Le *Journal officiel* de Paris, dans sa partie non officielle, contient les pièces suivantes :

DISCOURS DU CITOYEN CH. BESLAY

DOYEN DE LA COMMUNE.

La séance d'installation de la commune à l'hôtel de ville a été, ainsi que nous l'avons rapporté, présidée par le citoyen Charles Beslay. Voici le discours qu'a prononcé le doyen de la commune en prenant possession du fauteuil présidentiel :

Citoyens,

Votre présence ici atteste à Paris et à la France que la Commune est faite, et l'affranchissement de la Commune de Paris, c'est, nous n'en doutons pas, l'affranchissement de toutes les communes de la république.

Depuis cinquante ans, les routiniers de la vieille politique nous bernaient avec les grands mots de décentralisation et de gouvernement du pays par le pays. Grandes phrases qui ne nous ont rien donné !

Plus vaillants que vos devanciers, vous avez fait comme le sage qui marchait pour prouver le mouvement, vous avez marché, et l'on peut compter que la république marchera avec vous !

C'est là, en effet, le couronnement de votre victoire pacifique. Vos adversaires ont dit que vous frappiez la république ; nous répondons, nous, que si nous l'avons frappée, c'est comme le pieu que l'on enfonce plus profondément en terre.

Oui, c'est par la liberté complète de la commune que la république va s'enraciner chez nous. La république n'est plus aujourd'hui ce qu'elle était aux grands jours de notre révolution. La république de 93 était un soldat qui, pour combattre au dehors et au dedans, avait besoin de centraliser sous sa main toutes les forces de la patrie ; la république de 1871 est un travailleur qui a surtout besoin de liberté pour féconder la paix.

Paix et travail ! voilà notre avenir ! Voilà la certitude de notre revanche et de notre régénération sociale, et ainsi comprise, la république peut encore faire de la

France le soutien des faibles, la protectrice des travailleurs, l'espérance des opprimés dans le monde, et le fondement de la république universelle.

L'affranchissement de la commune est donc je le répète, l'affranchissement de la république elle-même, chacun des groupes sociaux va retrouver sa pleine indépendance et sa complète liberté d'action.

La commune s'occupera de ce qui est local.

Le département s'occupera de ce qui est régional.

Le gouvernement s'occupera de ce qui est national.

Et disons-le hautement : la commune que nous fondons sera la commune modèle. Qui dit travail dit ordre, économie, honnêteté, contrôle sévère, et ce n'est pas dans la commune républicaine que Paris trouvera des fraudes de 400 millions.

De son côté, ainsi réduit de moitié, le gouvernement ne pourra plus être que le mandataire docile du suffrage universel et le gardien de la république.

Voilà à mon avis, citoyens, la route à suivre ; entrez-y hardiment et résolûment. Ne dépassons pas cette limite fixée par notre programme, et le pays et le gouvernement seront heureux et fiers d'applaudir à cette révolution si grande et si simple, et qui sera la·plus féconde révolution de notre histoire.

Pour moi, citoyens, je regarde comme le plus beau jour de ma vie d'avoir pu assister à cette grande journée, qui est pour nous la journée du salut. Mon âge ne me permettra pas de prendre part à vos travaux, comme membre de la Commune de Paris ; mes forces trahiraient trop souvent mon courage, et vous avez besoin de vigoureux athlètes. Dans l'intérêt de la propagande, je serai donc obligé de donner ma démission ; mais soyez sûrs qu'à côté de vous, comme auprès de vous, je saurai, dans la mesure de mes forces, vous continuer mon concours le plus dévoué, et servir comme vous la sainte cause du travail et de la république.

Vive la république! Vive la Commune!

Le citoyen Beslay n'a pas maintenu sa démission; c'est à tort que quelques journaux ont annoncé sa retraite.

Les délégués de la société *l'Éducation nouvelle* ont été reçus hier par les membres de la Commune, auxquels ils ont remis une requête conçue en ces termes :

A la Commune de Paris.

Considérant la nécessité qu'il y a, sous une république, à préparer la jeunesse au gouvernement d'elle-même par une éducation républicaine qui est toute à créer;

Considérant que la question de l'éducation, laquelle n'est exclusive d'aucune autre, est la question mère, qui embrasse et domine toutes questions politiques et sociales, et sans la solution de laquelle il ne sera jamais fait de réformes sérieuses et durables;

Considérant que les maisons d'instruction et d'éducation entretenues par la Commune, ou par le département ou par l'État, doivent être aux enfants de tous les membres de la collectivité, quelles que soient les croyances intimes de chacun d'eux;

Les soussignés délégués de la société *l'Éducation nouvelle* demandent d'urgence, au nom de la liberté de conscience, au nom de la justice :

Que l'instruction religieuse ou dogmatique soit laissée

tout entière à l'initiative et à la direction libre des familles et qu'elle soit immédiatement et radicalement supprimée, pour les deux sexes, dans toutes les écoles, dans tous les établissements dont les frais sont payés par l'impôt;

Que ces maisons d'instruction et d'éducation ne contiennent aux places exposées aux regards des élèves ou du public aucun objet de culte, aucune image religieuse;

Qu'il n'y soit enseigné ou pratiqué, en commun, ni prières, ni dogmes, ni rien de ce qui est réservé à la conscience individuelle;

Qu'on n'y emploie exclusivement que la méthode expérimentale ou scientifique, celle qui part toujours de l'observation des faits, quelle qu'en soit la nature, physiques, moraux, intellectuels;

Que toutes les questions du domaine religieux soient complétement supprimées dans tous les examens publics, et principalement dans les examens pour brevets de capacité;

Qu'enfin les corporations enseignantes ne puissent plus exister que comme établissements privés ou libres.

La qualité de l'enseignement étant déterminée tout d'abord par l'instruction rationnelle, intégrale, qui deviendra le meilleur apprentissage possible de la vie privée, de la vie professionnelle et de la vie politique ou sociale, la société *l'Éducation nouvelle* émet en outre le vœu que l'instruction soit considérée comme un service public de premier ordre; qu'en conséquence elle soit gratuite et complète pour tous les enfants des deux sexes, à la seule condition du concours pour les spécialités professionnelles.

Enfin elle demande que l'instruction soit obligatoire, en ce sens qu'elle devienne un droit à la portée de tout enfant, quelle que soit sa position sociale, et un devoir pour les parents ou pour les tuteurs, ou pour la société.

> *Au nom de la société l'Éducation nouvelle, les délégués nommés dans la séance du 26 mars 1871, à l'école Turgot :*
>
> HENRIETTE GAROSTE, rue Saint-Paul, 43; — LOUISE LAFFITTE, rue Saint-Paul, 43; — J. MANIER, rue du Faubourg-Saint-Martin, 148 *bis;* — J. RAMA, rue Caroline, 11 ; — RHEIMS, rue d'Hauteville, 33; — MARIA VERDURE, rue Sainte-Marie-du-Temple, 8.

Il a été répondu aux délégués que la Commune était complétement favorable à une réforme radicale de l'éducation dans le sens qu'ils indiquaient; qu'elle comprenait l'importance capitale de cette réforme, et qu'elle considérait la présente démarche comme un encouragement à entrer dans la voie où elle était résolue à marcher.

Le journal *la Sociale* publie l'article suivant :

A VERSAILLES!

L'heure du combat a sonné.

La conciliation n'est plus possible.

Pour la Commune qui soutient la cause de la révolution, les droits de l'homme et la justice, comme pour les misérables lâches qui essayent à Versailles de soulever la France contre Paris, c'est une question de vie ou de mort.

Les deux Assemblées issues du suffrage universel,

L'une du suffrage universel libre,

L'autre du suffrage universel marchant aux urnes entre des rangées de baïonnettes prussiennes ;

Ces deux Assemblées ont opéré leur rupture d'une façon si décisive qu'il faut que l'une disparaisse, — anéantie par l'autre.

Pas d'entente possible !

Une seule solution :

La force !...

Le jour où une Assemblée met en quarantaine une ville quelle qu'elle soit, — l'isole, — l'affame, — méconnaît tous ses droits, — même son droit de manger, — soulève contre elle le reste de la nation, — la menace de mort, — et que ces menaces sont suivies, comme à présent, d'un commencement d'exécution,

Ce jour-là, cette ville, séquestrée, spoliée, bloquée, n'a qu'une chose à faire :

Jurer de mourir plutôt que de ne pas se venger,

Et décréter :

LA MISE HORS LA LOI

De l'Assemblée infâme qui voudrait la tuer.

La mise hors la loi !

Voilà la première mesure à prendre !

Que les membres de l'Assemblée nationale soient déclarés traîtres à la patrie ;

Qu'ils soient désignés à la vindicte de la nation et à la malédiction de la postérité ;

Que par tous les moyens possibles on saisisse leurs personnes, et qu'on défère ces traîtres à une haute cour de justice.

Mais une fois la mise hors la loi prononcée par les

membres de la Commune contre les ci-devant députés de Versailles, il faut agir.

Les royalistes de l'Assemblée essayent de lever des armées en province.

Mais on sait avec quelle ardeur les départements répondent à l'appel de ces scélérats !

Ils n'ont encore qu'une bande de sergents de ville, d'ex-gardes municipaux et de zouaves du pape ;

Comme généraux, ils ont l'infâme Ducrot, Vinoy le bonapartiste, les catholiques Charette et Cathelineau qui se sont levés contre la révolution en 1871, comme leurs aïeux contre celle de 1793, et qui auront le même sort aujourd'hui qu'eux il y a quatre-vingts ans.

Le parti de l'ordre n'a pas encore rassemblé toutes ses forces, massé toutes ses ressources :

C'est le moment de marcher, et de l'écraser.

Point de pitié pour ces factieux, qui, si on les laissait faire, noieraient Paris dans le sang et le brûleraient ensuite.

Agissez sans tarder, citoyens membres de la Commune.

A Versailles... A Versailles...

Vous avez tout le monde avec vous :

Vous aurez non-seulement le peuple dont vous êtes la seule expression, — la pensée vivante, — le cerveau et le cœur ;

Mais aussi la bourgeoisie et le commerce que la loi sur les échéances et celle sur les loyers eussent ruinés et à qui vous venez de rouvrir l'avenir, la confiance et le crédit !

Soyez sûrs de Paris, comme Paris est sûr de vous, citoyens !

Vous aurez avec vous vos *deux cent vingt bataillons* de la fédération,

Augmentés de toutes les recrues qui vous arrivent chaque jour des bataillons réfractaires jusqu'à votre nomination, — et des soldats qui nous viennent de Versailles et qui aiment mieux combattre pour le droit que pour les hommes qui, au nom de l'ordre, non-seulement massacrent les patriotes, mais veulent encore assassiner la capitale de la nation!

Marchez sur Versailles!

Votre longanimité a trop duré!

Marchez sur Versailles!

C'est le vœu de la garde nationale!

Marchez sur Versailles!

C'est le seul moyen qui reste au peuple, à la bourgeoisie et au commerce de conserver les droits que vous leur avez rendus!

Marchez sur Versailles!

Investissez cette Assemblée de Versailles, — bloquez cette ville infâme qui n'a pas encore eu le patriotisme de jeter à la porte cette poignée de coquins, — cernez et affamez cette armée de mouchards et de cagots, et vengez tout à la fois la nation compromise, la patrie démembrée et trahie, et votre honneur avec le nôtre.

A Versailles... A Versailles...

Il paraît certain que de graves événements se préparent. Un certain nombre de bataillons pourvus des objets de campement sont partis, ce soir, dans la direction de Neuilly, Passy et Auteuil.

Nous avons remarqué que ces bataillons étaient au grand complet. Tous les citoyens armés tiennent à honneur de participer à la défense de la Commune.

Versailles, 2 avril, 7 h. 49 m. soir.

LE CHEF DU POUVOIR EXÉCUTIF AUX PRÉFETS.

Plusieurs milliers de gardes nationaux, obéissant au comité central, étaient sortis de Paris et occupaient Courbevoie, Puteaux et le pont de Neuilly.

Ils ont été mis en déroute.

Les barricades, défendues par les insurgés, ont été enlevées par les troupes avec beaucoup d'entrain.

Il y a eu de nombreux prisonniers. La fuite est générale dans toutes les directions.

L'effet moral est excellent.

LE 3 AVRIL 1871.

Le *Journal officiel* de Paris contient, dans sa partie officielle, les pièces suivantes :

A LA GARDE NATIONALE DE PARIS.

Les conspirateurs royalistes ont *attaqué*.

Malgré la modération de notre attitude, ils ont *attaqué*.

Ne pouvant plus compter sur l'armée française, ils ont *attaqué* avec les zouaves pontificaux et la police impériale.

Non contents de couper les correspondances avec

la province et de faire de vains efforts pour nous réduire par la famine, ces furieux ont voulu imiter jusqu'au bout les Prussiens et bombarder la capitale.

Ce matin, les chouans de Charette, les Vendéens de Cathelineau, les Bretons de Trochu, flanqués des gendarmes de Valentin, ont couvert de mitraille et d'obus le village inoffensif de Neuilly et engagé la guerre civile avec nos gardes nationaux.

Il y a eu des morts et des blessés.

Élus par la population de Paris, notre devoir est de défendre la grande cité contre ces coupables agresseurs. Avec votre aide, nous la défendrons.

Paris, 2 avril 1871.

La commission exécutive,

BERGERET, EUDES, DUVAL, LEFRANÇAIS, FÉLIX PYAT, G. TRIDON, E. VAILLANT.

DÉPÊCHE TÉLÉGRAPHIQUE.

Paris, 2 avril 1871, 5 h. 30 m. soir.

PLACE A COMMISSION EXÉCUTIVE.

Bergeret est à Neuilly. D'après rapport, le feu de l'ennemi a cessé. Esprit des troupes excellent. Soldats de ligne arrivent tous et déclarent que, sauf les officiers supérieurs, personne ne veut se battre. Colonel de gendarmerie qui attaquait, tué.

Le colonel chef d'état-major,

HENRI.

Une pension de jeunes filles, qui sortait de l'église de Neuilly, a été littéralement hachée par la mitraille des soldats de MM. Favre et Thiers.

La Commune de Paris,

Considérant que les hommes du gouvernement de Versailles ont ordonné et commencé la guerre civile, attaqué Paris, tué et blessé des gardes nationaux, des soldats de la ligne, des femmes et des enfants,

Considérant que ce crime a été commis avec préméditation et guet-apens contre tout droit et sans provocation,

DÉCRÈTE :

Art. 1er. MM. Thiers, Favre, Picard, Dufaure, Simon et Pothuau sont mis en accusation.

Leurs biens seront saisis et mis sous séquestre, jusqu'à ce qu'ils aient comparu devant la justice du peuple.

Les délégués de la justice et de la sûreté générale sont chargés de l'exécution du présent décret.

La Commune de Paris.

La Commune de Paris adopte les familles des citoyens qui ont succombé ou succomberont en repoussant l'agression criminelle des royalistes conjurés contre Paris et la république française.

La Commune de Paris,

Considérant que le premier des principes de la république française est la liberté;

Considérant que la liberté de conscience est la première des libertés;

Considérant que le budget des cultes est contraire au principe, puisqu'il impose des citoyens contre leur propre foi;

Considérant, en fait, que le clergé a été le complice des crimes de la monarchie contre la liberté,

DÉCRÈTE :

Art. 1er. L'Église est séparée de l'État.

Art. 2. Le budget des cultes est supprimé.

Art. 3. Les biens dits de mainmorte, appartenant aux congrégations religieuses, meubles et immeubles, sont déclarés propriétés nationales.

Art. 4. Une enquête sera faite immédiatement sur ces biens, pour en constater la nature et les mettre à la disposition de la nation.

La Commune de Paris.

La Commune de Paris,

Considérant que diverses administrations publiques et particulières de Paris ont formé leurs employés de tout ordre en compagnies spéciales de garde nationale; que ces compagnies ont échappé jusqu'ici à tout service régulier;

Qu'il y a là un abus redoutable pour la sécurité générale et une atteinte au principe d'égalité,

ARRÊTE :

Art. 1ᵉʳ. Ces compagnies spéciales seront immédiatement versées dans les bataillons de la garde nationale.

Art. 2. Elles procéderont immédiatement à la réélection de leurs officiers.

La Commune de Paris.

La commission des subsistances,

ARRÊTE :

Le citoyen Parisel, membre de la Commune, est délégué au ministère du commerce.

DEREURE, HENRI FORTUNÉ, CHAMPY, OSTYN, E. CLÉMENT.

Dans sa séance du 1ᵉʳ avril, la Commune de Paris a décidé que le maximum de traitement affecté aux divers services *communaux* serait de 6,000 francs par an.

Par services communaux, il faut entendre tous les services publics, civils et militaires.

Le citoyen Cluseret est nommé délégué à la guerre, conjointement avec le citoyen Eudes.

Il entrera de suite en fonctions.

Hôtel de ville, 2 avril 1871.

Le délégué à la commission,

G. LEFRANÇAIS.

Les délégués civil et militaire de l'ex-préfecture de police :

Attendu que les rues sont encombrées tous les jours par des marchands qui débitent au public des tabacs et des cigares de provenance étrangère ;

Considérant que ces cigares, n'ayant pas été soumis au contrôle de l'administration des tabacs, peuvent être un danger pour la santé publique ;

Qu'au surplus, la vente des tabacs constitue l'une des principales sources des revenus de l'État à laquelle il importe de ne pas porter atteinte,

ARRÊTENT :

Art. 1ᵉʳ. La vente des tabacs sur la voie publique est formellement interdite.

Les contrevenants au présent arrêté seront poursuivis et leurs marchandises saisies.

Art. 2. L'exécution du présent arrêté est confiée à la garde nationale.

Paris, le 31 mars 1871.

Le délégué militaire,

Général E. DUVAL.

Le délégué civil,

RAOUL RIGAULT.

TRANSPORT DES JOURNAUX.

La commission des finances,
Vu les entraves apportées au service de la poste par le gouvernement de Versailles, dans le but de faciliter la circulation des journaux,

ARRÊTE :

Article unique. Jusqu'à nouvel ordre, le transport des journaux est autorisé par toutes les voies possibles.

Les membres de la Commune délégués aux finances,
VICTOR CLÉMENT, CH. BESLAY, E. VARLIN, RÉGÈRE, FR. JOURDE.

DIRECTION DE L'ENREGISTREMENT ET DU TIMBRE.

AVIS.

Un certain nombre d'inspecteurs, vérificateurs, receveurs et autres employés de l'administration refusent leurs services au public, par ordre du ministre des finances de Versailles.

Il est fait appel, pour remplacer les absents, démissionnaires de droit, ou révoqués dans les différents bureaux, aux citoyens aptes à remplir les fonctions laissées vacantes.

Les aspirants aux emplois proposés devront se

présenter rue de la Banque, 13, à la direction, *bureau du personnel,* à partir de midi, 4 courant, 9 heures du matin, munis des pièces et références pouvant justifier de leurs aptitudes et de leur honorabilité.

Paris, 2 avril 1871.

Le directeur,

J. OLIVIER.

DIRECTION DES DOMAINES ET ATELIER GÉNÉRAL DU TIMBRE.

Le personnel attaché à l'administration des domaines et les ouvriers employés dans les ateliers du timbre sont invités à se rendre à leur poste et à reprendre leurs services respectifs.

Les mesures les plus sévères, s'il est nécessaire, seront prises contre ceux dont l'absence non justifiée aurait entravé ce service public.

Paris, 2 avril 1871.

Le directeur,

D. MASSARD.

Le directeur général des lignes télégraphiques invite les jeunes gens sans emploi à la fréquentation d'une école de télégraphie qui vient d'être ouverte à l'administration centrale.

Il fait appel à tous les bons citoyens pour l'aider à reconstituer le personnel des différents bureaux de

Paris, si traîtreusement désorganisés par le gouvernement de Versailles.

Le stage nécessaire pour des hommes intelligents n'excédera pas vingt jours, et des appointements convenables leur seront immédiatement offerts.

Un examen préalable permettra à l'administration de se fixer sur la capacité des postulants.

L'héroïque population de Paris ne sera pas longtemps victime de la désorganisation de tous les services, motivée par d'odieuses passions politiques.

Paris, 3 avril 1871.

Le directeur général des lignes télégraphiques,

A. PAUVERT.

Le service de la presse est rétabli à la délégation de l'intérieur (place Beauvau).

Les directeurs et gérants des journaux sont invités à vouloir bien y envoyer régulièrement les numéros de dépôt.

La commission exécutive délègue pour administrer la mairie du 1ᵉʳ arrondissement, jusqu'à ce qu'une municipalité d'arrondissement soit constituée, une commission municipale provisoire composée des citoyens :

Docteur Pillot, Napias-Piquet, Toussaint, Winant, Tanguy, Jolly et Sallée.

Les délégués à la commission exécutive,

G. LEFRANÇAIS, ED. VAILLANT.

Les délégués, à leur arrivée à la mairie, ont pu constater un désordre apparent et l'absence des livres, journaux, caisse, tapis, etc., etc. Tout est enlevé, absolument comme si les Prussiens y étaient passés.

On nous apprend que plusieurs voitures chargées de toutes sortes d'objets ont enlevé, une des nuits précédentes, les objets disparus, et nous nous retirons ce soir pour procéder demain à l'inventaire.

Voilà les procédés de *MM. les amis de l'ordre et de la propriété.* Qu'auraient fait de plus les Vandales? Se faire nommer à la municipalité, abandonner son poste, et dévaster ainsi la propriété publique!

Nous faisons appel aux employés de la mairie du 1er arrondissement pour venir reprendre leur service immédiatement.

Paris, 2 avril 1871, 10 h. 45 m. soir.

Les délégués,

NAPIAS-PIQUET, SALLÉE, A. TANGUY, TOUSSAINT, F. WINANT.

AUX CONTRIBUABLES.

Le gouvernement de Versailles, après avoir trahi la république, a désorganisé tous les services administratifs.

Il comptait sans notre volonté de suppléer à tout pour sauver tout.

Aujourd'hui les administrations remarchent; quinze cents républicains actifs, expérimentés, font le travail de dix mille personnes, véritable population de parasites.

Citoyens, vous êtes juges. Pour mener à bien notre mission, nous faisons appel à votre équité et à votre patriotisme. Le droit et la république, aujourd'hui, c'est vous, citoyens de Paris. Jusqu'à ce qu'une loi prochaine fixe de la manière la plus équitable la participation de tous aux charges de la république, nous comptons sur vous pour opérer le versement de vos contributions dans la caisse des percepteurs de la Commune.

Les délégués à la direction générale des contributions directes,

A. COMBAULT, E. FAILLET.

Le *Journal officiel* de Paris, dans sa partie non officielle, contient les pièces suivantes :

L'heure n'est plus aux déclarations de principes. Depuis hier, la lutte est engagée. Cette fois encore la guerre civile a été déchaînée par ceux qui, pendant deux semaines, ont donné un accent sinistre, une portée sanglante à ces grands mots : l'ordre, la loi.

Eh bien, même à cette heure terrible, la révolution

du 18 mars, sûre de son idée et de sa force, n'abandonnera pas son programme. Si loin que puissent l'entraîner les nécessités de la guerre, si nouvelle que soit la situation où elle se trouve placée, la Commune n'oubliera pas qu'elle n'a pas été élue pour gouverner la France, mais bien pour l'affranchir, en faisant appel à son initiative, en lui donnant l'exemple.

Mais, si la Commune de Paris entend respecter le droit de la France, elle n'entend pas ménager plus longtemps ceux qui, ne représentant même plus le despotisme des majorités, ayant épuisé leur mandat, viennent aujourd'hui attenter à son existence.

Des esprits impartiaux et neutres l'ont reconnu, Paris était hier, il est aujourd'hui surtout à l'état de belligérant. Tant que la guerre n'aura pas cessé par la défaite ou par la soumission d'une des deux parties en présence, il n'y aura pas à délimiter les droits respectifs. Tout ce que Paris fera contre l'agresseur sera légitimé par ce fait qui constitue un droit, à savoir : défendre son existence.

Et qui donc a provoqué? Qui donc, depuis deux semaines, a le plus souvent prononcé les paroles de violence et de haine? N'est-ce pas ce pouvoir tout gonflé d'orgueil et de raison d'État qui, voulant d'abord nous désarmer pour nous asservir, et s'insurgeant contre nos droits primordiaux, même après sa défaite, nous traitait encore d'insurgés? D'où sont venues, au contraire, les pensées de pacification, d'attributions définies, de contrat débattu, sinon de Paris vainqueur?

Aujourd'hui l'ennemi de la cité, de ses volontés manifestées par deux cent mille suffrages, de ses droits reconnus même des dissidents, lui envoie non des propositions de paix, pas même un ultimatum, mais l'argument de ses canons; même dans le combat, il nous traite encore en insurgés pour lesquels il n'y a pas de droit des gens; ses gendarmes lèvent la crosse en l'air en signe d'alliance, et lorsque nous avançons pour fraterniser, ils nous fusillent à bout portant; ses obus éclatent au milieu de nous et tuent nos jeunes filles!

Voilà donc enfin cette répression annoncée, promise à la réaction royaliste, préparée dans l'ombre comme un forfait par ceux-là mêmes qui, pendant de si longs mois, bernèrent notre patriotisme sans user notre courage.

A cette provocation, à cette sauvagerie, la Commune a répondu par un acte de froide justice. Ne pouvant encore atteindre les principaux coupables dans leurs personnes, elle les frappe dans leurs biens. Cette mesure de stricte justice sera ratifiée par la conscience de la cité, cette fois unanime.

Mais si les plus coupables, les plus responsables sont ceux qui dirigent, il y a des coupables aussi, des responsables parmi ceux qui exécutent. Il y a surtout ce parti du passé qui, pendant la guerre, mettait sa valeur au service de ses priviléges et de ses traditions, bien plus qu'au service de la France, qui en combattant ne pouvait défendre notre patrie, puisque depuis 89 notre patrie, ce n'est pas seulement la vieille terre natale, mais aussi les conquêtes politiques, civiles et morales de la révolution.

Ces hommes, loyaux peut-être, mais fanatiques à coup sûr, se sont réunis sans honte aux bandes policières. Ils sont atteints dans leur parti d'après cette loi fatale de solidarité à laquelle nul n'échappe. La mesure qui les frappe n'est d'ailleurs que le retour aux principes mêmes de la révolution française, hors de laquelle ils se sont toujours placés. C'est une rupture que devait amener tôt ou tard la logique de l'idée.

Leur alliance avec le pouvoir bâtard qui nous combat n'est, en effet, au point de vue de leur croyance et de leurs intérêts, que le devoir et la nécessité même. Rebelles à une conception de la justice qui dépasse leur loi, c'est à la révolution, à ses principes, à ses conséquences qu'ils font la guerre. Ils veulent écraser Paris, parce qu'ils pensent du même coup écraser la pensée, la science libres; parce qu'ils espèrent substituer au travail joyeux et consenti la dure corvée subie par l'ouvrier résigné, par l'industriel docile, pour entretenir dans sa fainéantise et dans sa gloire leur petit nombre de supérieurs.

Ces ennemis de la Commune veulent nous arracher non-seulement la république, mais aussi nos droits d'hommes et de citoyens. Si leur cause antihumaine venait à triompher, ce ne serait pas seulement la défaite du 18 mars, mais aussi du 24 février, du 22 juillet, du 10 août.

Donc il faut que Paris triomphe; jamais il n'a mieux représenté qu'aujourd'hui les idées, les intérêts, les droits pour lesquels ses pères ont lutté et qu'ils avaient conquis.

C'est ce sentiment de l'importance de son droit, de la grandeur de son devoir qui rendra Paris plus que jamais unanime. Qui donc oserait, devant ses concitoyens tués ou blessés, à deux pas de ces jeunes filles mitraillées, qui donc oserait, dans la cité libre, parler le langage d'un esclave? Dans la cité guerrière, qui donc oserait agir en espion?

Non, toute dissidence aujourd'hui s'effacera, parce que tous se sentent solidaires, parce que jamais il n'y a eu moins de haine, moins d'antagonisme social; parce qu'enfin de notre union dépend notre victoire.

M. Lucet, se disant représentant de Constantine (Algérie), a adressé à l'*Officiel* de l'insurrection de Versailles une note dans laquelle il conteste les pouvoirs de la *Délégation de l'Algérie* qui, au nom de ses commettants, a adhéré à la *Commune de Paris*.

Permis à M. Lucet, qui a abusé de ses fonctions de préfet pour se faire élire; qui, malgré cela, n'a pu être nommé que grâce à la frauduleuse complicité du grand rabbin de Constantine, de ne pas croire aux élections populaires spontanées et sincères.

L'*Association républicaine de l'Algérie* qui, d'après M. Lucet, aurait seule nommé la *Délégation*, est répandue dans toute l'Algérie; elle a une section à Constantine aussi bien qu'à Alger; elle donne l'impulsion aux élections, et la grande majorité de la population coloniale lui accorde sa confiance absolue.

La *Délégation de l'Algérie* a été spontanément élue à l'unanimité, par une réunion publique de trois mille personnes, tenue à cet effet à Alger. M. Lucet n'a pas obtenu un chiffre de voix supérieur de beaucoup dans tout un département, malgré ses intrigues préfectorales: intrigues que ses collègues n'ont pas voulu dévoiler, par excès de courtoisie; il le sait bien!

La *Délégation de l'Algérie* a donc bien le droit de parler au nom de toute la population algérienne qui veut la fédération et l'autotomie communales.

Le passé l'a déjà prouvé, et dans quelques jours de nouveaux événements le démontreront aux plus incrédules, et à M. Lucet lui-même, qui n'est intervenu dans cette affaire que pour faire sa cour à la majorité et arriver à une préfecture, car il sait bien que les suffrages ne s'égareront plus sur son nom.

Paris, 3 avril 1871.

Pour les délégués de l'Algérie et l'un d'eux,

ALEXANDRE LAMBERT.

Voici le fait auquel nous faisons allusion plus haut, raconté par un témoin oculaire :

Deux bataillons de gardes nationaux occupaient le pont de Neuilly, lorsqu'ils virent arriver une colonne ayant en tête un colonel de gendarmerie, lequel, pour manifester des intentions pacifiques, s'avança avec ses hommes la crosse en l'air.

Les gardes nationaux, espérant fraterniser, s'avancèrent à leur tour et furent alors reçus par une décharge qui les fusilla presque à bout portant.

Pareil guet-apens n'a pas besoin d'autre commentaire.

LES ROUGES ET LES PALES.

On a toujours trompé le peuple ; le tromper pour en vivre, c'est l'affaire des gens qui se font du lard à ses dépens et qui se pâment de bien-être pendant qu'il gèle dans les rues où leurs victimes battent la semelle sur les pavés, pendant qu'il fait faim dans les taudis, où grouillent des enfants qui se blottissent comme de petits lapins pour avoir moins froid.

Pour épouvanter ces pauvres diables et leur arracher leurs sous, — et comme ils sont beaucoup sur terre, ça finit par faire des pièces blanches pour nos exploiteurs, — on leur dit que les hommes de 89, de 93 et de 48 étaient des rouges, c'est-à-dire des coupeurs de têtes, des buveurs de sang, des mangeurs de chair fraîche.

Le pauvre peuple, rivé au collier de misère, a vu de grands drames, et, comme il est sur terre pour travailler, souffrir, ruminer et entretenir un tas de gueux, il n'a même pu apprendre à épeler chez M. Butor, de sorte qu'il est obligé de croire ce qu'on lui dit, puisqu'il ne peut pas lire la vérité écrite par des hommes qui le défendent.

PAUVRES, SOYONS HOMMES!

Malgré que nous soyons poursuivis et traqués par des ambitieux qui ne sont pas plus forts que nous, — oh! non! ce serait humiliant de penser cela, ils sont plus lâches, voilà tout, — nous ne cesserons pas de vous dire la vérité et de l'écrire : donc que ceux qui savent lire réunissent leurs voisins chez eux et leur fassent la lecture. En même temps qu'ils se réchaufferont par l'union, ils s'instruiront par la pensée.

Sans grandes phrases, sans tourner vingt-quatre heures autour du sujet, je vais vous dire la différence qu'il y a entre les pâles et les rouges; et quand vous aurez lu, nous verrons ceux que vous préférez.

Cependant, ce n'est pas sans chagrin que je me vois obligé de vous prouver une fois de plus qu'on vous a trompés, qu'on vous trompe et qu'on vous trompera longtemps encore, si vous persistez dans votre ignorance, si vous subissez tout soit par crainte ou par tolérance, si vous êtes humiliés de votre misère et que vous croyiez que vous n'êtes pas des hommes parce que vous êtes des pauvres.

12.

ALLONS DONC, MISÉRABLES!

Allons donc, misérables! vous êtes la grande famille de la terre ; vous êtes nombreux comme les épis de blé; vous êtes larges, solides, bien plantés comme les chênes; vous n'avez qu'à vous prendre par la main et à danser en rond autour de ce qui vous gêne pour l'étouffer. Faut-il donc vous aiguillonner, vous pousser par vos flancs creux, vous exciter comme des bœufs à la charrue pour vous faire aller de l'avant et vous forcer à marcher vers l'avenir qui doit vous sauver?

Allons donc, misérables! si vous avez trop de crasse sur vos camisoles de force, trop de clous à vos colliers; si vous avez la poussière des siècles sur vos besaces, les toiles d'araignée de la misère sur vos sacs, secouez-vous! Frémissez! Faites trembler votre peau comme les chevaux quand on les cingle, et la crasse et la poussière et les toiles d'araignée iront çà et là s'étaler sur les beaux habits, sur les chapeaux à plumes, sur les chamarrures, sur les manteaux d'hermine des gueux de la haute qui brillent comme des soleils en exploitant votre misère et votre inertie.

Vous le voyez bien, l'égalité ne tient qu'à un coup d'épaule!...

. . . .
. . . .

Maintenant voyons un peu les rouges et les pâles, deux espèces d'hommes qui ne boivent pas, ne mangent pas et ne pensent pas de même. Tout cela peut paraître monstrueux, mais vous allez voir que je dis vrai : d'abord vous n'avez pas le droit d'en douter.

LES ROUGES.

Des hommes de mœurs douces et paisibles, qui se mettent au service de l'humanité quand les affaires de ce monde sont embrouillées et qui s'en reviennent sans orgueil et sans ambition reprendre le marteau, la plume ou la charrue. Ils s'habillent comme vous : ils portent une limousine ou un manteau de gros drap quand il fait froid, une simple cotte et une vareuse quand il fait chaud ; ils habitent comme tout le monde, n'importe où ; ils vivent comme ils peuvent, et mangent parce qu'il faut vivre.

LES PALES.

Des hommes de mœurs frivoles et tapageuses, qui intriguent, cumulent les emplois et embrouillent les affaires de ce monde. Pétris d'orgueil et d'ambition, ils se drapent dans leur infamie et font la roue sur les coussins moelleux des voitures armoriées qui les transportent de la cour d'assises au bagne du triport. Ils ne s'habillent point parce que les mœurs et la température l'exigent, ils se costument pour vous éblouir et vous faire croire qu'ils ne sont pas de chair et d'os comme vous ; leur vie est un éternel carnaval, ils ont des culottes courtes pour aller à tel bal, des pantalons à bandes dorées pour aller à tel autre ; ils ont des habits vert-pomme brodés sur toutes les coutures, des chapeaux à cornes ornés de plumes ; je vous demande un peu si tout cela n'est pas une vraie comédie, si ce n'est point une éternelle descente de la Courtille?

Ils n'habitent point, ceux-là, ils demeurent dans des hôtels : tout y est d'or, de marbre, de velours, tout y est doré sur tranches, depuis les meubles jusqu'aux larbins. Ils ont depuis des valets de pied jusqu'à des donneurs de lavements.

Leurs chevaux sont mieux vêtus que nous, leurs chiens sont mieux nourris et mieux soignés que vos enfants. Il est cent mille pauvres en France qui seraient heureux de demeurer dans les écuries de leurs chevaux ou dans les niches de leurs chiens.

Les pâles ne mangent pas parce qu'il faut vivre, non; ce sont des goinfres pour lesquels il existe des Chabot qu'on décore parce qu'ils ont trouvé l'art d'assaisonner une truffe; des goinfres pour lesquels un Vatel se brûle la cervelle, quand sa sauce n'est pas dorée à point.

LES ROUGES.

Ceux-là ne veulent plus que vous payiez des impôts pour entretenir les autres; ceux-là ne veulent plus qu'il y ait des casernes et des soldats, parce que, n'étant pas les ennemis du peuple, ils ne le craignent pas; ils savent, ceux-là, que le peuple se fait armée quand ses frontières sont menacées.

Ils veulent que vous ayez votre part d'air et de soleil; que nous ayons tous également chaud et que nous ne mourions pas d'inanition à côté de ceux qui crèvent d'indigestion.

Ils veulent qu'il n'y ait plus de terres en friche, de pieds sans sabots, de huches sans pain, de pauvres sans lit, d'enfants sans nourrices, de foyers sans feu, de vieux sans vêtements.

Ils veulent que les lois soient les mêmes pour tous; qu'on ne dise plus aux victimes qu'il faut être riche pour poursuivre les coupables.

Ils veulent la liberté, c'est-à-dire le droit de travailler, de penser, d'écrire, d'être homme, d'élever ses enfants, de les nourrir, de les instruire, d'en faire des citoyens.

Ils veulent le droit de vivre enfin!

Ils veulent l'égalité, c'est-à-dire qu'il n'est pas d'hommes au-dessus des autres; que nous naissons tous et mourons de même; que les titres sont des injures faites à la dignité de l'homme; que deux enfants couchés dans le même berceau n'ont pas sur le front de marques distinctives. Ils veulent l'égalité dans l'instruction, l'égalité dont la nature a prouvé l'existence par la naissance et la mort des hommes.

Ils veulent la fraternité, les rouges! la fraternité entre les peuples, sans esprit de nationalité, sans préjugés de religion, sans différence de ciel. Ils veulent que le fort secoure le faible; que le vieillard conseille l'enfant, que le jeune homme protége le vieillard.

Ils ne veulent plus qu'il y ait des bureaux de bienfaisance et des huches de charité : le bureau de bienfaisance doit être l'humanité tout entière, la huche de charité doit être chez tous les citoyens.

Ils veulent la fraternité, parce que c'est le point de départ de la liberté et de l'égalité.

LES PALES.

Les pâles, au contraire, veulent que vous soyez surchargés d'impôts et que vous les payiez sans dire ouf! Ils arrachent des bras à la terre, ils appauvrissent votre agriculture et vous prennent vos enfants parce qu'il leur faut des soldats pour faire exécuter leurs volontés et vous obliger à vous courber sous le joug. Et ce sont vos fils qu'ils chargent de cette infâme besogne! et ce sont vos fils qui deviennent vos bourreaux!

Ils veulent que la terre leur appartienne et que vous n'ayez sous le soleil qu'un petit recoin sombre et isolé, de quoi juste vous y coucher vous et les vôtres, en tas comme les chiens dans un chenil. Ils veulent que leur dorure brille seule et que vos haillons ne prennent pas plus l'air que votre poitrine, que votre front, que votre esprit!

Ils veulent être inviolables et pirouetter odieusement en face de la justice sans qu'elle ose leur poser le grappin dessus. Ils veulent vous mener comme des bêtes de somme et vous bâtonner si vous ruez, et vous assommer si vous cherchez à mordre. La justice n'a une balance que pour vous, les pâles n'entendent pas qu'on les pèse!

Ils ne veulent pas la liberté, parce qu'il leur faut des serfs; parce que nos libertés ont un prix et qu'ils sont assez riches pour en acheter; parce qu'ils n'entendent pas que vos enfants s'instruisent avec les leurs sur les bancs d'un même collége; parce qu'ils veulent conserver le monopole des titres et des emplois, du droit de vivre et de vous étouffer.

Ils ne veulent pas de l'égalité; parce qu'ils rougiraient de vivre de votre vie, de porter vos hardes et de s'appeler simplement : Pierre Nature au lieu de Richard de la Pétaudière.

Ils veulent que leurs enfants en venant au monde aient l'air d'être une goutte de lait tombée des lèvres de la Vierge, tandis que les vôtres ne seraient qu'une boule de chair extirpée des entrailles d'une mauvaise femelle.

Ils ne veulent pas l'égalité, parce qu'il est question

chez les pâles de petits pieds roses et de petites mains blanches; que les petits pieds ne sont point faits pour marcher, que les petites mains ne sont point faites pour travailler. Je m'étonne même que ces gens-là n'aient pas exigé que nous les encadrions dans des niches à Jésus et que nous allions les adorer trois ou quatre heures par jour, histoire de leur lécher les pieds, car ils ne souffriraient même pas que nous les embrassions; pour les femmes des pâles, nous ne sommes pas des hommes, aussi n'hésitent-elles pas à se mettre au bain devant celui qui les coiffe.

Ils ne veulent point de là fraternité parce qu'ils se sont faits les apôtres de la guerre, du despotisme, de la discorde; parce que c'est dans nos troubles, dans nos calamités qu'ils ont ramassé leurs parchemins et qu'ils ont trouvé à se faire coudre de l'or sur leurs habits, à se fabriquer des couronnes, à se tailler des manteaux de pourpre et d'hermine, couleur du sang et de l'innocence de leurs victimes.

LES ROUGES.

Ceux-là ont fait 89 pour rendre aux hommes leurs droits et leur dignité; leur révolution fut sociale et humaine. Ils ont rasé la Bastille, où gueux et grands seigneurs avaient souffert; ils ont proclamé la république et tendu la main à tous les peuples; ils ont repoussé les barbares avec des enfants sans expérience, sans pain et sans souliers; avec des pauvres diables qu'on voulait parquer comme des bêtes et qui avaient justement des cœurs de héros.

Ils ont fait 1830 et 48... Il paraît qu'ils font ce qu'ils veulent quand ils s'y mettent! Les pâles, qui ne sont forts et arrogants qu'aux soirs d'émeutes, prennent vite la poudre d'escampette quand la colère des rouges s'affirme par une révolution.

LES PALES.

Ceux-là sont les héritiers des Attila, des Charlemagne, des Louis XIV; ils cherchent à perpétuer les vices des uns et les crimes des autres. Ils ont quatorze siècles de tyrannie dans les veines; des crimes, par-dessus la tête; des oubliettes, des cadavres, des remords sur la conscience. Nous avons un 89 sur le front; eux, ils n'ont que les croix de sang de leur Saint-Barthélemy.

Ils marchent sournoisement la dague au poing, la fourberie dans les yeux, le coup d'État sur les lèvres!

LES ROUGES.

On vous dira que j'écris du mal de gens qui ne sont pas nos semblables, Dieu merci! que j'excite à la haine et au mépris des citoyens les uns contre les autres, comme si les pâles étaient des citoyens!

On vous dira que j'offense ceux qui règnent, leurs amis, leurs complices et ceux qui se vautrent comme eux; que je fais l'apologie de la révolution, et que je provoque à commettre un ou plusieurs crimes.

Je sais tout cela, on me l'a dit plusieurs fois déjà sur papier timbré, et ça m'a moins alarmé qu'un commandement de propriétaire.

Laissez-les faire et dire, laissez-les nous condamner... Mes vrais juges, c'est vous.

Est-ce que je dis du mal des pâles? Non, je dis des vérités, voilà tout... Est-ce que j'excite les citoyens à se mépriser, puisque je prêche la fraternité entre les peuples?...

Quant à la révolution, oui, j'en fais l'apologie, parce que j'ai horreur des émeutes, des humiliations qui s'ensuivent, des persécutions dont les innocents sont victimes; parce qu'il est des situations d'où la révolution peut seule nous sortir; mais le lendemain, je veux la paix avec la république, la paix universelle et le bonheur de tous!

Et comme les autres veulent le mal, voilà pourquoi nous sommes poursuivis et condamnés.

Voyons, n'est-ce pas que je ne mens pas? N'est-ce pas que les pâles sont une espèce odieuse et que les rouges seuls sont les vrais hommes?... Mais dites-le, vous, écrivez-le; que vos amis de la province, que vos parents de la campagne ne le confondent point, comme le voudraient le maire et le curé, les rois et le pape, avec ceux qui ont ensanglanté la terre, qui ont pillé les maisons, violé les filles, brûlé les blés!

Dites-leur que les pâles sont les dévorants de chair humaine et que les rouges sont les mangeurs de pain.

Dites-leur enfin que les pauvres, les travailleurs, les honnêtes gens sont des rouges, que vous en êtes, que la nature en est, que Lamennais et Proudhon en étaient, et que Dieu, s'il existait, serait avec nous!!...

J.-B. CLÉMENT.

Le *Journal officiel* de Versailles contient, dans sa partie officielle, le décret suivant :

Versailles, 2 avril 1871.

Le président du conseil, chef du pouvoir exécutif,
Considérant que quelques officiers et le plus grand nombre de sous-officiers et soldats du 88ᵉ régiment d'infanterie de marche et du 120ᵉ régiment d'infanterie de ligne ont trahi tous leurs devoirs, le 18 mars, à Paris, en livrant honteusement leurs armes aux insurgés et faisant même cause commune avec eux; qu'ils ont été ainsi la principale cause des malheurs de cette journée,
Sur la proposition du ministre de la guerre,

Arrête :

ARTICLE 1ᵉʳ. Le 88ᵉ régiment d'infanterie de marche et le 120ᵉ régiment d'infanterie de ligne sont licenciés.

ART. 2. Les officiers de ces régiments qui sont rentrés à Versailles avec l'armée seront mis en non-activité ou placés dans d'autres régiments. Ceux qui sont restés à Paris seront traduits devant les conseils de guerre pour lâcheté et abandon de leur poste devant l'ennemi.

ART. 3. Les sous-officiers, caporaux et soldats rentrés à Versailles seront versés dans d'autres régiments; ceux du 88ᵉ en Afrique. Ceux qui sont restés à Paris seront également déférés aux conseils de guerre sous les mêmes inculpations de lâcheté et d'abandon de leur poste.

ART. 4. Ces hommes seront, en outre, signalés aux autorités départementales, et leurs noms seront affichés aux portes des mairies de leurs diverses communes.

ART. 5. Le ministre de la guerre est chargé de l'exécution du présent décret.

Le *Journal officiel* de Versailles contient, dans sa partie non officielle, les pièces suivantes :

M. le président du conseil, chef du pouvoir exécutif de la république française, aux autorités civiles et militaires.

Versailles, 2 avril 1871, 5 h. soir.

Depuis deux jours, des mouvements s'étant produits du côté de Rueil, Courbevoie, Puteaux, et le pont de Neuilly ayant été barricadé par les insurgés, le gouvernement n'a pas laissé ces tentatives impunies, et il a ordonné de les réprimer sur-le-champ.

Le général Vinoy, après s'être assuré qu'une démonstration qui était faite par les insurgés du côté de Châtillon n'avait rien de sérieux, est parti à quatre heures du matin avec la brigade Daudel, de la division Faron; la brigade Bernard, de la division Bruat, éclairée à gauche par la brigade des chasseurs du général de Galiffet, à droite par deux escadrons de la garde républicaine. Les troupes se sont avancées sur deux colonnes : l'une par Rueil et Nanterre, l'autre par Vaucresson et Montretout. Elles ont opéré leur jonction au rond-point des Bergères.

Quatre bataillons des insurgés occupaient les positions de Courbevoie, telles que la caserne et le grand rond-point de la Statue. Les troupes ont enlevé ces positions barricadées avec un élan remarquable. La caserne a été prise par les troupes de marine, et la grande barricade de Courbevoie par le 113e. Les troupes se sont ensuite jetées sur la descente qui aboutit au pont de Neuilly, et elles ont enlevé la barricade qui fermait le pont. Les insurgés se sont enfuis précipitamment, laissant un certain nombre de morts, de blessés et de prisonniers. L'entrain des troupes hâtant le résultat, nos pertes ont été nulles. L'exaspération des soldats était extrême, et s'est surtout manifestée contre les déserteurs qui ont été reconnus.

A quatre heures, les troupes rentraient dans leurs cantonnements, après avoir rendu à la cause de l'ordre un service dont la France leur tiendra un grand compte. Le général Vinoy n'a pas quitté le commandement.

Les misérables que la France est réduite à combattre ont commis un nouveau crime. Le chirurgien en chef de l'armée, M. Pasquier, s'étant avancé seul et sans armes trop près des positions ennemies, a été indignement assassiné.

THIERS.

Le gouvernement a gardé pendant quelques jours le silence sur les actes qui s'accomplissent à Paris. Il a voulu laisser les hommes qui s'étaient emparés de l'hôtel de ville trahir eux-mêmes aussi le secret de leur conspiration.

Ces hommes qui avaient d'abord élevé la voix au nom de la commune et qui s'étaient abrités sous la bannière de la grande cause des franchises municipales n'ont pas tardé à se démasquer.

Nous les voyons maintenant sous leur véritable jour. Nous savons ce qu'ils veulent.

Après avoir trompé les maires et les députés de la Seine, qui, si l'on en excepte trois, les ont tous désavoués publiquement, ils ont installé un véritable comité de salut public et organisé dans Paris un commencement de Terreur qu'heureusement la présence de l'Assemblée à Versailles est de nature à limiter. Les victimes désignées à la persécution ont pu s'éloigner : la population peut se recueillir, et nul ne doute que l'audacieuse tentative de quelques conspirateurs suspects ne soit bientôt condamnée par Paris même, comme elle l'est par la France tout entière.

Faut-il juger par leurs décrets et leurs publications les hommes qui se cachent derrière les inconnus de l'hôtel de ville? Nous les voyons menacer directement l'assemblée nationale, c'est-à-dire s'efforcer de détruire la dernière ressource, peut-être le dernier asile, en face des Prussiens, de la nationalité française!

Prodigues de promesses (qu'ils savent ne pas pouvoir tenir) envers les locataires et les débiteurs, ils préparent s'ils devaient durer, la plus terrible crise financière, la ruine la plus complète qui puisse frapper toutes les classes de citoyens. Les petits rentiers, c'est-à-dire non pas les riches, mais le grand nombre, les artisans, les commerçants, les agriculteurs, les pensionnaires de l'État, les militaires retraités, tous ceux qui ont mis leurs épargnes dans les caisses publiques, la population entière en un mot, sont les victimes, les spoliés des comités insurrectionnels de Paris.

Pendant qu'ils animent les esprits, qu'ils excitent les fureurs populaires en parlant de vengeances contre des hommes qui leur échappent et qui ont depuis longtemps mis en sûreté ce qu'ils possèdent, ils n'atteignent en réalité que ceux qui partagent la fortune de la France, ceux qui ont combattu pour elle, ceux que leur patriotisme ou la médiocrité de leur fortune retient sur le sol natal, au milieu des crises les plus terribles, et qui, présents aujourd'hui comme ils ont été présents pendant la guerre et pendant le siége, devaient, par cela seul, être sacrés pour eux.

Le gouvernement a un devoir, c'est de porter ces faits à la connaissance du pays. Il n'y a pas besoin ici de commentaires.

La France est maîtresse de ses destinées. Veut-elle tomber dans des mains qui, dès le lendemain de l'insurrection, sont déjà souillées par de tels attentats?

Veut-elle, au contraire, reprendre le cours de sa vie normale et se refaire une destinée prospère en désavouant, par une attitude énergique, les misérables qui la pillent et la déshonorent?

La France a répondu et répond chaque jour, et les villes comme les campagnes ont également flétri l'insurrection du 18 mars.

LE 4 AVRIL 1871.

Le *Journal officiel* de Paris contient, dans sa partie officielle, les pièces suivantes :

La Commune de Paris,
En raison des opérations militaires engagées,

ARRÊTE :

Art. 1er. Les élections communales, précédemment fixées au mercredi 5 avril, sont ajournées.

Art. 2. Le jour du scrutin sera indiqué aussitôt que le permettra la situation faite à Paris par l'attaque du gouvernement de Versailles.

La Commune décide :

Les citoyens Duval, Bergeret et Eudes, retenus loin de Paris par les opérations militaires, sont remplacés à la commission exécutive par les citoyens Delescluze, Cournet et Vermorel.

Le citoyen Cluseret est délégué au ministère de la guerre.

Les citoyens Blanchet et Géresme sont délégués à la commission de justice.

AUX CITOYENS BERGERET, DUVAL ET EUDES.

Citoyens,

Nous avons l'honneur de vous prévenir qu'afin de vous laisser toute liberté pour la conduite des opérations militaires qui vous sont confiées, la Commune vient d'attribuer au général Cluseret la direction de l'administration de la guerre.

L'Assemblée a estimé que, dans les graves circonstances où nous sommes, il importait d'établir l'unité dans les services administratifs de la guerre.

La Commune a également jugé indispensable de vous remplacer provisoirement à la commission exécutive, dont votre situation militaire ne vous permet plus de partager les travaux.

Nous n'avons pas besoin d'ajouter qu'en prenant cette double décision, la Commune est aussi éloignée de vous désobliger que d'affaiblir l'intérêt de votre situation comme chef de corps. Vous n'y verrez que les conséquences des nécessités du moment.

Salut et fraternité.

Paris, le 3 avril 1871.

Les membres de la commission exécutive,

CH. DELESCLUZE, FÉLIX PYAT.

DÉPÊCHE TÉLÉGRAPHIQUE.

3 avril, 11 h. 20 m.

COLONEL BOURGOIN A DIRECTEUR GÉNÉRAL.

Bergeret et Flourens ont fait leur jonction; ils marchent sur Versailles. Succès certain.

---

3 avril, 2 h.

Vers quatre heures du matin, les colonnes commandées par le général Duval et le colonel Flourens ont opéré leur jonction au rond-point de Courbevoie. A peine arrivées, elles ont essuyé un feu nourri ouvert par le mont Valérien.

Les troupes se sont alors abritées derrière les murs et les maisons. Ainsi garanties, les commandants ont pu organiser un mouvement qui a complétement réussi, et les deux colonnes ont pu franchir les lignes et se mettre en marche sur Versailles.

Le général Bergeret, en tête de ses troupes, les a entraînées au cri de *Vive la république!* et a eu deux chevaux tués.

Le feu de l'armée de Versailles ne nous a occasionné aucune perte appréciable.

La réaction monarchique est sans pitié. Hier, elle attaquait Neuilly; aujourd'hui, Vanves et Châtillon.

Heureusement qu'averties à temps, nos forces ont pris une vigoureuse offensive et repoussé l'ennemi sur toute la ligne.

L'ennemi a été rejeté sur les hauteurs de Meudon, et une reconnaissance hardie a été poussée jusqu'à Bougival.

3 avril 1871.

La commission exécutive,

BERGERET, EUDES, DUVAL, LEFRANÇAIS, FÉLIX PYAT, G. TRIDON, E. VAILLANT.

Ordre est donné à tous les inspecteurs et vérificateurs des halles et marchés de Paris de délivrer les bordereaux aux caissiers-facteurs, pour qu'ils puissent opérer leurs versements à la délégation des finances (ministère des finances).

Tout fonctionnaire qui ne se conformera pas au présent arrêté dans les quarante-huit heures sera révoqué.

Seront poursuivis comme concussionnaires ceux

qui auraient détourné une partie quelconque des ressources de la Commune.

Les membres de la Commune délégués aux finances,

FR. JOURDE, E. VARLIN.

Les délégués de la Commune à l'intérieur viennent d'adresser au directeur de *Paris-Journal* la note suivante :

La rédaction de *Paris-Journal*, en présence du sang qui coule, à la vue de nos frères égorgés par les gendarmes et les sbires de Versailles, continue avec acharnement ses calomnies haineuses contre la Commune et l'héroïque garde nationale de Paris.

Il est criminel et faux de dire que « Paris déclare la guerre à la France »; il est faux que la garde nationale ait fusillé un parlementaire, quand elle a été au contraire traîtreusement attaquée par des hommes qui levaient la crosse en l'air pour tromper sa vigilance.

La liberté de la presse n'est pas le droit de s'embusquer prudemment derrière un journal pour redoubler les horreurs d'une lutte que Paris n'a pas commencée, mais dans laquelle il fera triompher la république et la Commune.

Tous les jours, assemblée des membres de la Commune, à dix heures du matin. Les membres de la Commune, sont en permanence à l'Hôtel de ville, dans leurs commissions respectives.

Le *Journal officiel* de Paris contient, dans sa partie non officielle, ce qui suit :

LA COMMISSION PROVISOIRE DÉLÉGUÉE A L'ADMINISTRATION COMMUNALE DU 1ᵉʳ ARRONDISSEMENT AUX HABITANTS DU 1ᵉʳ ARRONDISSEMENT.

Citoyens,

Dans les circonstances critiques que nous traversons, au moment où le devoir civique de tous doit être à la disposition de la Commune, des traîtres, des lâches et des peureux, obéissant ouvertement ou secrètement aux ordres liberticides du gouvernement de Versailles, cherchent et emploient tous les moyens d'augmenter le désordre dans lequel une administration félone et concussionnaire a laissé tous les services publics.

La mairie du 1ᵉʳ arrondissement a été abandonnée.

La Commune a toute l'énergie révolutionnaire nécessaire pour la réorganisation et l'installation de toutes choses. Elle pourvoit d'abord au remplacement des hommes criminels qui, complices de la réaction, ont abandonné systématiquement leur poste, ne sachant que fuir après avoir sollicité vos suffrages, brigué les honneurs et les emplois.

En conséquence,

La commission exécutive de l'Hôtel de ville a demandé aux comités de cet arrondissement de lui indiquer les citoyens auxquels elle pourrait momentanément confier le soin des intérêts collectifs de nos quartiers.

Choisis sur la liste présentée à la Commune, nos noms ont été indiqués pour former une commission municipale.

En attendant qu'une élection nous en relève, nous acceptons les devoirs de ces fonctions. Nous travaillons à remédier aux désordres incroyables de la mairie abandonnée, et dès demain, après que nous aurons séparé, au moyen de constatations auxquelles nous faisons procéder par huissiers et commissaires de police, en présence des officiers de la garde nationale, notre responsabilité de celle des gens que nous venons remplacer, tous les services municipaux seront organisés et élargis selon les circonstances et les besoins publics.

Paris, 3 avril 1871.

Les membres de la commission municipale du 1ᵉʳ arrondissement,

Docteur PILLOT, NAPIAS-PIQUET, TOUSSAINT, WINANT, TANGUY, JOLY, SALLÉE.

LA DÉLÉGATION COMMUNALE DU 1ᵉʳ ARRONDISSEMENT A SES ADMINISTRÉS.

Citoyens,

Dans les circonstances solennelles où nous nous trouvons, il est du devoir de tout bon citoyen de faire acte de patriotisme et de courage civique en s'offrant spontanément à faire partie des bataillons de gardes nationaux fédérés.

La loi nous autorise à vous y forcer.

Nous ne voulons pas recourir à la force.

Nous voulons simplement faire appel à votre honneur, à votre patriotisme, persuadés que nous serons entendus et compris par tous ceux qui ont un cœur généreux.

Nous ne voulons pas faire appel aux lâches, ni à ceux que vingt années d'empire ont gangrenés jusqu'aux sentiments les plus nobles qui caractérisent l'homme : les sentiments de la liberté.

Vous ne voulez pas plus que nous vous donner un maître. Vous voulez vivre libres et participer à la régénération de notre malheureuse patrie.

Ne poussez donc pas à la décadence notre malheureux pays. En tout temps, l'abstention et l'indifférence sont coupables. Aujourd'hui sachez que ce sont des crimes.

Citoyens, formez vos bataillons ! Fédérez-vous sans retard ! Unissez vos efforts contre le danger commun. Rappelez-vous que nous avons combattu ensemble côte à côte le Prussien, et sachez que tous les généraux lâches et perfides qui nous ont trahis, vendus à la Prusse, ne méritent ni pitié ni pardon, pas plus que les vils sicaires de l'empire, troupes mercenaires au service de tous les despotes.

Paris, le 3 avril 1871.

*La délégation communale provisoire
du 1er arrondissement.*

Docteur PILLOT, NAPIAS-PIQUET, TOUSSAINT, WINANT, TANGUY, JOLY, SALLÉE.

On lit dans le journal *le Cri du peuple* :

Citoyens,

Les royalistes, qui viennent de tirer sur nous, les chouans qui nous bombardent, et qui ont déjà tué des innocents et des enfants, ont chargé la population de Versailles.

Des cavaliers, le sabre au poing, ont piétiné sur la foule !

Ce n'est partout que rugissements d'horreur et d'indignation !

La Commune est calme, l'Assemblée se révolte !

Elle sabre à Versailles et voudrait assassiner à Paris.

Elle n'hésiterait pas à régner sur des cadavres, mais avant, il faudra qu'elle passe par-dessus toutes nos barricades et nous marche dessus !

Demain, ce ne sera plus seulement Paris qui s'élancera sur elle, ce sera toute la France exaspérée !

Elle a des municipaux, des chouans et des sergents de ville pour porte-drapeaux ; nous, nous avons le peuple, le peuple libre pour la première fois !

La lutte est engagée !

En nous envoyant les premiers boulets, l'Assemblée de Versailles a signé elle-même son arrêt de mort !

Elle n'existe plus.

J.-B. C.

LE PLÉBISCITE DE VERSAILLES.

On nous avait affirmé hier que M. Thiers avait fait voter aux soldats, par oui ou par non, s'ils voulaient marcher sur Paris.

Ce fait, gros de promesse, nous sommes en mesure de l'affirmer nous-mêmes aujourd'hui.

Les officiers, naturellement, ont répondu oui, avec les gendarmes, les municipaux et les sergents de ville.

L'armée entière a répondu non.

Hâtons-nous, citoyens, et finissons-en!

Le *Journal officiel* de Versailles, dans sa partie non officielle, contient ce qui suit :

Ce matin, dès la première heure, une forte colonne d'insurgés s'était portée par Courbevoie et Nanterre sur Rueil, et s'y était établie avec quelques pièces d'artillerie. Après avoir occupé la caserne, leur premier soin fut de construire des barricades. Un certain nombre s'avancèrent jusqu'à Bougival, se répandirent jusqu'à la Seine et jusqu'à Chatou.

Mais le feu du mont Valérien les chassa de la plaine; l'annonce des mouvements des troupes, qui se tenaient prêtes depuis le matin dans leurs positions au-dessus de Rueil et de Bougival, acheva de jeter l'incertitude et le trouble dans leurs rangs, et chefs et soldats commencèrent à se retirer isolément ou par groupes.

Les troupes, à leur approche, ont été cependant accueillies par la fusillade; mais leur élan a jeté le désordre parmi les insurgés, qui se sont dispersés en grande hâte.

A cinq heures, Rueil, Nanterre et Courbevoie étaient délivrés, les barricades étaient détruites, et des insurgés, saisis sous différents costumes, étaient ramenés prisonniers.

Les troupes, artillerie et gendarmerie, cuirassiers, bataillons de ligne et infanterie de marine, regagnaient leurs positions et leurs quartiers, accueillies partout, sur leur route, par des marques de chaleureuse sympathie. Leur attitude énergique et calme montrait assez le sentiment qu'elles ont du devoir pénible, mais impérieux, qu'elles remplissent.

Un des chefs de l'insurrection, M. Flourens, a été tué, et son corps ramené dans la soirée.

Dès le matin aussi, de nombreux bataillons d'insurgés avaient occupé les hauteurs de Meudon, la grande avenue qui du château descend à Bellevue, et un certain nombre de maisons du village.

L'action s'est engagée vers six heures du matin.

Le régiment des gendarmes à pied cantonné à Sèvres et quelques gardiens de la paix ont combattu pendant quatre heures avec une intrépidité admirable. Un millier d'hommes a tenu tête à des masses infiniment supérieures. Le colonel Grénelin s'est élancé à la tête du régiment, et les insurgés ont été délogés du village par une charge à la baïonnette.

Un instant après, trois pièces d'artillerie placées sur la plate-forme du château de Meudon achevaient de jeter le désordre parmi les troupes de la rébellion, qui fuyaient en pleine déroute.

Dans la soirée, M. le chef du pouvoir exécutif pouvait annoncer à l'Assemblée nationale que, grâce à l'élan et à la fermeté de nos soldats, les insurgés, repoussés sur tous les autres points, ne tenaient plus que la position de Châtillon, dont quelques coups de canon suffiront sans doute à les déloger demain.

Plusieurs repris de justice et condamnés militaires ont été reconnus parmi les prisonniers faits dans la journée.

Hier, la population de Versailles faisait une ovation aux bataillons de gendarmes, de matelots, d'infanterie de marine et de ligne qui avaient victorieusement repoussé une première attaque des insurgés.

Aujourd'hui, elle a acclamé les troupes qui rentraient à Versailles, ramenant les prisonniers faits sur le théâtre de l'action engagée dès le matin.

Son enthousiasme pour les défenseurs de l'ordre et de la patrie n'était égalé que par l'indignation et la répulsion profonde que lui inspirait la vue de ces hommes traîtres à leur pays, qui n'ont pas craint d'engager une guerre fratricide.

Un journal n'a pas craint d'affirmer que le 74ᵉ de ligne s'était échappé de Versailles pour aller se ranger, à Paris, sous le drapeau de l'insurrection.

C'est là une calomnie; le 74ᵉ de ligne s'est bravement battu, dans la journée du dimanche, pour la cause de la république et de l'Assemblée nationale.

Plus de 150,000 personnes ont quitté Paris depuis le 22 mars.

Fabrication d'assignats ; pillage de la caisse de l'école Turgot et de celle du collége Chaptal ; main-mise sur la caisse des dépôts et consignations, sur celle de la gare des marchandises de Bercy, sur celle de plusieurs maisons de banque et d'assurances; nombreuses réquisitions à domicile; arrestations et vexations de tout genre, tels sont, pour la ville de Paris, les premiers bienfaits de la Commune.

Un profond sentiment d'épuisement et d'impuissance se fait jour à travers les déclamations haineuses des journaux de la guerre sociale. Tous trahissent l'inquiétude qui les envahit, tous constatent que la Commune, prisonnière dans Paris, et à bout de ressources, ne peut ni vivre, ni se mouvoir.

La retraite à Versailles du gouvernement national, entouré par l'Assemblée, soutenu avec une égale fidélité par l'armée et par tout le personnel des services publics, a isolé et comme enfermé dans Paris les misérables qui exploitent les malheurs de la France, et dont l'audace avait crû en proportion de nos revers.

On compte déjà jusqu'à seize démissions de membres de la Commune.

LE 5 AVRIL 1871.

COMMUNE DE PARIS.

PROCLAMATION AU PEUPLE DE PARIS.

Citoyens,

Les monarchistes qui siégent à Versailles ne vous font pas une guerre d'hommes civilisés ; ils vous font une guerre de sauvages.

Les Vendéens de Charette, les agents de Piétri *fusillent les prisonniers, égorgent les blessés, tirent sur les ambulances!*

Vingt fois les misérables qui déshonorent l'uniforme de la ligne ont levé la crosse en l'air, puis, traîtreusement, ont fait feu sur nos braves et confiants concitoyens.

Ces trahisons et ces atrocités ne donneront pas la victoire aux éternels ennemis de nos droits.

Nous en avons pour garants l'énergie, le courage et le dévouement à la république de la garde nationale.

Son héroïsme et sa constance sont admirables.

Ses artilleurs ont pointé leurs pièces avec une justesse et une précision merveilleuses.

Leur tir a plusieurs fois éteint le feu de l'ennemi, qui a dû laisser une mitrailleuse entre nos mains.

Citoyens,

La Commune de Paris ne doute pas de la victoire.

Des résolutions énergiques sont prises.

Les services, momentanément désorganisés par la défection et la trahison, sont, dès maintenant, réorganisés.

Les heures sont utilement employées pour votre triomphe prochain.

La Commune compte sur vous, comme vous pouvez compter sur elle.

Bientôt il ne restera plus aux royalistes de Versailles que la honte de leurs crimes.

A vous, citoyens, il restera toujours l'éternel honneur d'avoir sauvé la France et la république.

Gardes nationaux,

La Commune de Paris vous félicite et déclare que vous avez bien mérité de la république.

Paris, 4 avril 1871.

La commission exécutive,

BERGERET, DELESCLUZE, DUVAL, EUDES, FÉLIX PYAT, G. TRIDON, E. VAILLANT.

COMMUNE DE PARIS.

COMMISSION DU TRAVAIL ET DE L'ÉCHANGE.

Il est nommé une commission d'initiative pour tout ce qui a rapport au travail et à l'échange.

Cette commission, qui siégera au ministère des travaux publics, est composée des citoyens Minet, Teulière, E. Roullier, Paget-Lupicin, Serailler, Loret, Henri Goullé, Ernest Moullé et Lévy-Lazare.

Pour la commission,

B. MALON, L. FRANKEL.

MINISTÈRE DE LA GUERRE.

Les compagnies de marche seront immédiatement réorganisées.

Les officiers, sous-officiers et gardes entreront en solde à partir du 7 avril.

Les gardes toucheront 1 fr. 50 et les vivres.

Les sous-officiers, 2 fr.

Les officiers, 2 fr. 50.

Quand les compagnies agiront en dehors du service, les officiers toucheront la solde de leur grade dans l'armée.

Les quatre compagnies de chaque bataillon éliront un chef de bataillon spécial.

Les élections auront lieu le 6 avril.

La revue sera passée au Champ de Mars par les membres de la Commune, le 7 avril, à deux heures de l'après-midi.

Bureau d'organisation et de renseignements au ministère de la guerre et à la place.

Font partie des bataillons de guerre tous les

citoyens de 17 à 35 ans non mariés, les gardes mobiles licenciés, les volontaires de l'armée ou civils. Les effets de campement seront complétés dans le plus bref délai.

Paris, le 4 avril 1871.

Par ordre de la Commune :

Le délégué au ministère de la guerre,

CLUSERET.

A l'avenir, tout ordre relatif au mouvement des troupes sera signé du général Bergeret, commandant la place de Paris.

Il recevra à cet égard les instructions du délégué de la guerre.

Tout autre ordre ou réquisition de troupes devra être considéré comme nul et non avenu.

Toute demande relative au service de la garde nationale devra être adressée au ministère de la guerre.

Le délégué à la guerre,

G. CLUSERET.

Les marins actuellement à Paris, qui désirent prendre du service sur les canonnières appartenant au gouvernement de la Commune, devront s'adresser au commandant de la flottille chargé de leur équipement (lesdites canonnières sont mouillées au Pont-Neuf).

Le commandant de la flottille,

N. DURASSIER.

Le *Journal officiel* de Paris, dans sa partie non officielle, contient ce qui suit :

MAIRIE DU 9ᵉ ARRONDISSEMENT.

L'administrateur délégué à la mairie du 9ᵉ arrondissement croit utile, à l'approche du terme d'avril et en présence d'interprétations diverses données au décret rendu par la Commune de Paris sur les loyers, de spécifier en quelques mots ce qui lui paraît découler de ce décret.

DÉMÉNAGEMENTS.

1° Tout locataire ayant reçu ou donné congé en temps utile pour le terme d'avril pourra déménager, en bénéficiant de l'exonération des trois termes stipulés dans le décret de la Commune.

2° Les locataires qui ont donné ou reçu congé en temps utile pour le terme de juillet pourront également déménager, en bénéficiant de l'exonération des trois termes, mais à la condition de payer préalablement le terme qui sera échu au mois de juillet prochain.

BAUX.

Les locataires qui ont des baux et qui veulent les résilier devront le faire soit à l'amiable, soit par ministère d'huissier. L'acte de résiliation devra contenir congé pour une époque déterminée qui ne pourra pas être antérieure au 1ᵉʳ octobre prochain.

Les locataires à baux qui voudraient déménager immédiatement seront tenus, par conséquent, de payer préalablement autant de termes qu'il y en aura à courir du 1ᵉʳ avril jusqu'au jour pour lequel ils auront donné congé.

LOGEMENTS GARNIS.

Les locataires en garni peuvent rester dans leurs logements jusqu'au 8 avril courant. A cette époque ils pourront en sortir avec tous leurs effets, à la condition que les locations dues par eux ne remontent pas au delà du 1ᵉʳ juillet dernier.

AVIS TRÈS-IMPORTANT.

Les locataires qui ont retenu un nouveau logement pour le terme d'avril sont instamment priés de s'informer *à l'avance* si ce logement sera libre pour le terme, ou si le locataire qui l'occupe actuellement n'entend pas profiter du décret de la Commune, qui l'autorise à prolonger sa location de trois mois.

La municipalité ne saurait parer aux inconvénients résultant de cette situation, si les locataires ne se préoccupent pas de se mettre immédiatement en quête d'un autre logement.

A dater du 5 avril, une commission municipale siégera tous les jours de deux à cinq heures à la mairie. Elle sera chargée de concilier tous les différends qui pourraient surgir entre les propriétaires et les locataires.

L'administrateur délégué fait appel à la bonne foi et

au patriotisme de tous, pour que le décret de la Commune rencontre dans son application le moins de difficultés possible.

*L'administrateur délégué à la mairie
du 9ᵉ arrondissement,*

BAYEUX-DUMESNIL.

MAIRIE DU 20ᵉ ARRONDISSEMENT.

Citoyens,

Des gardes nationaux de l'arrondissement, au mépris de leurs devoirs civils, ont lâchement abandonné leur poste, et répandent des bruits complétement faux, attendu que la situation est rassurante puisque nous marchons en avant.

En conséquence, nous, membres de la commission communale du 20ᵉ arrondissement, invitons nos concitoyens à se joindre à nous pour réprimer ces calomnies de la manière la plus énergique.

Paris, le 3 avril 1871.

*Les membres de la commission communale
du 20ᵉ arrondissement,*

TAILLADE, GUILLEMIN, LALOGE, COUTURIER, DANGERS, MARTY.

Pour le comité de la 20ᵉ légion, par délégation,

JANCE, RODE, ROULLIER, ROLLIN, SCHNEIDER.

RAPPORT DU CITOYEN X... ENVOYÉ EN MISSION PAR LE DIRECTEUR DES LIGNES TÉLÉGRAPHIQUES.

Les trains partent librement de Paris, mais arrivés dans les parties envahies, ils sont visités par des gendarmes français qui arrêtent les militaires et interceptent les paquets contenant des lettres et des journaux.

La province ne veut pas marcher contre Paris, soit par patriotisme, soit par indifférence.

Melun, 3 avril.

A cette date, le nombre des volontaires s'élève à *deux*. Même résultat à Fontainebleau.

M. le comte de Choiseul a été nommé par M. Thiers ambassadeur pour l'Italie.

Les plus grandes calomnies sont répandues sur la Commune de Paris : pillages des caisses publiques, des assurances et des chemins de fer, etc.

On a affiché une dépêche de Thiers annonçant que toutes les grandes villes étaient tranquilles, engageant tous les *amis de l'ordre* à se rallier autour du gouvernement de Versailles, et, finalement, faisant un appel aux armes.

Grand mouvement militaire d'Allemands dans Melun. Des officiers supérieurs expriment hautement leur rage de ce que, sur *l'invitation et le désir de Versailles,* on les faisait revenir sur Paris. Les soldats sont très-fatigués.

Les soldats qui rentrent dans leurs foyers sont arrêtés, casernés et forcés de servir Versailles (par tous les moyens).

En tête du *Gaulois* et de *Paris-Journal* et d'autres journaux réactionnaires, est insérée, à la date du dimanche 2 avril, une protestation qui accuse la Commune d'avoir interrompu les communications postales entre Paris et la province.

Tous les journaux démocratiques sont interdits en province.

Les partisans de Versailles comptent surtout sur le manque d'argent à Paris et sur nos divisions intestines.

———

On signale la présence à Versailles du général de Failly. Il a de nombreuses conférences avec M. Thiers.

———

On lit dans le journal *le Mot d'ordre* :

Les bataillons qui s'étaient massés durant la nuit d'avant-hier se sont ébranlés au point du jour dans la direction de Versailles.

Les généraux de la Commune les avaient disposés en trois colonnes, dont la première devait opérer par Montrouge, la deuxième par Issy, et la troisième par Rueil et Nanterre.

Ces trois colonnes formaient ensemble un effectif d'environ cent vingt mille hommes appuyés sur près de deux cents canons ou mitrailleuses.

———

Cinq heures. — Le bruit court que nos forces sont près de Versailles et que l'Assemblée s'est réfugiée les uns disent à Rennes, les autres au mont Valérien, — un journal l'a même annoncé! Celui-ci affirme qu'elle s'est sauvée à Fontainebleau, celui-là qu'elle s'est dispersée de côté et d'autre. Les ruraux font rire le public; ils sont en effet si bouffons!

On lit dans le journal *l'Affranchi,* dont M. Paschal Grousset est rédacteur en chef :

C'est après un conseil tenu par les bonapartistes Vinoy, Ducrot et de Failly qu'il a été décidé qu'on attaquerait Paris du côté de Neuilly.

Des sergents de ville déguisés en marins, ainsi que des gardes de Paris, ont commencé l'attaque. Ils étaient soutenus par les bandes du royaliste Charette.

Des zouaves pontificaux portaient un drapeau blanc et criaient : «Vive le roi! »

Aucun doute n'est possible à cet égard.

PAS DE PITIÉ!

Pas de pitié, disons-nous; non, pas de grâce, pas de quartier pour les misérables qui ont déchaîné la guerre civile. Ce ne sont plus des hommes que nous avons à combattre, ce sont des tigres qui se vautrent dans le sang et s'acharnent sur leur victime, même après leur mort.

On reste pétrifié d'horreur en présence des actes de sauvagerie accomplis par ces brigands.

Les républicains sont encore une fois victimes de leur générosité ; ils ont en face d'eux comme adversaire implacable la horde des ex-sergents de ville et de l'ancienne garde municipale, qui, pendant dix-huit ans, les ont assommés et fusillés.

Plusieurs gardes nationaux, ainsi que quelques soldats de la ligne qui combattaient avec nous, faits prisonniers, ont été fusillés; mais leurs bourreaux, dont la fureur n'était point encore assouvie, se sont rués sur leurs cadavres encore palpitants et les ont éventrés.

Pendant le combat, vingt-cinq soldats du 88e régiment de ligne, qui avaient levé la crosse en l'air et se disposaient à passer du côté des gardes nationaux, ont été sur-le-champ passés par les armes.

Du côté de Rueil, dans un enclos, un peloton de sergents de ville, habillés en soldats de ligne, n'avaient d'autre besogne que de fusiller les prisonniers qu'on leur amenait.

Que nous reste-t-il à faire? Comment répondre à ces hideuses exclamations?

Il faut, sans pitié ni merci, rendre œil pour œil, dent pour dent.

Il faut que les sergents de ville, les gardes municipaux, les chouans et les Vendéens soient l'holocauste offert pour les milliers de républicains égorgés, mitraillés depuis tant d'années.

On lit dans le journal *le Cri du peuple* :

La lettre suivante a été adressée à la Commune de Paris.

AUX MEMBRES DE LA COMMUNE DE PARIS.

Citoyens,

La vente immédiate des objets de toute nature (meubles, bronzes, soieries, glaces, tapisserie, linge, etc.), appartenant aux domaines de l'État, produirait des sommes considérables destinées à subvenir aux besoins de la Commune.

Les provinces, les environs de Paris, sont dévastés par la guerre ; des acheteurs viendraient en foule à Paris. D'après nos calculs, le produit de ces ventes atteindrait un chiffre très-élevé.

Nos saluts fraternels.

BILLOT, LAMBERT,
rue de la Clef, 20.

Paris, le 2 avril 1871.

LES PANIQUES.

Hier, avant-hier, des lâches et des trembleurs ont fui honteusement devant les balles des gendarmes et des mouchards. Les feuilles soumises en ont aussitôt conclu que la garde nationale était incapable d'une résistance sérieuse, que le peuple parisien ne possédait ni vaillance ni courage.

Conclusion assez peu juste.

De ce que quelques individus sans tempérament n'osent affronter le choc de soudards criminels, il ne saurait s'ensuivre que la population entière de Paris doive être comprise dans une égale réprobation.

———

Le *Journal officiel* de Versailles, dans sa partie non officielle, contient ce qui suit :

Le ministre de l'intérieur a envoyé aux préfets des départements la dépêche suivante :

Versailles, le 4 avril 1871.

Les insurgés ont éprouvé aujourd'hui un nouvel et décisif échec. Les troupes ont enlevé avec un entrain admirable la redoute de Châtillon qu'ils occupaient.

Plus de deux mille prisonniers ont été ramenés à Versailles; leurs principaux chefs, Flourens et le général Duval, ont péri. Henri, chef de légion, est prisonnier.

Dans l'intérieur de Paris, il n'y a pas eu de combat, mais la consternation du comité et de ses adhérents est manifeste. Assi a été incarcéré par les siens. Vingt-deux membres de la Commune ont donné leur démission; de tout fait espérer une prochaine et heureuse solution.

———

Versailles, le 4 avril 1871, 9 h. 30 matin.

A cinq heures du matin, la brigade Derroja, de la division Pellé, était en vue de la redoute de Châtillon. Des batteries en réserve avaient été portées sur le flanc la redoute pour canonner fortement s'il était besoin.

Les troupes se sont jetées en avant, sans même laisser à l'artillerie le temps d'agir. Elles ont enlevé les positions:

On a déjà pu faire 200 prisonniers. Nous n'avons eu que quelques blessés.

Versailles, 4 avril 1871, 2 h. 55 m. soir.

Les opérations de la journée d'hier ont été terminées ce matin avec la plus grande vigueur. Les troupes étaient restées devant la redoute de Châtillon, où des travaux considérables avaient été faits contre les Prussiens.

A 5 heures du matin, la brigade Derroja et la division Pellé étaient en face de cet ouvrage important. Deux batteries de 12 étaient chargées d'en éteindre le feu.

Les troupes, dans leur ardeur, n'ont pas voulu attendre que ces batteries eussent accompli leur tâche ; elles ont enlevé la redoute au pas de course : elles ont eu quelques blessés et elles ont fait 1,500 prisonniers.

Deux généraux improvisés par les révoltés, l'un appelé Duval, a été tué, et l'autre, appelé Henry, a été fait prisonnier. La cavalerie qui escortait les prisonniers a eu la plus grande peine, à son entrée à Versailles, à les protéger contre l'irritation populaire. Jamais la basse démagogie n'avait offert aux regards affligés des honnêtes gens des visages plus ignobles.

L'armée poursuivit sa marche sur Châtillon et Clamart. Le brave général Pellé, l'un des meilleurs officiers de l'armée, a été blessé à la cuisse, d'un éclat d'obus.

Excités par le combat du 2, les insurgés ont voulu revenir hier sur Courbevoie, et ils se sont portés en masse sur Nanterre, Rueil et Bougival. En même temps, une colonne descendait du nord sur Bezon, Chatou et Croisy.

Le mont Valérien, dès le point du jour, a ouvert son feu sur les colonnes, et chaque obus qui tombait sur elles mettait en fuite les groupes atteints. Les insurgés ont cherché alors un refuge dans Nanterre, Rueil et Bougival, et ils ont essayé d'attaquer nos positions. Les brigades Garnier, Daudel, Dumont, avec deux batteries de 12, les ont vivement canonnés et les ont bientôt obligés à lâcher prise.

Le général Vinoy, qui s'était porté sur les lieux et qui avait à sa droite l'artillerie du général Dupreuil, ayant menacé de les tourner, ils se sont dispersés en désordre et ont laissé, en fuyant, le terrain couvert de leurs morts et de leurs blessés. C'était une affreuse déroute.

Au même instant, à l'extrémité opposé de ce champ de bataille, les insurgés attaquaient vers Sèvres, Meudon et le Petit-Bicêtre en nombre considérable. Ils ont rencontré sur ces points la brigade La Mariouse et l'infanterie du corps de gendarmes. Ces derniers sont entrés dans Meudon, fusillés par les fenêtres, et se sont comportés avec une admirable valeur.

Ils ont délogé les insurgés qui ont laissé un grand nombre de morts dans les rues de Meudon. A droite, les marins du général Bruat et la brigade Derroja, de la division Faron, ont enlevé le Petit-Bicêtre sous les yeux de l'amiral Pothuau, qui s'était transporté en cet endroit et les dirigeait.

La journée s'est terminée par la fuite désordonnée des insurgés vers la route de Châtillon. Leur dispersion et leur fuite précipitée sont cause qu'il y a eu plus de morts que de prisonniers. Cette journée, qui a coûté de grandes pertes à ces aveugles menés par des malfaiteurs, sera décisive pour le sort de l'insurrection.

Tout fait espérer qu'elle ne sera pas longtemps à sentir son impuissance et à débarrasser Paris de sa présence.

Quelques hommes reconnus pour appartenir à l'armée et saisis les armes à la main ont été passés par les armes, suivant la rigueur de la loi militaire qui frappe les soldats combattant leur drapeau.

Plusieurs pièces d'artillerie prises sur les insurgés ont été ramenées à Versailles, ainsi que des caissons de munitions et un grand nombre de fusils.

Vers une heure est apparu un convoi de 1,500 prisonniers faits le matin à Châtillon.

Les clameurs dont étaient poursuivis ces malheureux, les cris de malédiction dont on les accablait, étaient pour eux le commencement de l'expiation.

L'énergie et le sang-froid des détachements qui les conduisaient les ont préservés non sans peine des actes de violence et de justice sommaire dont la foule les menaçait.

LE 6 AVRIL 1871.

COMMUNE DE PARIS.

Citoyens,

Chaque jour, les bandits de Versailles égorgent ou fusillent nos prisonniers, et pas d'heure ne s'écoule sans nous apporter la nouvelle d'un de ces assassinats.

Les coupables, vous les connaissez : ce sont les gendarmes et les sergents de ville de l'empire, ce sont les royalistes de Charette et de Cathelineau qui marchent contre Paris au cri de *Vive le roi!* et drapeau blanc en tête.

Le gouvernement de Versailles se met en dehors des lois de la guerre et de l'humanité, force nous sera d'user de représailles.

Si, continuant à méconnaître les conditions habituelles de la guerre entre peuples civilisés, nos ennemis massacrent encore un seul de nos soldats, nous répondrons par l'exécution d'un nombre égal ou double de prisonniers.

Toujours généreux et juste même dans sa colère, le peuple abhorre le sang comme il abhorre la guerre civile; mais il a le devoir de se protéger contre les attentats sauvages de ses ennemis, et, quoi qu'il lui en coûte, il rendra œil pour œil et dent pour dent.

Paris, le 5 avril 1871.

La Commune de Paris.

La Commune de Paris,

Considérant que le gouvernement de Versailles foule ouvertement aux pieds les droits de l'humanité comme ceux de la guerre; qu'il s'est rendu coupable d'horreurs dont ne se sont même pas souillés les envahisseurs du sol français ;

Considérant que les représentants de la Commune de Paris ont le devoir impérieux de défendre l'honneur et la vie des deux millions d'habitants qui ont remis entre leurs mains le soin de leurs destinées; qu'il importe de prendre sur l'heure toutes les mesures nécessitées par la situation ;

Considérant que des hommes politiques et des magistrats de la cité doivent concilier le salut commun avec le respect des libertés publiques,

DÉCRÈTE :

Art. 1er. Toute personne prévenue de complicité avec le gouvernement de Versailles sera immédiatement décrétée d'accusation et incarcérée.

Art. 2. Un jury d'accusation sera institué dans les vingt-quatre heures, pour connaître des crimes qui lui seront déférés.

Art. 3. Le jury statuera dans les quarante-huit heures.

Art. 4. Tous accusés retenus par le verdict du jury d'accusation seront les otages du peuple de Paris.

Art. 5. Toute exécution d'un prisonnier de guerre ou d'un partisan du gouvernement régulier de la

Commune de Paris sera sur-le-champ suivie de l'exécution d'un nombre triple des otages retenus en vertu de l'article 4, et qui seront désignés par le sort.

Art. 6. Tout prisonnier de guerre sera traduit devant le jury d'accusation, qui décidera s'il sera immédiatement remis en liberté ou retenu comme otage.

RAPPORT
DU DÉLÉGUÉ A LA GUERRE AUX MEMBRES DE LA COMMISSION.

Citoyens,

Depuis mon entrée en fonctions, j'ai cherché à me rendre un compte exact de la situation militaire, tant au point de vue de ce qui motive une agression que rien ne justifie, qu'à celui de ses résultats.

Le motif paraît être, en première ligne, d'effrayer la population, en second lieu, de nous faire dépenser en pure perte nos munitions, enfin, de masquer un mouvement sur notre droite pour occuper les forts de la rive droite.

Jusqu'à ce jour, l'espoir coupable de l'ennemi a été frustré, ses tentatives repoussées.

La population est restée calme et digne, et si nos munitions ont été gaspillées par des soldats trop jeunes, ils acquièrent chaque jour, par la pratique du feu, le sang-froid indispensable à la guerre.

Quant au troisième point, il dépend plus des Prussiens que de nous. Néanmoins, nous veillons.

Au point de vue de l'action, elle se résume ainsi : soldats excellents, officiers mêlés, les uns très-bons et les autres très-mauvais. Beaucoup d'élan, assez peu de fermeté. Quand les compagnies de guerre seront formées et dégagées de l'élément sédentaire, on aura une troupe d'élite dont l'effectif dépassera 100,000 hommes. Je ne saurais trop recommander aux gardes de porter toute leur attention sur le choix de leurs chefs.

Actuellement, les positions respectives des deux troupes peuvent se résumer ainsi : les Prussiens de Versailles occupent les positions de leurs congénères d'outre-Rhin. Nous occupons les tranchées, les Moulineaux et la gare de Clamart.

En somme, notre position est celle de gens qui, forts de leurs droits, attendent patiemment qu'on vienne les attaquer, se contentant de se défendre.

Des actes d'héroïsme se sont accomplis. A ce sujet, je proposerai à la Commune de vouloir bien faire don au 101e bataillon d'une mitrailleuse qu'il a enlevée aux Prussiens de Versailles, avec son caisson et deux autres pièces d'artillerie.

Que chaque bataillon tienne à honneur d'imiter le 101e, et bientôt l'artillerie de la Commune de Paris sera une des plus belles et des mieux servies.

Je saisis cette occasion de rendre un public hommage à la justesse du tir de nos artilleurs.

En terminant, citoyens, je pense que si nos troupes conservent leur sang-froid et ménagent leurs munitions, l'ennemi se fatiguera avant nous. Il ne restera alors de sa folle et criminelle tentative que les veuves et les orphelins, le souvenir et le mépris pour une action atroce.

Le délégué à la guerre,

Général E. CLUSERET.

MINISTÈRE DE LA GUERRE.

Considérant qu'il importe que les bataillons de marche aient à leur tête des chefs qui les dirigent effectivement;

Considérant que, dans les événements récents, un certain nombre de chefs ont fait défaut;

Vu le décret du 4 avril du délégué à la guerre,

Le comité central arrête :

Dans chaque bataillon, un commandant sera nommé par les quatre compagnies de guerre, et les conduira. Les compagnies sédentaires resteront sous son contrôle, et seront administrées, en son absence, par un capitaine commandant hors cadres.

Tous les titulaires devront se présenter en dernier délai, samedi 8, aux bureaux du comité central, au ministère de la guerre, avec leurs titres de nomination.

A la date du dimanche 9 avril, le service des secteurs est supprimé.

Par délégation :

G. ARNOLD, C. GAUDIER, PRUDHOMME, L. BOURSIER, J. GROLARD.

Vu et approuvé :

Le délégué à la guerre,

CLUSERET.

Considérant que, dans les circonstances actuelles, il importe, surtout au point de vue militaire, de voir à la tête des légions des officiers supérieurs ayant des connaissances reconnues :

Dans les arrondissements qui n'en sont pas pourvus, le chef de légion sera *nommé provisoirement* par le délégué à la guerre et sanctionné par le comité central.

Tous les chefs de bataillon devront faire parvenir aujourd'hui, au secrétariat général du comité central, 2, rue de l'Entrepôt, l'état nominatif et l'effectif de leur bataillon, avec nom, prénoms, adresse et âge.

Chaque mairie devra envoyer dans le même délai l'état des nouveaux incorporés.

Le comité central.

La note suivante a été adressée hier aux représentants, à Paris, des puissances étrangères, par le citoyen Paschal Grousset, membre de la Commune, délégué aux relations extérieures :

« Le soussigné, membre de la Commune de Paris, délégué aux relations extérieures, a l'honneur de vous notifier officiellement la constitution du gouvernement communal de Paris.

« Il vous prie d'en porter la connaissance à votre gouvernement, et saisit cette occasion de vous exprimer le désir de la Commune de resserrer les liens fraternels qui unissent le peuple de Paris au peuple N***.

« Agréez, etc.

« PASCHAL GROUSSET. »

Paris, le 5 avril 1871.

Le *Journal officiel* de Paris contient, dans sa partie non officielle, les pièces suivantes :

Depuis quelque temps, certains journaux mal renseignés ou de mauvaise foi ont parlé d'un prétendu antagonisme qui existerait entre la Commune et le comité central de la fédération de la garde nationale. Si le *Journal officiel* n'a pas cru devoir démentir ces bruits malveillants, c'est qu'il y avait lieu de penser qu'ils cesseraient bientôt d'eux-mêmes.

Leur persistance voulue nous oblige, avant de publier les avis émanant du comité, de déclarer que le comité central, considéré par la Commune et se reconnaissant lui-même comme le grand conseil de famille de la garde nationale, a été admis par la délégation de la Commune à la guerre, avec l'approbation de la commission exécutive, à lui apporter son concours pour la réorganisation de la garde nationale.

LETTRE DU GÉNÉRAL BERGERET A LA COMMISSION EXÉCUTIVE.

Chers citoyens,

Les craintes de certaines personnes sont exagérées. Je sais qu'il faut à notre brave garde nationale une nouvelle organisation; mais la situation de notre cher Paris est bonne, nos forts sont pourvus de munitions et résistent fièrement aux attaques insensées et criminelles de ceux que j'ai la honte d'appeler les Français de Versailles.

Quant à Neuilly, cet objectif de nos adversaires, je l'ai formidablement fortifié, et je défie à toute une armée de l'assaillir. J'y ai placé un homme intelligent et ferme, le citoyen Bourgoin; il y tient d'une main sûre le drapeau de la Commune, et nul ne viendra l'en arracher.

Donc, chers citoyens, organisons dans le calme et la sécurité vigilante de notre force nos bataillons, et laissons au temps, quelques jours à peine, le soin de démontrer à nos ennemis leur faiblesse et notre puissance.

JULES BERGERET,
Général commandant la place.

Nous recevons la communication suivante :

Paris, le 5 avril 1871.

AUX MEMBRES DE LA COMMUNE DE PARIS.

J'arrive de Versailles encore tout ému, indigné des faits horribles que j'ai vus de mes propres yeux.

Les prisonniers sont reçus à Versailles d'une manière atroce. Ils sont frappés sans pitié. J'en ai vu sanglants, les oreilles arrachées, le visage et le cou déchirés comme par des griffes de bêtes féroces. J'ai vu le colonel Henry dans cet état, et je dois ajouter à son honneur, à sa gloire, que, méprisant cette bande de barbares, il est passé fier, calme, marchant stoïquement à la mort.

Une cour prévôtale fonctionne sous les regards du gouvernement. C'est dire que la mort fauche nos concitoyens faits prisonniers. Les caves où on les jette sont d'affreux bouges, confiés aux bons soins des gendarmes.

J'ai cru de mon devoir de bon citoyen de vous faire part de ces cruautés, dont le souvenir seul provoquera encore longtemps mon indignation.

BARRÈRE.

Je certifie que la présente déclaration a été faite devant moi.

LEROUX,
Commandant du 84ᵉ bataillon de la garde nationale.

Des journaux qui, il y a quelques jours, semblaient assez franchement ralliés à la cause de la Commune, s'empressent aujourd'hui d'en annoncer la défaite avec ce ton de joie contenu qui rappelle les hypocrisies du siége et les préparatifs de la capitulation.

Il serait peut-être naïf de demander à ces journaux pourquoi la cause de la Commune leur paraît aujourd'hui moins bonne qu'hier. Au moins est-il permis de leur demander en quoi ils trouvent que la situation a changé.

L'offensive prise brusquement par le gouvernement de Versailles, alors que rien ne la faisait prévoir si prochaine, a déterminé un mouvement en avant de la garde nationale, mouvement audacieux, peu préparé, presque spontané, qui n'a pas eu, on peut le reconnaître sans honte après tant d'actes héroïques, le succès immédiat sur lesquels les chefs avaient en somme quelques raisons de compter.

Admettons même qu'il y ait eu excès d'audace et de confiance chez ces vaillants citoyens, dont l'agression de la veille avait enflammé l'ardeur. Il n'en restera pas moins évident que si une faute a été commise, ou pour mieux dire n'a pu être évitée, cette faute même, reconnue et réparée, est pour la cause de la Commune le gage du futur triomphe.

Et d'abord, nul n'oserait soutenir qu'au point de vue défensif la situation de Paris ait empiré. Ce qui est certain, au contraire, c'est que les mesures prises, tant à l'intérieur qu'à l'extérieur, ont rendu Paris invincible. Les bataillons de marche reformés ont aussi acquis la faculté de procéder rapidement, mais avec méthode, à leur réorganisation.

Enfin le commandement supérieur a été placé entre les mains d'un militaire éprouvé qui, considéré il y a quinze ans dans l'armée française comme un officier du plus grand mérite, a depuis acquis, dans la guerre de la sécession américaine, l'expérience qui eût pu, après le 4 septembre, nous assurer les revanches espérées. Ici comme en Amérique, mais avec des éléments incomparablement supérieurs, et dans des conditions bien plus favorables, le général Cluseret aura à montrer comment des troupes nouvelles, n'ayant pas fait campagne, peuvent triompher d'une armée régulière. Le courage héroïque, indomptable, de la garde nationale parisienne, sa supériorité morale sur des troupes que ne soutient pas l'énergie d'une conviction ni même le sentiment du devoir, rendront la tâche du délégué à la guerre plus facile, et assureront le triomphe définitif à Paris, c'est-à-dire à la cause de l'humanité, de la justice, à la cause de la république.

On lit dans le Journal *le Cri du peuple* :

On nous raconte que Flourens aurait été assassiné par les sbires de Versailles.

Voici le récit qui nous est affirmé :

« Flourens, à la tête de ses hommes, se serait avancé témérairement. Aussitôt, entouré et reconnu, il aurait été traîné à terre. On lui aurait tranché la tête et ensuite tiré des coups de fusil. »

Le 58ᵉ de ligne, qui refusait de tirer sur la garde nationale, a été décimé par les sergents de ville.

Il a eu 130 hommes tués.

On lit dans le journal *l'Affranchi :*

La question du mont Valérien est maintenant élucidée. On sait que jusqu'à dimanche tout le monde le croyait en notre pouvoir, et que la mitraillade sortie avant-hier des flancs de cette forteresse a été pour le plus grand nombre des gardes nationaux une véritable surprise.

Il paraît que le citoyen Lullier avait été chargé par l'ex-comité central d'aller occuper cette importante position. On savait de source certaine que la garnison du fort ne demandait qu'à se laisser désarmer par la garde nationale.

Le citoyen Lullier se rendit au fort, et, sur la parole donnée par le commandant du mont Valérien de *rester neutre,* il crut, dans sa loyauté, pouvoir considérer la position comme acquise.

Il va sans dire que le commandant royaliste n'eut rien de plus pressé que de manquer à sa parole.

Et voilà comment les jeunes filles de Neuilly ont été mitraillées.

Ajoutons que la commission militaire de la Commune et le général Bergeret savaient parfaitement, depuis cinq jours, que le mont Valérien était au pouvoir de nos ennemis et que l'offensive de lundi avait précisément pour but de le tourner et de le reprendre aux Versaillais.

Le mouvement a pu d'abord s'effectuer sans encombre, parce que les premiers servants mis aux pièces du mont Valérien, se refusaient de tirer sur leurs frères de Paris. Mais les chefs royalistes ont eu le temps de les changer et de leur substituer des hommes ivres qui ont tiré sans pointer. C'est ce qui explique qu'une mitraillade aussi effroyable ait eu aussi peu de résultats.

Le *Journal officiel* de Versailles contient, dans sa partie officielle, les pièces suivantes :

Versailles, 5 avril 1871.

L'Assemblée nationale a adopté, le président du conseil, chef du pouvoir exécutif de la république française, promulgue la loi dont la teneur suit :

Art. 1er. L'assassinat des généraux Clément Thomas et Lecomte est un deuil public, auquel l'Assemblée appelle le pays tout entier à s'associer.

Art. 2. L'Assemblée nationale assistera à un service solennel qui sera célébré à cette occasion dans la cathédrale de Versailles.

Art. 3. Un monument funèbre sera élevé, aux frais de l'État, aux généraux Clément Thomas et Lecomte.

Délibéré en séance publique, à Versailles, le 26 mars 1871.

Le président,
Signé : JULES GRÉVY.

Les secrétaires,

Signé : PAUL BETHMONT, PAUL DE RÉMUSAT, JONHSTON, baron DE BARANTE, CASTELLANE.

Le président du conseil, chef du pouvoir exécutif de la république française.
A. THIERS.

L'Assemblée nationale a adopté, le président du conseil, chef du pouvoir exécutif de la république française, promulgue la loi dont la teneur suit :

Art. 1er. La famille du général Lecomte, assassiné à Paris, est adoptée par la nation.

Art. 2. Une pension nationale, dont le chiffre sera ultérieurement fixé, est allouée à madame veuve Lecomte. Elle se cumulera avec celle à laquelle elle a droit en vertu des lois existantes.

Délibéré en séance publique, à Versailles, le 26 mars 1871.

(*Mêmes signatures que ci-dessus.*)

Le *Journal officiel* de Versailles contient ce qui suit dans sa partie non officielle :

Les forts d'Issy et de Vanves, que les insurgés avaient occupés avant les combats de ces jours derniers, ont canonné dans la nuit d'hier les positions de Châtillon, sans que les troupes qui les occupaient aient eu à en souffrir. Dans la même nuit, les rebelles ont essayé de jeter un pont de bateaux à Sèvres ; mais la fusillade dirigée contre eux les a empêchés de mener à fin leur entreprise.

Dans la journée d'aujourd'hui, le feu des forts de Vanves, de Montrouge et d'Issy a continué sur Meudon, le plateau de Châtillon et le Moulin-de-Pierre.

Le gouvernement a reçu la dépêche suivante :

Marseille, 5 avril 1871, 1 h. 45, soir.

LE GÉNÉRAL DE DIVISION A M. LE MINISTRE
DE LA GUERRE.

J'ai fait mon entrée dans la ville de Marseille avec toutes mes troupes; j'ai été beaucoup acclamé. Mon quartier général est installé à la préfecture. Les délégués du comité révolutionnaire ont quitté individuellement la ville dès hier matin. Le procureur général près la cour d'Aix, qui me donne le concours le plus dévoué, lance des mandats d'amener contre eux dans toute la France. Nous avons 500 prisonniers que je fais conduire au château d'If. Tout est parfaitement tranquille en ce moment à Marseille. Je vous remercie des renforts que vous m'annoncez; ils me permettront, dans très-peu de jours, de diriger sur l'Algérie le peu de forces que j'ai momentanément détournées.

Général ESPIVENT.

L'amiral Cosnier et les autres représentants de l'autorité, séquestrés depuis quelques jours, ont été délivrés.

Ainsi, l'insurrection est vaincue à Marseille, et l'on peut être assuré qu'elle le sera bientôt dans la France entière.

———

Les hommes qui ont mis la main sur Paris n'épargnent rien pour le tromper, pour entraîner à la lutte contre la France ceux mêmes de leurs concitoyens qui l'ont défendue, durant la guerre, avec héroïsme, pour faire haïr et traiter en ennemi le gouvernement qui défend l'ordre et la loi, c'est-à-dire la sauvegarde de la liberté et le salut de la république.

Après s'être emparés de Paris par un coup de force et grâce à l'horreur qu'inspirait l'effusion du sang, après avoir cru s'assurer leur prise grâce à un simulacre d'élections subites et répudiées comme dérisoires par les citoyens éclairés, ils ont soin de l'isoler de tout ce qui pourrait jeter la lumière sur les événements, dissiper les erreurs et ramener à la vérité les esprits égarés. Ils affectent d'en appeler à l'opinion publique, et ils la faussent pour accomplir leurs desseins.

Après avoir fermé Paris au gouvernement et à la légalité, ils ont ouvertement tenté de les attaquer jusqu'à Versailles, de chasser les représentants des droits et des volontés de la nation, les élus de ce suffrage universel qu'ils feignent d'invoquer. Repoussés par l'armée fidèle à son devoir, ils l'accusent de les avoir attaqués, considérant apparemment comme manœuvres défensives leur attaque et la construction de barricades à Rueil et à Bougival, où ils ont jeté la terreur parmi des populations qui n'avaient rien sans doute à démêler avec la Commune de Paris.

Qu'ils affichent après leur défaite des bulletins de victoire, qu'ils sèment de fausses nouvelles et d'indignes calomnies pour déshonorer les défenseurs de la loi et rejeter sur eux le sang versé, le gouvernement ne s'en étonne pas. Mais il doit dénoncer à l'opinion publique, pour la mettre en garde, les mensonges qu'il méprise et en dépit desquels la lumière se fera ; et c'est aux honnêtes gens de toutes les opinions qu'il fait appel, car le mensonge, pas plus que la spoliation et l'assassinat, ne peut être d'aucun parti politique.

Les journaux de l'insurrection annoncent un nouvel attentat des hommes de la Commune : l'archevêque de Paris a été arrêté.

———

Les journaux qui combattaient la Commune insurrectionnelle viennent d'être supprimés à Paris.

———

Les obsèques de M. Flourens ont eu lieu à Versailles ce matin à cinq heures.

Quelques détails nous sont communiqués sur sa mort :

M. Flourens entrait dans une maison avec Cypriani, aide de camp de Bergeret, lorsqu'il fut aperçu par un gendarme sur lequel il fit feu de son revolver. Un capitaine accourut au secours du soldat, et frappa l'agresseur de son sabre, qui lui ouvrit le crâne. M. Flourens est mort du coup.

———

Nous recevons de Paris les renseignements suivants :

Le 3 au soir, il y avait foule à Paris sur les boulevards. On s'entretenait dans les groupes des nouvelles de la journée. Partout l'indignation était grande contre la Commune qui avait lancé contre Versailles les gardes nationaux égarés. On déplorait la guerre civile, et chez ceux mêmes qui, la veille, se montraient favorables à l'insurrection, il y avait un retour manifeste d'opinion vers le gouvernement et l'Assemblée. Des gardes nationaux qui avaient réussi à rentrer dans Paris passaient la tête baissée, murmurant le mot de trahison. Ils auraient été trahis, en effet, puisque leurs coupables chefs les auraient fait marcher sur le mont Valérien en leur affirmant que le fort se livrerait à eux, et qu'au lieu de se trouver en face de la défection, ils s'étaient trouvés en face de soldats fidèles à leurs devoirs.

Le nombre des gardes nationaux qui se sont mis en marche pour Versailles est évalué à 70,000. Chaque homme avait reçu huit jours de vivres. Une descente préalable à Bercy avait permis à la Commune de distribuer à ses troupes le vin à discrétion. L'attitude de ces soldats de la guerre civile ne le prouvait que trop. La plupart d'entre eux étaient ivres.

Leurs généraux d'aventure, dans un costume théâtral et grotesque, étaient venus les uns à cheval, les autres en voiture. Leurs aides de camp portaient deux sabres, l'un qui était attaché à leur ceinture, l'autre qu'ils brandissaient nu au-dessus de leur tête. Leur ceinture était bourrée de revolvers.

Les gardes nationaux insurgés qui ont figuré dans l'attaque dirigée sur Rueil et Bougival et qui ont pu rentrer dans Paris sont absolument découragés. Hier à la gare de Strasbourg plusieurs d'entre eux étaient le centre de groupes assez nombreux. « Nous en avons assez, disaient-ils, et nous ne nous battrons plus. Que ceux qui n'ont pas été au combat y aillent, soit; mais Versailles est bien gardé. » Ce langage refroidit beaucoup les auditeurs; tout le monde garda le silence et personne ne s'offrit pour marcher en avant.

On lit dans le *Moniteur universel* :

On a dit que le feu du mont Valérien n'avait continué que pour entretenir l'effroi parmi les fédérés. Des gardes nationaux faisant partie de la principale colonne d'attaque dirigée sur le mont Valérien et rentrés en ville nous ont raconté que le commandant du fort avait fait à leur égard acte d'humanité : il aurait pu anéantir complétement la colonne en tirant à coup sûr au milieu de ses masses épaisses ; mais, au moment où le feu devenait plus facilement meurtrier, il a fait taire pendant quelque temps ses batteries, et bon nombre d'hommes ont pu s'échapper qui auraient été infailliblement atteints par les projectiles.

L'animation si bruyante qui régnait ces jours passés dans les rues de Montmartre s'est tout à coup calmée.

Les tambours et les clairons ne sont pas venus ce matin, comme à l'ordinaire, troubler le sommeil de gens si cruellement éprouvés déjà par les plus légitimes appréhensions.

De tous côtés l'on rencontre des femmes suivant les murs, la tête baissée, écoutant avidement ce qui se dit autour d'elles, ou se jetant au milieu des groupes pour demander des nouvelles de leurs maris et de leurs enfants.

Quelques-unes s'en retournent à moitié rassurées, mais d'autres continuent leurs recherches la mort dans l'âme. Ce spectacle est navrant.

Parmi les hommes, il en est qui témoignent hautement leur mécontentement contre ce comité qui leur avait promis une victoire certaine.

Les maisons de Courbevoie, de Rueil et de Puteaux sont remplies de gardes nationaux fédérés, débandés et sans ordre, fort embarrassés pour rentrer dans Paris. Les fédérés qui ont pu revenir sont unanimes à blâmer les gens qui les ont entraînés dans cette malheureuse équipée.

A Montmartre, à la Villette, à Belleville, le spectacle est des plus douloureux ; dans bien des ménages le deuil est venu mettre le comble à la misère. Un père cherche son enfant, une femme son mari, une sœur son frère. Chacun reproche amèrement aux officiers des bataillons qui ont fait cette regrettable campagne de les avoir conduits à la boucherie, d'avoir manqué de prévoyance et surtout d'avoir donné à leurs hommes l'exemple de l'ivrognerie et de l'indiscipline.

Nous empruntons à un journal dont l'attitude, dans ces derniers événements, ne peut que rendre son témoignage plus grave contre la Commune insurrectionnelle, les extraits suivants d'articles qui montrent bien le trouble profond qu'ont jeté parmi les insurgés leurs derniers échecs, les déchirements qui s'annoncent parmi eux et le revirement qui se fait dans l'esprit de la population :

... Qui fera croire que M. Thiers ait fait mitrailler une pension de jeunes filles, sortant d'une église le jour des Rameaux ?

De quel droit accuser Versailles d'avoir prémédité une *attaque,* une *agression,* quand les nouveaux journaux de Paris, tous dirigés par des membres de la Commune, n'avaient cessé depuis trois jours de pousser le cri : A Versailles ! A Versailles !

Vous l'avez poussé, ce cri de guerre, et vous ne pouviez pas moins faire que de le pousser, dès que le programme de la Commune, au lieu de rester programme pour Paris, s'était transformé en programme pour la France.

Vous exigez que la nation entière change de face par votre œuvre ; vous voulez que la société française se transforme, de fond en comble, par le triomphe de votre SOCIALE. Vous êtes donc tenus de marcher sur Versailles.

Au lieu de garder le titre de *Journal officiel de la Commune de Paris,* vous prenez et reprenez celui de *Journal officiel de la république française ;* vous êtes donc forcés de partir à la conquête de toute la république, de toute la France.

Il vous est permis de vous repentir ; il ne vous est pas permis de récriminer ni d'accuser les autres des suites auxquelles la logique de votre propre programme vous condamne.

(*Siècle, 5 avril.*)

LE 7 AVRIL 1871.

Le *Journal officiel* de Paris contient, dans sa partie officielle, les pièces suivantes :

LA COMMUNE DE PARIS AUX DÉPARTEMENTS.

Vous avez soif de vérité, et jusqu'à présent le gouvernement de Versailles ne vous a nourris que de mensonges et de calomnies. Nous allons donc vous faire connaître la situation dans toute son exactitude.

C'est le gouvernement de Versailles qui a commencé la guerre civile en égorgeant nos avant-postes, trompés par l'apparence pacifique de ses sicaires; c'est aussi ce gouvernement de Versailles qui fait assassiner nos prisonniers, et qui menace Paris des horreurs de la famine et d'un siége, sans souci des interêts et des souffrances d'une population déjà éprouvée par cinq mois d'investissement. Nous ne parlerons pas de l'interruption du service des postes, si préjudiciable au commerce, de l'accaparement des produits de l'octroi, etc., etc.

Ce qui nous préoccupe avant tout, c'est la propagande infâme organisée dans les départements par le gouvernement de Versailles pour noircir le mouvement sublime de la population parisienne. On vous trompe, frères, en vous disant que Paris veut gouverner la France et exercer une dictature qui serait la négation de la souveraineté nationale. On vous trompe, lorsqu'on vous dit que le vol et l'assassinat s'étalent publiquement dans Paris. Jamais nos rues n'ont été plus tranquilles. Depuis trois semaines, pas un vol n'a été commis, pas une tentative d'assassinat ne s'est produite.

Paris n'aspire qu'à fonder la république et à conquérir ses franchises communales, heureux de fournir un exemple aux autres communes de France.

Si la Commune de Paris est sortie du cercle de ses attributions normales, c'est à son grand regret, c'est pour répondre à l'état de guerre provoqué par le gouvernement de Versailles. Paris n'aspire qu'à se renfermer dans son autonomie, plein de respect pour les droits égaux des autres communes de France.

Quant aux membres de la Commune, ils n'ont d'autre ambition que de voir arriver le jour où Paris, délivré des royalistes qui le menacent, pourra procéder à de nouvelles élections.

Encore une fois, frères, ne vous laissez pas prendre aux monstrueuses inventions des royalistes de Versailles. Songez que c'est pour vous autant que pour lui que Paris lutte et combat en ce moment. Que vos efforts se joignent aux nôtres, et nous vaincrons, car nous représentons le droit et la justice, c'est à dire le bonheur de tous par tous, la liberté pour tous et pour chacun sous les auspices d'une solidarité volontaire et féconde.

Paris, le 6 avril 1871.

La commission exécutive :

COURNET, DELESCLUZE, FÉLIX PYAT, TRIDON, VAILLANT, VERMOREL.

La Commune de Paris,

Sur la proposition du délégué au ministère de la guerre.

Considérant que dans la crise présente l'unité de commandement militaire est une nécessité de salut public, que cette unité est tous les jours compromise par des ordres émanant des sous-comités d'arrondissements,

Les sous-comités d'arrondissements sont dissous.

Paris, le 6 avril 1871.

La Commune de Paris.

La Commune de Paris,

Considérant que les gardes nationaux ont reçu l'arme et reçoivent la solde pour défendre la république;

Considérant que plusieurs manquent à leur service, tout en touchant leur paye, et gardent leur fusil inutile ainsi dans leurs mains,

DÉCRÈTE :

Art. 1er. Tout garde national réfractaire sera désarmé.

Art. 2. Tout garde désarmé pour refus de service sera privé de sa solde.

Art 3. En cas de refus de service pour le combat, le garde réfractaire sera privé de ses droits civiques, par décision du conseil de discipline.

Paris, le 6 avril 1871.

La Commune de Paris.

Les citoyens Ranc et Lefèvre ont donné leurs démissions de membres de la Commune.

Les élections à la Commune auront lieu le lundi 10 avril, de huit heures du matin à huit heures du soir.

Le nombre de membres à élire est de :

1ᵉʳ arrondissement.	. . . .	4
2ᵉ —	. . . .	4
3ᵉ —	. . . .	1
6ᵉ —	. . . .	2
7ᵉ —	. . . .	1
9ᵉ —	. . . .	5
12ᵉ —	. . . .	2
16ᵉ — .	. . . .	2
17ᵉ —	. . . .	1
18ᵉ —	. . . .	2
19ᵉ —	. . . .	1

A l'avenir, tout ordre relatif au mouvement des troupes sera signé du général Bergeret, commandant la place de Paris.

Il recevra à cet égard les instructions du délégué de la guerre.

Tout autre ordre ou réquisition de troupes devra être considéré comme nul et non avenu.

Toute demande relative au service de la garde nationale devra être adressée au ministère de la guerre.

Le délégué à la guerre,
Général E. CLUSERET.

Le *Journal officiel* de Paris contient, dans sa partie non officielle, les pièces suivantes :

MAIRIE DU 20ᵉ ARRONDISSEMENT.

Citoyens,

Nous, membres de la commission communale, faisons appel à vos sympathies et à vos mâles résolutions :

1° Pour venir en aide à nos braves citoyens, qui viennent de tomber sous les coups des criminels et des lâches de Versailles qui joignent l'assassinat à la trahison ;

2° Pour prouver, en apportant votre secours pour les familles de ces héros, que vous contractez l'engagement au nom de la république de vaincre et de les venger.

En conséquence, un bureau spécial est ouvert à la maison communale du 20ᵉ arrondissement pour les familles des morts et des blessés; la commission s'inscrit pour 120 francs.

Vive la république !

Paris, le 5 avril 1871.

Les membres de la commission communale du 20ᵉ arrondissement,

TAILLADE, GUILLEMIN, LALOGE, COUTURIER, MARTY et DANGERS.

Le membre de la Commune,
G. RANVIER.

Appel est fait à tous les marins dévoués à la Commune et à la république.

Les anciens militaires sont invités à se présenter pour faire partie du même corps.

La solde de 1 fr. 50 et les vivres leur seront alloués aussitôt l'enrôlement.

Les bureaux sont ouverts à la mairie du 10e arrondissement, rue du Faubourg-Saint-Martin, de huit heures du matin à huit heures du soir.

Paris, le 6 avril 1871.

Les délégués chargés de pouvoirs,

BLOCK, PAUL JOSEPH.

L'opinion d'une certaine partie de la population, manifestée par plusieurs journaux, nous attribue une situation sur laquelle il est de notre devoir de nous expliquer, ne serait-ce que pour donner une dernière garantie de notre bonne foi.

Ainsi que nous l'avons déjà déclaré, notre mandat politique expirait le jour où, tenant loyalement notre parole, nous remettions entièrement et sans restrictions entre les mains des membres de la Commune des pouvoirs que nous n'avions exercés, pour notre compte, qu'à titre pour ainsi dire administratif.

N'ayant pas cru devoir nous ériger en gouvernement lorsque nous supportions seuls la lourde charge de tout créer, après le chaos dans lequel la fuite à Versailles laissait Paris, il n'est pas à supposer que nous prétendions maintenant réclamer une part de pouvoir à la Commune que nous avons contribué à établir.

Notre passage à l'hôtel de ville, la sympathie qui nous y a accompagnés, et l'approbation qui a accueilli chacune de nos paroles, chacun de nos actes, ne nous ont pas un seul instant fait perdre de vue le rôle d'où nous étions sortis par la force des choses et dans lequel nous devions rentrer complétement et sans arrière-pensée.

Nous le déclarons donc une dernière fois : nous n'avons voulu et ne voulons aucun pouvoir politique, car une idée de partage serait un germe de guerre civile dans nos murs, venant compliquer celle que des frères dénaturés, par ignorance et par les mensonges d'ambitieux, nous apportent avec une horrible haine.

Nous sommes redevenus, le 28 mars, ce que nos mandats nous ont faits, ce que nous étions le 17 :

Un lien fraternel entre tous les membres de la garde citoyenne; une sentinelle avancée et armée contre les misérables qui voudraient jeter la désunion dans nos rangs; une sorte de grand conseil de famille veillant au maintien des droits, à l'accomplissement des devoirs, établissant l'organisation complète de la garde nationale, et prêts, à chaque heure, à dire à ceux qui nous ont élus :

Jugez. Êtes-vous contents de nous ?

Voilà quelle est notre ambition. Elle se borne aux limites de notre mandat, et nous la trouvons assez haute pour avoir l'orgueil de n'en jamais sortir.

Vive la république! Vive la Commune!

Paris, le 5 avril 1871.

Pour le comité central,

G. ARNOLD, ANDIGNOUX, AUDOYNAUD, AVOINE fils, BAROUD, BOUIT, L. BOURSIER, H. CHOUTEAU, A.

DU CAMP, FABRE, FERRAT, FOUGERET, C. GAUDIER, GROLARD, GOUHIER, GRELLIER, GUIRAL, LAVALETTE, ED. MOREAU, PRUDHOMME, ROUSSEAU.

Le Comité central de la fédération républicaine de la garde nationale vient d'adresser la proclamation suivante aux habitants de Paris :

Citoyens,

Ce qui se passe en ce moment est l'éternelle histoire des criminels cherchant à se soustraire au châtiment en commettant un dernier crime qui leur permette de régner, impunis, par l'épouvante !

Ils sont une poignée de parjures, de traîtres, de faussaires et d'assassins, qui veulent noyer la justice dans le sang.

La guerre civile est leur dernière chance de salut; ils la déchaînent : qu'ils soient mille fois maudits et qu'ils périssent !

Citoyens de Paris, nous voici revenus aux grands jours de sublime héroïsme et de vertu suprême ! Le bonheur du pays, l'avenir du monde entier sont dans vos mains. C'est la bénédiction ou la malédiction des générations futures qui vous attend.

Travailleurs, ne vous y trompez pas : c'est la grande lutte, c'est le parasitisme et le travail, l'exploitation et la production, qui sont aux prises. Si vous êtes las de végéter dans l'ignorance et de croupir dans la misère; si vous voulez que vos enfants soient des hommes ayant le bénéfice de leur travail, et non des sortes d'animaux dressés pour l'atelier ou pour le combat, fécondant de leurs sueurs la fortune d'un exploiteur, ou répandant leur sang pour un despote; si vous ne voulez plus que vos filles que vous ne pouvez élever et surveiller à votre gré, soient des instruments de plaisir aux bras de l'aristocratie d'argent; si vous ne voulez plus que la débauche et la misère poussent les hommes dans la police et les femmes à la prostitution; si vous voulez, enfin, le règne de la justice, travailleurs, soyez intelligents, debout! et que vos fortes mains jettent sous vos talons l'immonde réaction!

Citoyens de Paris, commerçants, industriels, boutiquiers, penseurs, vous tous, enfin, qui travaillez et qui cherchez de bonne foi la solution des problèmes sociaux, le comité central vous adjure de marcher unis dans le progrès. Inspirez-vous des destinées de la patrie et de son génie universel.

Le Comité central a conscience que l'héroïque population parisienne va s'immortaliser et régénérer le monde.

Vive la république! Vive la Commune!

Paris, 5 avril 1871.

Pour le comité central :

G. ARNOLD, ANDIGNOUX, AUDOYNAUD, AVOINE fils, BAROUD, BOUIT, L. BOURSIER, CASTIONI, CHOUTEAU, DU CAMP, FABRE, FERRAT, FLEURY, FOUGERT, C. GAUDIER, GROLARD, GOUHIER, GRELLIER, GUIRAL, JOSSELIN, LAVALETTE, MALJOURNAL, MOREAU, PRUDHOMME, ROUSSEAU.

Depuis dimanche, un grand nombre de locataires ont mis à exécution le décret de la Commune sur les loyers, en déménageant sans payer.

Quand, par hasard, quelque concierge récalcitrant

tentait de s'opposer à cette façon, jusqu'ici méconnue de lui, de prendre congé de son propriétaire, un détachement de gardes nationaux aussitôt requis ne tardait pas à lui rappeler et à lui expliquer le texte du décret en question.

Ce ne sont pas seulement des petits ménages qui ont profité de la décision de la Commune, mais bien aussi des locataires de grands appartements.

On nous cite un habitant de la rue Tronchet qui ne devait pas moins de 10,000 francs à son propriétaire et qui, dimanche, a liquidé la situation de la façon que nous venons d'indiquer.

On lit dans le journal *la Commune* :

Parmi les prisonniers faits à l'armée de Versailles se trouvent plusieurs repris de justice.

On lit dans le journal *le Mot d'ordre*.

LES RESPONSABILITÉS.

Nous voudrions pouvoir mentir, mais nous ne mentirons pas. Nos gardes nationales, en proie à des chefs aussi pleins de courage que d'inexpérience, ont été débusqués de toutes ou presque toutes leurs positions, et ont vu échouer à peu près toutes leurs attaques. Le général Duval, le général Henri ont été faits prisonniers avec une partie des bataillons qu'ils commandaient et fusillés sans merci. Notre cher et mille fois cher ami Flourens, qui n'avait jamais annoncé, comme le reître Ducrot, qu'il reviendrait mort ou victorieux, n'est pas revenu victorieux, mais a été emporté mort. Depuis trois jours, les patriotes les meilleurs et les plus utiles tombent sous les balles des anciens sergents de ville de Piétri, devenus les cent-gardes de Thiers, et si l'héroïsme de nos combattants affirme la république, on ne peut nier qu'il la décapite. Voilà la vérité.

Eh bien, nous devons le dire et nous le disons : tous ces désastres ont leur origine dans l'incroyable légèreté qui a présidé aux opérations militaires. La garde nationale, bien fortifiée dans Paris, attendait l'arme au pied une attaque qui ne venait pas ; où était la nécessité de la faire marcher sur Versailles? D'où sort ce plan bizarre qui consiste à faire passer trente mille hommes sous le feu plongeant du mont Valérien? Qu'espéraient les stratéges auteurs de ces sanglants enfantillages? Croyaient-ils que ces gendarmes allaient fraterniser et que les artilleurs allaient tirer à blanc? Au moins était-il élémentaire de s'assurer des dispositions des marins et des sergents de ville avant de céder à l'enthousiasme de ceux qui voulaient marcher en avant.

Ajoutons que si, par aventure, nos amis avaient pris Versailles, l'Assemblée se serait repliée sur Fontainebleau, puis sur Orléans, et au besoin sur Pondichéry, ce qui changeait en une simple chasse à courre la lutte actuellement pendante entre les deux pouvoirs. Avec des opérations de cette force, on arriverait vite à réhabiliter Trochu.

Maintenant que le mal est fait, et que les cadavres de nos concitoyens rentrent dans Paris par charretées, une grave question se pose : celle de la responsabilité. Cette tactique, non pas seulement funeste, mais folle, qui l'a ordonnée? de quel cerveau en délire s'est-elle échappée toute fumante? voilà ce qu'ont le droit de demander les mères, les sœurs et les femmes qui s'entassent aux barrières de Paris pour voir revenir mutilés leurs fils, leurs maris et leurs frères. Il existe un Carnot quelconque qui a ordonné cette fatale sortie de trois jours. Pourquoi ne le nomme-t-on pas? pourquoi ne s'est-il pas déjà expliqué devant la nation?

Le *Journal officiel* de Versailles contient, dans sa partie officielle, le décret suivant :

Le président du conseil, chef du pouvoir exécutif de la république française,

Les ministres de la justice et de la guerre entendus,

Considérant les anciens services de M. le général de division Vinoy et ses services récents pendant et depuis le siége de Paris,

Arrête :

Le général de division Vinoy est nommé grand chancelier de la Légion d'honneur.

Fait à Versailles, le 6 avril 1871.

A. THIERS.

Par le président du conseil.

Le ministre de la guerre,
Général LE FLO.

Le ministre de la justice,
J. DUFAURE.

Le *Journal officiel* de Versailles contient ce qui suit dans sa partie non officielle :

L'Assemblée nationale a adopté la résolution suivante :

L'Assemblée nationale vote des remercîments aux troupes de terre et de mer pour le courage, le bon esprit et le patriotisme qu'elles ont montrés dans les journées des 2, 3 et 4 avril 1871.

Délibéré en séance publique à Versailles, le quatre avril mil huit cent soixante et onze.

Le président,
Signé : JULES GRÉVY.

Les secrétaires,
Signé : baron DE BARANTE, PAUL DE RÉMUSAT, PAUL BETHMONT, JOHNSTON, marquis DE CASTELLANE.

Les troupes ont occupé aujourd'hui Courbevoie et dégagé le pont de Neuilly. Les gendarmes se sont conduits avec leur vaillance habituelle. Les barricades élevées par les insurgés ont été emportées très-vivement et ceux-ci ont été rejetés sur la rive gauche de la Seine. Le feu a continué assez nourri jusqu'au soir.

Les pertes des insurgés ont été considérables. L'action de l'infanterie a été secondée par les batteries établies sur les hauteurs. La brigade Besson est allée relever dans la soirée les gendarmes et les troupes engagés pendant la journée.

Un grand nombre d'insurgés se sont répandus dans les bois, où ils ont jeté leurs armes.

Aujourd'hui se sont présentés à Versailles les délégués du commerce et de l'industrie de Paris, à l'effet d'établir une convention pour le rétablissement du service postal entre Paris et la province.

Cette délégation est retournée à Paris et doit revenir demain pour continuer la négociation et la terminer, s'il est possible, avec M. le directeur général des postes.

La discorde, l'anarchie, la décomposition sont déjà dans ce pouvoir criminel qui, sans pitié pour la patrie humiliée et déchirée, a violé toutes les lois et commis en quelques jours tous les attentats.

On avait signalé un antagonisme manifeste entre la Commune et le comité central. Le *Journal officiel* de l'insurrection prend soin de l'assurer lui-même aujourd'hui en le démentant ou plutôt en essayant de le démentir.

Ce n'est pas tout, les démissions des membres de la Commune vont se multipliant. Hier encore un des élus a résigné ses fonctions. Pour apprécier l'impression produite sur ceux qui demeurent par ces retraites de jour en jour plus nombreuses, il suffit des lignes suivantes empruntées à un des journaux officieux de la Commune insurrectionnelle :

« Pour la république et pour leur honneur, nous voudrions que la résolution suivante fût prise sans retard à l'hôtel de ville :

« Toute démission de membre de la Commune donnée dans les circonstances actuelles sera regardée comme une désertion à l'ennemi. »

La Commune en est réduite à retenir par la menace

ceux de ses membres qui pourraient être tentés de se séparer d'elle.

On sait que la Commune avait aboli la conscription.
Ce décret n'a pas tardé à recevoir son commentaire.
On lit dans le journal de l'insurrection :
« Seront levés et enrôlés tous les hommes valides de 17 à 35 ans. Ils seront incorporés dans les bataillons de marche. »
Ainsi la Commune ne supprime la conscription, qui sert à la défense du pays, que pour établir l'enrôlement forcé pour la guerre civile.

La Commune, qui avait succédé au comité central, vient elle-même de céder la place à une commission exécutive de cinq membres qui a absorbé tout le pouvoir. Parmi les membres de cette commission, nous remarquons les noms de MM. Cournet et Delescluze, qui donnent à cette nouvelle révolution son vrai caractère. Le parti jacobin et néo-terroriste a remplacé le parti socialiste. Les théoriciens de l'*Internationale* sont éliminés par cette école toute d'imitation historique qui vit les yeux fixés sur 1793 comme un idéal et qui n'a qu'une doctrine, la violence ; qu'un procédé, la violence ; qu'une politique toujours la même, la violence.

Les insurgés ont pris comme otages M. l'abbé Deguerry et Mgr l'archevêque de Paris.
Ils ont pillé l'établissement d'instruction secondaire

fondé par les pères jésuites dans la rue Lhomond, et ils en ont expulsé les professeurs.

Les scellés ont été mis à Paris dans l'appartement de M. Jules Favre et dans l'hôtel de M. Thiers.

Ce matin le *Père Duchêne* se fâche contre ses amis qu'il accuse de manquer d'énergie. Il voudrait, comme le journal *l'Action,* que l'on suspendît tous les journaux hostiles à la Commune. Celle-ci vient d'obéir à ces inspirations. Tous les journaux du matin se trouvant dans les rangs de l'opposition ont été saisis, sauf le *Siècle.* Les *Débats,* le *Constitutionnel,* les journaux légitimistes n'ont pas paru. On ignore encore le sort des journaux du soir. La *Liberté,* vers une heure, n'avait pas encore été saisie.

M. Cluseret, délégué par l'insurrection au ministère de la guerre, vient de lancer une proclamation ordonnant la réorganisation des compagnies de marche. Les soldats recevront 30 sous par jour et les vivres. Le recrutement aura lieu parmi les hommes de 17 à 35 ans non mariés. Le commandant de la flotille fait appel aux marins présents à Paris.

A la porte des bureaux des bataillons de garde nationale, une affiche imprimée recommande aux gardes nationaux de rejoindre leurs compagnies immédiatement et déclare que ceux qui ne répondront pas à l'appel seront privés de leur solde.

Les combattants du 20e arrondissement, qui se trouvaient aux affaires du 3 et du 4 avril, ayant répandu des bruits décourageants, les membres de la commission

communale ont affiché une proclamation pour prévenir
le public de se défier des rapports provenant des déserteurs et demandant que les fuyards soient mis en arrestation.

Les fuyards sont nombreux et, quoique la plupart
d'entre eux n'osent souffler mot, il y en a beaucoup
qui ne se gênent pas pour dire leur façon de penser. Les
uns crient à la trahison; les autres ont perdu toute confiance en leurs chefs; la majorité prétend que la lutte
entre la Commune et Versailles ne les regarde pas et
qu'ils veulent y demeurer étrangers.

Le *Mot d'ordre* avoue que les nouvelles sont mauvaises
et que le plateau de Châtillon a été repris par le 46e de
ligne. Tout en félicitant la garde nationale de sa bravoure, il avoue que les chefs n'ont aucune capacité, et
que c'est à l'impéritie du commandement qu'il faut attribuer le résultat des journées du 3 et du 4.

Le régiment des *Vengeurs,* dénomination empruntée à
un des journaux de l'insurrection, vient parader sur les
boulevards. Il est précédé d'un drapeau rouge et affecte
des allures martiales.

LE 8 AVRIL 1871.

Le *Journal officiel* de Paris, dans sa partie officielle, contient les pièces suivantes :

Vu le vote de la Commune du 5 avril, relatif à

une enquête sur les arrestations faites par le comité central et par la commission de sûreté, la commission exécutive invite la commission de justice à instruire immédiatement sur le nombre et la cause de ces arrestations, et à donner l'ordre de l'élargissement ou de la comparution devant un tribunal et un jury d'accusation. La commission de justice doit d'urgence s'occuper d'une mesure qui intéresse si particulièrement l'un des grands principes de la république, la liberté.

Paris, le 7 avril 1871.

La commission exécutive,

F. COURNET, DELESCLUZE, FÉLIX PYAT, G. TRIDON, E. VAILLANT, VERMOREL.

Le *Journal officiel* de Versailles contient ce qui suit :

CITOYENS,

« Quelques hommes reconnus pour appartenir à l'armée, et saisis les armes à la main, ont été passés par les armes, suivant la rigueur de la loi militaire qui frappe les soldats combattant leur drapeau. »

Cet horrible aveu n'a pas besoin de commentaires. Chaque mot crie vengeance, justice ! Elle ne sera pas attendue. La violence de nos ennemis prouve leur faiblesse. Ils assassinent; les républicains combattent. La république vaincra!

Paris, le 7 avril 1871;

La commission exécutive :

COURNET, DELESCLUZE, FÉLIX PYAT, TRIDON, VAILLANT, VERMOREL.

A LA GARDE NATIONALE.

Citoyens,

L'Assemblée de Versailles a fait appel aux volontaires des départements contre Paris.

La Commune de Paris a fait appel au droit contre l'Assemblée de Versailles.

Les volontaires ont répondu à l'appel du droit.

Limoges a proclamé la commune. Son hôtel de ville a les mêmes couleurs que le nôtre. La troupe de ligne a fraternisé avec la garde nationale. L'armée du droit marchera au secours, non de Versailles, mais de Paris.

Guéret, de même, a fait sa commune, et attend Limoges pour le suivre.

Tout le centre est levé pour grossir le mouvement. La Nièvre a ses hommes debout. Vierzon, commune aussi, tient la tête du chemin de fer pour empêcher les gendarmes de Versailles d'avancer contre Toulouse, et pour aider les gardes nationaux de Limoges marchant vers Paris.

Si Paris continue à faire son devoir, s'il est aussi

constant qu'il a été brave, c'en est fait de la guerre civile et de ses coupables auteurs.

Vive la Commune ! Vive la république !

Paris, le 7 avril 1871.

La commission exécutive,

COURNET, DELESCLUZE, FÉLIX PYAT, TRIDON,
E. VAILLANT, A. VERMOREL.

Considérant que les grades de généraux sont incompatibles avec l'organisation démocratique de la garde nationale et ne sauraient être que temporaires :

Art. 1er. Le grade de général est supprimé.

Art. 2. Le citoyen Ladislas Dombrowski, commandant de la 12e légion, est nommé commandant de la place de Paris, en remplacement du citoyen Bergeret, appelé à d'autres fonctions.

Paris, le 6 avril 1871.

La commission exécutive,

COURNET, DELESCLUZE, FÉLIX PYAT, TRIDON,
ED. VAILLANT, VERMOREL.

Le *Journal officiel* de Paris contient ce qui suit dans sa partie non officielle :

A LA GARDE NATIONALE.

Citoyens,

Je remarque avec peine qu'oubliant notre origine

modeste, la manie ridicule du galon, des broderies, des aiguillettes commence à se faire jour parmi nous.

Travailleurs, vous avez pour la première fois accompli la révolution du travail par et pour le travail.

Ne renions pas notre origine, et surtout n'en rougissons pas. Travailleurs nous étions, travailleurs nous sommes, travailleurs nous resterons.

C'est au nom de la vertu contre le vice, du devoir contre l'abus, de l'austérité contre la corruption que nous avons triomphé, ne l'oublions pas.

Restons vertueux et hommes du devoir avant tout, nous fonderons alors la république austère, la seule qui puisse et ait le droit d'exister.

Avant de sévir, je rappelle mes concitoyens à eux-mêmes : plus d'aiguillettes, plus de clinquant, plus de ces galons qui coûtent si peu à étager et si cher à notre responsabilité.

A l'avenir, tout officier qui ne justifiera pas du droit de porter les insignes de son grade, ou qui ajoutera à l'uniforme réglementaire de la garde nationale des aiguillettes ou autres distinctions vaniteuses, sera passible de peines disciplinaires.

Je profite de cette circonstance pour rappeler chacun au sentiment de l'obéissance hiérarchique dans le service ; en obéissant à vos élus, vous obéissez à vous-mêmes.

Paris, le 7 avril 1871.

Le délégué à la guerre,

E. CLUSERET.

———

Considérant les patriotiques réclamations d'un grand nombre de gardes nationaux qui tiennent, quoique mariés, à l'honneur de défendre leur indépendance municipale, même au prix de leur vie, le décret du 5 avril est ainsi modifié :

De dix-sept à dix-neuf ans, le service dans les compagnies de guerre sera volontaire, et de dix-neuf à quarante obligatoire pour les gardes nationaux, mariés ou non.

J'engage les bons patriotes à faire eux-mêmes la police de leur arrondissement et à forcer les réfractaires à servir.

Le délégué à la guerre,

E. CLUSERET.

MAIRIE DU 1er ARRONDISSEMENT.

AUX GARDES NATIONALES MOBILISÉES ET LICENCIÉES
DU 1er ARRONDISSEMENT.

La délégation communale du 1er arrondissement fait appel aux sentiments patriotiques de tous les citoyens valides, à l'effet de constituer de nouveaux bataillons qui devront s'unir à ceux déjà fédérés.

Tout citoyen qui apporterait obstacle, mauvais vouloir ou indifférence à cette mesure de salut public, serait désarmé dans les vingt-quatre heures, sans préjudice des autres pénalités qu'il pourrait encourir.

La délégation communale a le ferme espoir de rencontrer dans le cœur des citoyens du 1er arrondissement assez de patriotisme et de courage pour n'avoir pas à recourir aux mesures répressives.

Un bureau permanent est établi, dès ce moment, à la mairie du 1er arrondissement, pour recevoir les inscriptions. Une compagnie, formée des 12ᵉ et 13ᵉ bataillons, est déjà complétement organisée.

Paris, le 4 avril 1871.

La délégation communale du 1ᵉʳ arrondissement,

Docteur PILLOT, NAPIAS-PIQUET, TOUSSAINT, WINANT, TANGUY, JOLY, SALLÉE.

DÉPARTEMENT DE L'ALGÉRIE ET DES COLONIES.

Le gouvernement de Versailles vient d'envoyer en Algérie, avec le titre de gouverneur civil, un militaire, un vice-amiral. C'est la première concession faite aux partisans du régime militaire.

Les Algériens présents à Paris sont invités à transmettre leur adresse au comité de sûreté générale et de l'intérieur, département de l'Algérie et des colonies, place Beauvau, à l'effet d'être convoqués pour s'entendre entre eux sur les mesures à prendre.

Le délégué,

AL. LAMBERT.

DON PATRIOTIQUE DU 181ᵉ BATAILLON

(2ᵉ arrondissement).

Le 181ᵉ bataillon possède 4,000 fr., montant d'une souscription pour la fonte des canons.

Cette somme, que nous voulions consacrer à la défense nationale, est restée sans emploi par suite de l'odieuse capitulation des traîtres qui ont livré Paris.

Aujourd'hui, nous voulons la consacrer à l'établissement du règne de l'ordre, du travail et de la justice, à l'établissement de la Commune.

Nous voulons qu'elle serve à soulager les familles orphelines des travailleurs assassinés par les chouans et les Prussiens de Versailles.

En conséquence, nous qui, dans les horreurs du siége, avons prélevé cette somme sur le pain noir de nos familles, nous déclarons donner mandat à nos délégués de la verser dans la caisse municipale.

Vive la république! Vive la Commune!

Paris, le 7 avril 1871.

(*Suivent les signatures.*)

On lit dans le journal *le Mot d'ordre* :

Voici le texte de la proclamation qui a interdit la réunion de la Bourse :

COMMUNE DE PARIS.

Citoyens,

La réaction prend tous les masques, aujourd'hui celui de la conciliation.

La conciliation avec les chouans et les mouchards qui égorgent nos généraux et frappent nos prisonniers désarmés!

La conciliation, dans de telles circonstances, c'est trahison.

Considérant qu'il est du devoir des élus du peuple de ne pas laisser frapper par derrière les combattants qui défendent la cité ;

Que nous savons de source certaine, que des Vendéens et des gendarmes déguisés doivent figurer dans ces réunions dites conciliatrices,

Arrête :

Art. 1ᵉʳ. — La réunion annoncée pour ce soir à six heures, salle de la Bourse, est interdite.

Art. 2. — Toute manifestation propre à troubler l'ordre, et à exciter la guerre intérieure pendant la bataille, sera rigoureusement réprimée par la force.

Art. 3. — Toute contravention au présent arrêté est déférée au délégué à la guerre et au commandant de la place.

Signé :

Les membres du comité d'exécution.

Il paraît certain que l'arrestation de l'archevêque Darboy, du curé de la Madeleine, ancien confesseur de l'impératrice, et de divers autres prêtres se rattache à des tentatives de détournement des biens du clergé, déclarés, comme on sait, biens nationaux.

Notons en passant que le trésor de Notre-Dame, composé d'une collection d'objets précieux de toutes les époques, pour la plupart ornés de diamants et de pierreries inestimables, vaut à lui seul plusieurs millions.

Nous engageons fortement les membres de la Commune et le délégué civil à la préfecture de police à s'assurer de l'intégrité de cette collection.

FÉDÉRATION RÉPUBLICAINE DE LA GARDE NATIONALE.

COMITÉ CENTRAL.

L'opinion d'une certaine partie de la population, manifestée par plusieurs journaux, nous attribue une situation sur laquelle il est de notre devoir de nous expliquer, ne serait-ce que pour donner une dernière garantie de notre bonne foi.

Ainsi que nous l'avons déjà déclaré, notre mandat politique expirait le jour où, tenant loyalement notre parole, nous remettions entièrement et sans restriction, entre les mains des membres de la Commune, des pouvoirs que nous n'avions exercés, pour notre compte, qu'à titre pour ainsi dire administratif.

N'ayant pas cru devoir nous ériger en gouvernement, lorsque nous supportions seuls la lourde charge de tout créer après le chaos dans lequel la fuite à Versailles laissait Paris, il n'est pas à supposer que nous prétendions maintenant réclamer une part du pouvoir à la Commune que nous avons contribué à établir.

Notre passage à l'hôtel de ville, la sympathie qui nous y a accompagnés, et l'approbation qui a accueilli chacune de nos paroles, chacun de nos actes, ne nous ont pas un seul instant fait perdre de vue le rôle d'où nous étions sortis par la force des choses, et dans lequel nous devions rentrer complétement et sans arrière-pensée.

Nous le déclarons donc une dernière fois, nous n'avons et ne voulons aucun pouvoir politique, car une idée de partage serait un germe de guerre civile dans nos murs, venant compliquer celle que des frères dénaturés, par ignorance et par les mensonges d'ambitieux, nous apportent avec une horrible haine!

Nous sommes redevenus, le 28 mars, ce que nos mandants nous ont faits, ce que nous étions le 17 : un lien fraternel entre tous les membres de la garde citoyenne, une sentinelle avancée et armée contre les misérables qui voudraient jeter la désunion dans nos rangs, une sorte de grand conseil de famille veillant au maintien des droits, à l'accomplissement des devoirs, établissant l'organisation complète de la garde nationale, et prêts, à chaque heure, à dire à ceux qui nous ont élus : Juges, êtes-vous contents de nous?

Voilà quelle est notre ambition : elle se borne aux limites de notre mandat, et nous la trouvons assez haute pour avoir l'orgueil de n'en jamais sortir.

Vive la république! Vive la Commune!

Paris, le 5 avril 1871.

Pour le comité central,

G. ARNOLD, ANDIGNOUX, AUDOYNAUD, AVOINE fils, BAROUD, BOUIT, L. BOURSIER, H. CHOUTEAU, A. DU CAMP, FAVRE, FERRAT, FOUGERET, C. GAUDIER, GROLARD, GOUHIER, GRELIER, GUIRAL, LAVALLETTE, ÉDOUARD MOREAU, PRUDHOMME, ROUSSEAU.

L'affiche suivante a été placardée hier sur les murs de Paris :

FÉDÉRATION RÉPUBLICAINE DE LA GARDE NATIONALE.

COMITÉ CENTRAL.

Citoyens de Paris,

Ce qui se passe en ce moment est l'éternelle histoire des criminels cherchant à se soustraire au châtiment en commettant un dernier crime qui leur permette de régner impunis, par l'épouvante !

Ils sont une poignée de parjures, de traîtres, de faussaires et d'assassins, qui veulent noyer la justice dans le sang.

La guerre civile est leur dernière chance de salut ; ils la déchaînent : qu'ils soient mille fois maudits et qu'ils périssent !

Citoyens de Paris, nous voici revenus aux grands jours de sublime héroïsme et de vertu suprême ! Le bonheur du pays, l'avenir du monde entier sont dans vos mains. C'est la bénédiction ou la malédiction des générations futures qui vous attendent.

Travailleurs, ne vous y trompez pas; c'est la grande lutte; c'est le parasitisme et le travail, l'exploitation et la production, qui sont aux prises. Si vous êtes las de végéter dans l'ignorance et de croupir dans la misère;

Si vous voulez que vos enfants soient des hommes ayant le bénéfice de leur travail, et non des sortes d'animaux dressés pour l'atelier ou pour le combat, fécondant de leurs sueurs la fortune d'un exploiteur ou répandant leur sang pour un despote ; si vous ne voulez plus que vos filles, que vous ne pouvez élever et surveiller à votre gré, soient des instruments de plaisir au bras de l'aristocratie d'argent;

Si vous ne voulez pas que la débauche et la misère poussent les hommes dans la police et les femmes à la prostitution ; si vous voulez enfin le règne de la justice, travailleurs, soyez intelligents, debout ! et que vos fortes mains jettent sous vos talons l'immonde réaction.

Citoyens de Paris, commerçants, industriels, boutiquiers, penseurs, vous tous, enfin, qui travaillez et qui cherchez de bonne foi la solution des problèmes sociaux, le comité central vous adjure de marcher unis dans le progrès. Inspirez-vous des destinées de la patrie et de son génie universel.

Le comité central a conscience que l'héroïque population parisienne va s'immortaliser et régénérer le monde.

Vive la république! Vive la Commune!

Paris, le 5 avril 1871.

Pour le comité central,

G. ARNOULD, ANDIGNOUX, AUDOYNAUD, AVOINE fils, BAROUD, BOUIT, L. BOURSIER, CASTIONI, CHOUTEAU, DU CAMP, FABRE, FERRAT, FLEUREY, FOUGERT, C. GAUDIEB, GROLARD, GOUHIER, GRELIER, GUIRAL, JOSSELIN, LAVALETTE, MALJOURNAL, MOREAU, PRUDHOMME, ROUSSEAU.

La proclamation suivante a été affichée hier vers midi :

AUX DÉPARTEMENTS.

Vous avez soif de vérité et, jusqu'à présent, le gouvernement de Versailles ne vous a nourris que de mensonges et de calomnies. Nous allons donc vous faire connaître la situation dans toute son exactitude.

C'est le gouvernement de Versailles qui a commencé la guerre civile en égorgeant nos avant-postes trompés par l'apparence pacifique de ses sicaires ; c'est aussi ce gouvernement de Versailles qui fait assassiner nos prisonniers et qui menace Paris des horreurs de la famine, et d'un siége, sans souci des intérêts et des souffrances d'une population déjà éprouvée par cinq mois d'investissement. Nous ne parlerons pas de l'interruption du service des postes, si préjudiciable au commerce, de l'accaparement des produits de l'octroi, etc., etc.

Ce qui nous préoccupe avant tout, c'est la propagande infâme organisée dans les départements par le gouvernement de Versailles pour noircir le mouvement sublime de la population parisienne. On vous trompe, frères, en vous disant que Paris veut gouverner la France et exercer une dictature qui serait la négation de la souveraineté nationale. On vous trompe lorsqu'on vous dit que le vol et l'assassinat s'étalent publiquement dans Paris. Jamais nos rues n'ont été plus tranquilles. Depuis trois semaines, pas un vol n'a été commis, pas une tentative d'assassinat ne s'est produite.

Paris n'aspire qu'à fonder la république et à conquérir ses franchises communales, heureux de fournir un exemple aux autres communes de France.

Si la Commune de Paris est sortie du cercle de ses attributions normales, c'est à son grand regret, c'est pour répondre à l'état de guerre provoqué par le gouvernement de Versailles. Paris n'aspire qu'à se renfermer dans son autonomie, plein de respect pour les droits égaux des autres communes de France.

Quant aux membres de la Commune, ils n'ont d'autre ambition que de voir arriver le jour où Paris, délivré des royalistes qui le menacent, pourra procéder à de nouvelles élections.

Encore une fois, frères, ne vous laissez pas prendre aux monstrueuses inventions des royalistes de Versailles. Songez que c'est pour vous autant que pour lui que Paris lutte et combat en ce moment. Que vos efforts se joignent aux nôtres et nous vaincrons, car nous représentons le droit et la justice, c'est-à-dire le bonheur de tous par tous, la liberté pour tous et pour chacun, sous les auspices d'une solidarité volontaire et féconde.

La commission exécutive,

COURNET, DELESCLUZE, FÉLIX PYAT, TRIDON, VAILLANT, VERMOREL.

On lit dans le journal *le Cri du peuple :*

Un habitant de Courbevoie nous fait le récit d'un épouvantable assassinat :

M. Baratte, qui habite route de Saint-Germain, à Courbevoie, avait recueilli chez lui deux gardes nationaux blessés.

Cinq sergents de ville ont, pour cette cause, fusillé M. Baratte, sa femme et ses deux filles, puis ils ont égorgé les deux blessés.

Ce crime odieux ne doit pas rester impuni. Le sang des victimes crie vengeance.

Le *Journal officiel* de Versailles contient, dans sa partie officielle, le décret suivant :

Le président du conseil des ministres, chef du pouvoir exécutif de la république française,

Sur la proposition du ministre secrétaire d'État au département de la guerre,

Arrête :

Art. 1ᵉʳ. Les troupes réunies à Versailles pour le rétablissement de l'ordre en France seront formées en deux armées : armée de réserve, armée active.

L'armée de réserve, composée de trois divisions, sera spécialement chargée de garder le lieu où résideront l'Assemblée nationale et le gouvernement et de veiller à leur sûreté.

L'armée active sera divisée en trois corps plus particulièrement destinés aux opérations qui auront pour but le rétablissement de l'ordre.

Toutes les fois que le général en chef jugera à propos de faire concourir les deux armées à une opération commune, elles seront toutes les deux placées sous ses ordres.

Art. 2. Le maréchal de Mac-Mahon, duc de Magenta, est nommé général en chef.

Art. 3. Le général de division Vinoy, grand chancelier de la Légion d'honneur, est nommé commandant de l'armée de réserve, dont la composition sera conforme à l'état A, annexé au présent arrêté.

Art. 4. Le général de division Ladmirault commandera le 1ᵉʳ corps de l'armée active, dont la composition sera conforme à l'état B, annexé au présent arrêté.

Art. 5. Le général de division de Cissey commandera le 2ᵉ corps de l'armée active, dont la composition sera conforme à l'état B.

Art. 6. Le général de division du Barail commandera le 3ᵉ corps, composé de cavalerie, conformément à l'état B.

Art. 7. L'état-major général de l'armée de Versailles et les réserves d'artillerie et du génie seront composés conformément à l'état B, annexé au présent arrêté.

Art. 8. Le ministre secrétaire d'État au département de la guerre est chargé de l'exécution du présent arrêté.

Fait à Versailles, le 6 avril 1871.

Le président du conseil, chef du pouvoir exécutif de la république,

THIERS.

Par le président du conseil,

Le ministre de la guerre,

Général LE FLO.

Le *Journal officiel* de Versailles contient ce qui suit dans sa partie non officielle :

Versailles, 7 avril 1871.

Ce matin, à huit heures et demie, la division Montaudon, les deux brigades d'infanterie Gallifet et Besson étaient réunies au lieu qui leur était assigné sur la rive gauche de la Seine, en avant du pont de Neuilly fermé par une barricade que les insurgés avaient élevée. La fusillade partait de cette barricade et des fenêtres des maisons avoisinantes fortement occupées par eux.

A midi, le général Montaudon disposait l'artillerie de façon à prendre en écharpe les défenses des insurgés. La colonne de droite était arrivée près du pont; la colonne de gauche approchait pour prendre position à la même hauteur. A deux heures et demie l'artillerie ouvrait son feu.

Huit pièces de 7 lançaient leurs projectiles sur la porte Maillot, tandis que quatre pièces de 12 canonnaient la tête du pont. L'artillerie de la division Montaudon tout entière enfilait et battait d'écharpe l'avenue de Neuilly. Les insurgés répondaient faiblement. Vers trois heures un quart une explosion se faisait entendre à la tête du pont; c'était probablement un caisson qui sautait.

A trois heures et demie l'infanterie s'élançait sur le pont et enlevait vivement la barricade, tandis que l'artillerie, lançant ses projectiles par-dessus la colonne d'attaque pour éteindre le feu dirigé contre les troupes, continuait à canonner la porte Maillot.

A trois heures trois quarts toutes les barricades étaient vigoureusement enlevées, les maisons de droite occupées et des travaux de défense élevés par les troupes en tête du pont.

A quatre heures et demie on était maître de la position, et l'on avait pris aux insurgés quatre canons qui avaient été immédiatement tournés contre eux.

Une fois de plus l'armée a rempli avec intrépidité la tâche douloureuse que lui ont imposée les hommes qui se sont mis en révolte ouverte contre les lois. La journée a été funeste pour eux; mais elle a coûté des pertes sensibles à ceux qui défendent le droit et le gouvernement légal de la république. Parmi les morts, nous avons le regret de citer le brave général Besson. Le général Montaudon a été légèrement atteint au bras. Le général Péchaud et son aide de camp ont reçu des blessures graves.

L'ordre est rétabli à Limoges où des troubles graves avaient éclaté, et un crime abominable a été commis sur un homme qui avait bravement combattu pour la France, par des misérables qui ne reculent pas devant l'assassinat pour faire triompher la plus détestable des causes.

Avant-hier, 5 avril, vers une heure et demie, les cris de « Vive la Commune! la crosse en l'air! » se firent entendre sur le passage d'un détachement du 9e régiment de ligne qui se rendait à la gare du chemin de fer, d'où il devait être transporté à Versailles. Des femmes et des enfants composaient en grande partie la foule qui poussait ces clameurs.

Le détachement entra dans la gare dont les portes se refermèrent. Mais bientôt la foule, accrue pendant le trajet, forçait l'entrée; des orateurs engageaient les soldats à s'associer aux cris des factieux, et en même temps le bruit était semé que les insurgés avaient été victorieux dans la sortie qu'ils avaient tentée hors des murs de Paris. Un instant après, les rangs étaient rompus, et des fusils mis en faisceaux, enlevés. Quelques soldats, troublés par les coupables sollicitations dont ils sont l'objet, égarés par les nouvelles mensongères qui circulent, livrent leurs armes. Une partie du détachement rentre dans son quartier, l'autre se disperse dans la ville.

Cependant des patrouilles de cuirassiers parcourent les rues, les places et les boulevards. Une d'elles est accueillie par des huées.

Plus tard le rappel est battu. A huit heures, de nombreuses compagnies de la garde nationale se réunissent sur la place de la mairie. Dans la soirée, tandis que, fidèle à son devoir civique, la municipalité est réunie dans une des salles de l'hôtel de ville, la Commune est proclamée du haut du perron.

Vers dix heures et demie la préfecture est envahie.

Un peu de temps après trois coups de feu se font entendre dans le carrefour formé par les rues de la Croix-Neuve, de Monte-à-Regret et des Prisons. Le colonel Billet, commandant le 4ᵉ cuirassiers, le traversait suivi de vingt-cinq hommes. Au bruit des détonations le détachement presse le pas. Soudain le colonel s'affaisse et tombe de cheval ; il avait été frappé de deux balles par derrière.

Le lendemain il succombait.

Le colonel Billet avait cinquante ans. A Reichschoffen il avait chargé contre les Prussiens à la tête de ces vaillants cuirassiers qui firent l'admiration de l'ennemi dans cette funeste journée, et dont l'histoire gardera l'héroïque souvenir. A celui qui avait si bien mérité la mort glorieuse du soldat sur le champ de bataille, il était réservé de mourir tué par des assassins comme ces nobles victimes qui s'appellent Lecomte, Clément Thomas et de l'Espée.

Le désordre a été de courte durée ; de nouvelles troupes appelées par les soins du ministre de la guerre sont venues donner une force suffisante pour intimider les agresseurs, et, grâce à l'énergie du préfet et au concours de l'armée et des bons citoyens, la ville est rentrée dans le calme et des mesures sont prises pour conjurer le retour de semblables excès. Les assassins du colonel Billet sont, dit-on, sous la main de la justice.

———

La tranquillité est complète à Marseille, et une dépêche parvenue au gouvernement annonce que les auteurs principaux de l'insurrection ont été arrêtés. Le signalement de ceux qui se sont enfuis a été transmis dans toute la France.

On sait que la Commune a supprimé la liberté de la presse et empêché la publication des *Débats* et de plusieurs autres journaux modérés. Le *Siècle,* qui a continué de paraître, contient aujourd'hui l'article suivant qui témoigne des inquiétudes et des souffrances, de la misère et de la ruine auxquelles la population est poussée par les hommes de la Commune, et du besoin qu'elle sent de paix et d'ordre :

« Paris, — ceci est une vérité d'évidence, — ne peut vivre matériellement que par le commerce et l'industrie. La ville, ne produisant pas d'objets de consommation, est obligée de tirer du dehors et de fournir en échange les produits de ses manufactures. Or, dans l'état actuel, Paris ne travaille ni ne trafique ; le commerce est nul, nulle aussi l'industrie.

« Paris, déjà plus qu'à demi épuisé par cinq mois de blocus, ne subsiste qu'en dépensant le reliquat de son épargne. Toute journée qui s'écoule constitue pour la cité une perte sèche ; elle entraîne la destruction d'un capital qui n'est point remplacé.

« Le plus optimiste des partisans de la Commune ne nous contredira pas si nous affirmons que la prolongation de la situation écarte absolument tout espoir de reprise du travail.

« La ruine absolue et la disette sont donc au bout. C'est chose fatale contre laquelle il serait puéril de se débattre.

« Si Paris n'est pas déjà soumis au blocus matériel comme pendant le siége, c'est — il faut en convenir —

parce que le gouvernement de Versailles ne veut pas recourir à cette extrémité.

« Un ordre suffirait pour arrêter tout arrivage de denrées.

« L'impuissance militaire de la Commune hors de l'enceinte de la place réduit Paris à ne subsister que sous le bon plaisir de Versailles.

« Nous sommes très disposés à admettre que le gouvernement de l'Assemblée nationale n'interdira pas le ravitaillement ; mais, comme nous l'avons démontré plus haut, ce n'est là qu'un ajournement de la crise finale.

« L'épuisement de nos ressources financières produira bientôt les mêmes effets que le plus rigoureux blocus.

« Ici, les mouvements révolutionnaires sont impuissants.

« La Commune peut supprimer tous les journaux, emprisonner tous les suspects, réduire au silence tous ses adversaires, elle peut décréter le *maximum,* saisir les caisses, réquisitionner les subsistances, elle peut tout cela ; mais une chose lui est interdite, c'est de redonner la vie au commerce et à l'industrie, c'est de remplacer le capital consommé.

« La conclusion ? demandera le lecteur.

« La conclusion est forcée :

« Paris ne peut vivre sans la province, Paris est impuissant contre le gouvernement que soutiendra la province ; Paris doit donc, sous peine de ruine absolue, se réconcilier avec ce gouvernement. »

Le *Siècle* ne parle que des malheurs de Paris. Que ne dirait-il pas s'il supputait les maux de toute sorte qu'inflige à la France la monstrueuse insurrection de la Commune de Paris ?

LE 9 AVRIL 1871.

Le *Journal officiel* de Paris contient, dans sa partie officielle, les pièces suivantes :

Les élections complémentaires à la Commune auront lieu le lundi 10 avril, de huit heures du matin à huit heures du soir.

Le nombre de membres à élire est de :

1er arrondissement		4
2e —		4
3e —		1
6e —		2
7e —		1
8e —		1
9e —		5
12e —		2
13e —		1
16e —		2
17e —		1
18e —		2
19e —		1
20e —		1

Paris, le 8 avril 1871.

La commission exécutive,

COURNET, DELESCLUZE, FÉLIX PYAT, TRIDON, E. VAILLANT, A. VERMOREL.

La Commune de Paris

DÉCRÈTE :

Tout citoyen blessé à l'ennemi pour la défense des droits de Paris recevra, si sa blessure entraîne une incapacité de travail partielle ou absolue, une pension annuelle et viagère dont le chiffre sera fixé par une commission spéciale, dans les limites de *trois cents* à *douze cents* francs.

Paris, le 8 avril 1871.

Le délégué à la guerre,

E. CLUSERET.

MINISTÈRE DE LA GUERRE.

En exécution des ordres de la Commune, le citoyen J. Dombrowski prendra le commandement de la place de Paris, en remplacement du citoyen Bergeret.

En conséquence, à partir d'aujourd'hui 8 avril, tous les ordres relatifs aux mouvements de troupes seront donnés par le commandant de la place, J. Dombrowski.

Une commission des barricades, présidée par le commandant de place et composée des capitaines du génie, de deux membres de la Commune et d'un membre élu par chaque arrondissement, est instituée à partir du 9 avril.

Elle se réunira à l'état-major de la place, le 9 avril, à une heure.

Paris, le 8 avril 1871.

Le délégué à la guerre,

E. CLUSERET.

ORDRE.

Depuis quelques jours, il règne une grande confusion dans certains arrondissements; on dirait que des gens payés par Versailles prennent à tâche : 1° de fatiguer la garde nationale; 2° de la désorganiser.

On fait battre la générale pendant la nuit.

On bat le rappel à tort et à travers. En sorte que personne ne sachant plus auquel entendre, on ne se dérange même plus, et cette puissante institution, cette armée, espoir et salut du peuple, est à la veille de sombrer sous son triomphe.

Un tel état de choses ne saurait subsister plus longtemps. En conséquence, j'invite tous les bons citoyens à se pénétrer des instructions suivantes :

La générale ne sera battue que par mon ordre ou celui de la commission exécutive, et dans le seul cas de prise d'armes générale.

Le rappel ne sera battu, dans les arrondissements, que par ordre de la place, signé du commandant de la place, et pour la réunion d'un certain nombre de bataillons commandés pour un service spécial.

Ce n'est pas tout : malgré mes ordres formels, une canonnade incessante diminue nos provisions, fatigue la population, irrite les esprits et amène d'un côté la fatigue, de l'autre la colère et la passion.

En sorte que cette révolution si grande, si belle et si pacifique, pourrait devenir violente, c'est-à-dire faible.

Nous sommes forts; restons calmes!

Cet état de choses est dû en partie à des chefs militaires trop jeunes et surtout trop faibles pour résister à la pression populaire. L'homme du devoir ne connaît que sa conscience et méprise la popularité. Je réitère l'ordre d'avoir à se tenir sur la plus stricte défensive, et à ne pas jouer le jeu de nos adversaires, en gaspillant et nos munitions et nos forces, et surtout la vie de ces grands citoyens, enfants du peuple, qui ont fait la révolution actuelle.

Quand le bruit aura cessé, que le calme de la rue aura passé dans les esprits, nous serons beaucoup plus aptes à perfectionner notre organisation, d'où dépend notre avenir.

En attendant, citoyens, laissons de côté toutes ces petites rivalités, toutes ces personnalités mesquines qui tendent à désunir ce magnifique faisceau populaire formé par la communauté de la souffrance. Si nous voulons vaincre, il faut être unis. Et quel plus beau, plus simple et plus noble lien que celui de la fraternité des armes au service de la justice !

Formez vite vos compagnies de guerre, ou plutôt complétez-les, car elles existent déjà.

De dix-sept à dix-neuf ans, le service est facultatif ; de dix-neuf à quarante ans, il est obligatoire, marié ou non.

Faites entre vous la police patriotique, forcez les lâches à marcher sous votre œil vigilant.

Aussitôt que quatre compagnies, formant au minimum un effectif de 500 hommes, seront constituées, que son chef de bataillon demande à la place un casernement. En caserne ou au camp, son organisation s'achèvera rapidement, et alors tout ce trouble, toute cette confusion s'évanouiront au souffle puissant de la victoire.

Danton demandait à nos pères de l'audace, encore de l'audace, toujours de l'audace ; je vous demande de l'ordre, de la discipline, du calme et de la patience : l'audace alors sera facile. En ce moment, elle est coupable et ridicule.

Paris, le 8 avril 1871.

Le délégué à la guerre,

E. CLUSERET.

INSTRUCTION PRIMAIRE.

La Commune de Paris invite les citoyens et les citoyennes qui désireraient un emploi dans les établissements publics d'instruction primaire de la ville de Paris à présenter leur demande, avec pièces à l'appui, à la commission d'enseignement séant à l'hôtel de ville.

Les directeurs des ambulances et des hôpitaux sont invités à envoyer quotidiennement au service médical de l'hôtel de ville un tableau comprenant les noms, prénoms, grade, bataillon, compagnie, domicile, date d'entrée et de sortie des blessés.

AVIS AUX ÉDITEURS ET IMPRIMEURS DE JOURNAUX.

La *déclaration préalable*, pour la publication des journaux et écrits périodiques, de même que le *dépôt*, sont toujours obligatoires et doivent se faire au bureau de la presse, délégation de la sûreté générale et de l'intérieur, place Beauvau.

La direction des services publics de la ville de Paris informe MM. les ingénieurs, architectes, agents voyers, propriétaires et autres, que, les services étant réorganisés, ils peuvent dès ce jour se présenter, comme par le passé, dans les bureaux afférents à ces services.

Paris, le 8 avril 1871.

Pour la commission des services publics,
OSTYN.

Le *Journal officiel* de Paris contient ce qui suit dans sa partie non officielle :

8 avril.

Ce matin, dès la première heure, une vive canonnade s'engage dans les directions de Neuilly et de Vanves.

Dans la partie ouest, le mouvement général de retraite signalé hier s'accentue du côté de Versailles.

Vers huit heures, une vive fusillade a été engagée avenue de Neuilly ; les vengeurs déployés en tirailleurs se sont portés en avant ; protégés par le tir de la garde nationale, ils ont forcé les Versaillais à se replier ; nous occupons à cette heure les mêmes positions que la veille.

A Issy, notre artillerie s'est portée en avant, appuyée par la garde nationale, et occupe solidement de fortes positions.

Le village de Bagneux est entièrement libre.

Le général Besson, commandant les forces de Versailles, aurait été tué hier à Neuilly pendant l'engagement.

AUX CITOYENS MEMBRES DE LA COMMUNE DE PARIS.

Citoyens,

Les citoyens soussignés, appartenant au 66e bataillon de la garde nationale de Paris, déclarent que Marguerite Gainder, épouse Lachaise, cantinière audit bataillon, demeurant rue Sedaine, 65, a, dans le combat du 3 courant, en avant de Meudon, tenu une conduite au-dessus de tout éloge et de la plus grande virilité, en restant toute la journée sur le champ de bataille, malgré la moisson que faisait autour d'elle la mitraille, occupée à soigner et panser les nombreux blessés en l'absence de tout service chirurgical.

En foi de quoi, citoyens membres de la Commune, nous venons appeler votre attention sur ces actes, afin qu'il soit rendu justice au courage et au désintéressement de cette citoyenne, républicaine des plus accomplies.

Salut et fraternité.

PEIGNER, STADLER, BOYER, LAZARD, GUILLOT, GANGLOFF, LEBLANC, BOUCHY, BOUCHER, LEBŒUF, E. COMBET, NOYER, HÉBERT, VANCET, PIERRAT, KINEC, PEFFLINE, LANGELET, DANCET, GUENNEC, TISSERANT, REGNAULT, MARCELLIER, ALEXANDRE LEGARSQ, VAURS, ADOLPHE BERY, G. PHALPIN, CHARLOT, FRÉDÉRIC BITTERMANN, P. GUÉRIN, GAMET, HÉRAULT, LOUVRADANT, F. BOUTON, TANNEUR, MOUSSEUX, FOURNIER, CLÉMENT, CLÉMENT GUY, PAPIN, SERVANT, BÉNARD, DONNADIEU, DELAUNAY, BAUDIN, E. ANFREVILLE, PEIGNEY, BAUMEL, GENTON, PALLUY, L. BONNEUIL, COURMIER, A. BISSEAU, J. DENIZOT, AMAND, MORIN, GIRARDET, GUILLET, CH. WEBER, DUREY, HUBERT, A. BIENVENU, MERMILLA, FILAIRE, E. VAUTIER, FALISE, GASSAU, MORET, BERNY, BASCAUBES, BARBIER WATTEMANT, BOUCHARD, ANOTIN.

MAIRIE DU 4ᵉ ARRONDISSEMENT.

A nos concitoyens,

Au milieu des douleurs de la guerre impie que nous fait la réaction clérico-royaliste de Versailles, une seule chose peut nous consoler, c'est la conduite héroïque des soldats-citoyens des 94ᵉ 150ᵉ et 162ᵉ bataillons du 4ᵉ arrondissement.

A Châtillon, à Courbevoie, à Neuilly, ils ont prouvé une fois de plus à nos ennemis que les défenseurs de la république sont résolus à vaincre ou à mourir.

Leur constance et leur courage à toute épreuve ont excité l'admiration de leurs frères d'armes.

Une semblable conduite contraste heureusement avec celle de quelques hommes, en petit nombre, qui, loin de concourir à la défense de la république et des libertés de Paris, abandonnent même la garde sans danger de leur propre arrondissement.

L'enterrement des glorieuses victimes qui ont succombé sous les balles des sergents de ville et des chouans aura lieu le dimanche 9 avril, à deux heures précises. On se réunira au Palais de l'Industrie.

Nous comptons que tous ceux qui comprennent l'héroïsme et le dévouement les accompagneront jusqu'à leur dernière demeure.

Paris, le 8 avril 1871.

Les membres de la commune élus par le 4ᵉ arrondissement.

LEFRANÇAIS, ARTHUR ARNOULD, AMOUROUX, CLÉMENCE, E. GÉRARDIN.

MAIRIE DU 5ᵉ ARRONDISSEMENT.

Plusieurs bataillons éloignés de Paris peuvent ignorer encore le décret de la Commune qui concentre dans une seule main l'autorité militaire.

Quelques délégués des bataillons ont pu intervenir dans les opérations de guerre en voie d'exécution. Il importe de leur répéter que leurs attributions ne leur donnent pas ce droit, dont l'exercice aurait, au point de vue de la discipline, les plus fâcheux résultats.

C'est aux seuls ordres du ministère de la guerre ou de la place Vendôme, qui est son émanation, que les bataillons doivent désormais obéir.

Paris, le 8 avril 1871.

D. M. RÉGÈRE.

MAIRIE DU 10ᵉ ARRONDISSEMENT.

Citoyens,

Nos frères de la garde nationale continuent à lutter vaillamment contre les chouans et les policiers, pour la défense de la république et de l'indépendance communale de Paris.

Le délégué à l'administration du 10ᵉ arrondissement a, dans cette circonstance, un devoir sacré à remplir, celui de venir en aide aux veuves, aux orphelins et aux familles de nos concitoyens morts glorieusement sur les champs de bataille.

Il a donc décidé qu'à partir du 9 courant, un bureau spécial de secours sera ouvert à la mairie, les lundi, mercredi et vendredi de chaque semaine, de deux heures à quatre heures.

Paris, le 7 avril 1871.

Le délégué à l'administration de la mairie du 10ᵉ arrondissement,

A. MOREAU.

MAIRIE DU 12ᵉ ARRONDISSEMENT.

La commission municipale

ARRÊTE :

1º Le drapeau de la Commune, drapeau rouge, sera immédiatement arboré sur tous les monuments publics de l'arrondissement.

2º Aucun édifice particulier ne sera pavoisé d'un autre drapeau que celui de la Commune ; en conséquence, les citoyens devront faire disparaître dans le plus bref délai le drapeau tricolore, qui, après avoir été celui de la révolution, sa gloire, après avoir été souillé de toutes les trahisons et de toutes les hontes de la monarchie, est devenu la bannière flétrie des assassins de Versailles.

La France communale le répudie.

3º Les commissaires de police de l'arrondissement sont chargés de l'exécution du présent arrêté.

Paris, le 7 avril 1871.

Les membres de la commission,

PHILIPPE, MAGOT, AMBROISE LYAZ.

L'affiche suivante a été posée hier sur les murs de Paris.

L'INFANTERIE DE LIGNE A LA POPULATION DE PARIS.

Citoyens,

Un conseil de guerre siégeant à Versailles vient de condamner à la peine de mort les officiers et sous-officiers de l'armée qui ont refusé de faire feu sur le peuple.

Aux habitants de Paris de nous juger, et si nous sommes coupables, nos poitrines sont là pour répondre. Nous ne tomberons pas en lâches.

Le capitaine d'infanterie délégué,
A. PIERRE.

BONAVANTURE, *cap.;* PHILIPPO, *serg.*

Le *Journal officiel* de Versailles publie ce qui suit dans sa partie non officielle :

La désorganisation de la Commune fait chaque jour des progrès. Deux membres de cette assemblée factieuse, MM. Lefèvre et Ranc, viennent de donner leur démission.

LE 10 AVRIL 1871.

Le *Journal officiel* de Paris, dans sa partie officielle, contient les pièces suivantes :

La Commune de Paris,

Considérant qu'il est matériellement impossible de convoquer au scrutin les électeurs qui défendent les remparts de la cité,

DÉCRÈTE :

Les élections sont ajournées. La date de la nouvelle convocation des électeurs sera prochainement fixée.

La Commune de Paris

DÉCRÈTE :

Art. 1er. Tous les renseignements au sujet des gardes nationaux morts ou blessés dont l'identité sera constatée, soit à l'intérieur, soit à l'extérieur de Paris, seront envoyés à l'hôtel de ville, au bureau central des renseignements.

Art. 2. Les gardes nationaux dont l'identité ne sera pas constatée seront envoyés à l'Hôtel-Dieu.

Les familles pourront les y reconnaître. Les identités constatées de cette façon seront communiquées au bureau central des renseignements à l'hôtel de ville.

Art. 3. Les morts non reconnus seront photographiés aux endroits désignés ci-dessus, où ils seront déposés.

Ces photographies, munies d'un numéro d'ordre correspondant aux effets du mort et de la bière, seront envoyées au bureau central des renseignements, à l'hôtel de ville.

Art. 4. Tous les morts reconnus rentrés dans Paris et ceux non reconnus seront enterrés aux frais de la Commune, au cimetière du Père-Lachaise, dans un lieu désigné à cet effet.

A moins de réclamations de la part des familles, le bureau central des renseignements de l'hôtel de ville est chargé de l'exécution du présent article.

Paris, le 10 avril 1871.

La Commune de Paris.

La Commune de Paris nomme le citoyen Rastoul, docteur-médecin, et l'un de ses membres, inspecteur général du service des ambulances, avec mandat de pourvoir aux nécessités urgentes de ce service.

Le délégué au ministère de l'agriculture et du commerce :

Attendu qu'il est urgent d'éviter tout gaspillage de subsistances ;

Que l'ordre le plus strict peut seul empêcher des dommages qui seraient peut-être irrémédiables,

ARRÊTE :

1° L'intendance militaire a seule le droit, sur un bon portant le timbre de la commission des subsistances, de se faire délivrer des approvisionnements aux stocks qui dépendent du ministère du commerce.

2° Toutes les subsistances appartenant à l'État ou à la ville seront emmagasinées dans les stocks de la commission.

3° Les mairies pourront, sur des bons qu'elles feront viser et timbrer au ministère, se faire délivrer des subsistances, mais seulement pour les cantines nationales, et après avoir justifié du chiffre de leurs nécessiteux. Le magasin où les vivres leur seront délivrés sera le plus rapproché possible de leur arrondissement.

4° Les gardes nationaux doivent demander leurs vivres à l'intendance ou aux sous-intendances, et les prendre à la manutention ou à ses annexes, sur un bon des intendants.

5° Toute réquisition de vivres est désormais interdite, à moins d'urgence bien constatée, et si cette urgence n'est pas imputable à la négligence.

Le membre de la Commune délégué au ministère du commerce,

PARISEL.

Paris, le 9 avril 1871.

Chaque compagnie doit élire trois délégués, sans distinction de grade, pour former le cercle du bataillon, avec un officier nommé par le corps des officiers et le chef de bataillon.

Les cercles des bataillons d'un arrondissement doivent élire deux délégués pour former le conseil de légion avec les chefs de bataillon de l'arrondissement.

Les conseils de légion de chaque arrondissement doivent élire trois délégués pour former le comité central.

Les chefs de bataillon d'un arrondissement désignent à l'élection l'un d'eux comme chef de légion pour faire également partie du comité central.

Un des délégués de compagnie est spécialement désigné pour assister aux assemblées générales de la fédération et en rendre compte à ses commettants.

Assistent également aux assemblées générales : les officiers élus par le corps d'officiers de leurs bataillons et les chefs de bataillon.

Les cercles de bataillon et les conseils de légion sont des conseils de famille qui doivent spécialement s'occuper des intérêts particuliers de leurs mandants; ils ont à connaître des réclamations de toute nature, les appuyer auprès du comité central.

Ils doivent faire procéder aux élections des vacances dans les délégations.

Ils doivent veiller au bon esprit de leurs bataillons ou légions, au maintien de la discipline, par la persuasion et l'exemple, et mettre tout en œuvre pour qu'aucun des gardes nationaux ne puisse se soustraire à la part de service qui lui incombe.

Ils font connaître au comité central leurs vœux et leurs idées pour les améliorations à apporter dans l'organisation générale.

Les chefs de légion peuvent recevoir directement de l'autorité militaire les ordres concernant un ou plusieurs bataillons placés sous leur commandement.

En aucun cas, les conseils de légion, les cercles de bataillon ou les délégués de compagnie ne peuvent s'immiscer dans le commandement, donner des ordres, ou faire battre ou sonner le rappel pour les bataillons.

Il importe au salut commun que ces prescriptions soient scrupuleusement observées, de manière que tous les intérêts, civils et militaires, de la garde nationale soient complétement sauvegardés et qu'une discipline intelligente vienne s'introduire dans les rangs des valeureux citoyens sur l'intelligence et le courage desquels repose l'avenir de la république.

Les gardes nationaux ne sauraient apporter trop de soin dans l'élection de ceux qu'ils appellent à les commander. La science militaire, l'énergie et la foi républicaine sont des qualités que doivent réunir les candidats.

Mais, une fois les choix faits avec ce discernement, ils doivent donner leur confiance à leurs élus, s'abstenir d'interpréter les ordres qu'ils reçoivent, ne jamais perdre de vue que l'obéissance et la discipline sont la force des armées, et que tout corps indiscipliné devient une bande sans cohésion, facilement battue.

L'autorité qui donne un ordre en est responsable, et toute désobéissance, quelquefois même toute hésitation, peut devenir un crime qui compromet l'honneur de la garde nationale et le succès d'une opération. Les chefs doivent commander avec douceur, mais doivent énergiquement réprimer toutes les velléités de discorde.

Le bon sens des citoyens établira facilement ce lien de confiance et de solidarité réciproques, qui doivent être la discipline de la garde nationale.

La présente circulaire sera copiée sur les livres

d'ordres de chacune des compagnies et lue à trois appels consécutifs.

Pour le comité central,

G. ARNOLD, ANDIGNOUX, AUDOYNAUD, AVOINE fils, BAROUD, BOUIT, L. BOURSIER, H. CHOUTEAU, A. DU CAMP, FABRE, FERRAT, FOUGERET, C. GAUDIER, GROLARD, GOUHIER, GRELIER, GUIRAL, LAVALETTE, ÉD. MOREAU, PRUDHOMME, ROUSSEAU.

Approuvé :

Le délégué à la guerre,

CLUSERET.

On lit dans le journal *l'Affranchi* :

A Versailles on donnait avant-hier des billets aux dames pour aller visiter le cadavre de Gustave Flourens.

Le *Journal officiel* de Versailles contient ce qui suit dans sa partie non officielle :

Versailles, 9 avril 1871.

Au milieu des mortelles douleurs d'une lutte aussi insensée que criminelle, nous voudrions qu'il nous fût possible de faire entendre notre voix à la population de

Paris, d'invoquer la raison, les bons sentiments de tous ceux que n'égare pas une inexplicable passion.

Comment cette majorité considérable, saine, sensée, ne s'est-elle pas réunie pour faire justice de la poignée d'agitateurs par lesquels elle se laisse dominer?

Elle reproche au gouvernement d'avoir abandonné Paris.

Mais elle oublie qu'il a fait appel à la garde nationale pour faire exécuter la loi, et qu'après avoir attendu toute une journée, resté seul, livré à la sédition, il a dû se retirer près de l'Assemblée.

Qui le croirait, cependant? cette Assemblée elle-même, issue du suffrage universel, représentant dans son essence le principe républicain, est l'objet des attaques les plus vives, des plus coupables calomnies.

On l'accuse de trahir la république et d'arborer le drapeau blanc. Chaque jour on annonce qu'elle a proclamé un roi.

Ces tristes inventions ne mériteraient pas de réfutation, si la crédulité qui les fait admettre ne prenait sa source dans un sentiment dangereux qu'il importe de bien constater pour démontrer l'erreur politique sur laquelle il repose.

Paris est républicain; il a acclamé la république au 4 septembre, et, après lui, la France entière l'a acceptée.

C'est au nom de la république que le gouvernement de la défense nationale a lutté contre l'invasion, que la France mutilée s'est reconquise elle-même par le vote souverain du 8 février et par la réunion de l'Assemblée qui en est sortie.

A ce moment solennel, la république pouvait être discutée; car au gouvernement de fait du 4 septembre succédait le gouvernement légal, maître de lui-même et des destinées du pays.

L'Assemblée a eu la sagesse d'écarter toute délibération sur un si grave sujet à l'heure troublée où les excitations passionnées pouvaient perdre la patrie.

Elle a accepté la république comme un fait, se réservant de lui faire subir l'épreuve du droit et reconnaissant que la meilleure politique consistait à se ranger sous la bannière qui nous divise le moins.

M. le président du conseil a tracé son programme avec une fermeté et une franchise qui doivent être, pour les plus défiants, la plus solide des garanties. Il a demandé à l'Assemblée de réorganiser le pays, de guérir ses plaies, de lui rendre le calme et la force, et de renvoyer jusque-là toute discussion sur la forme du gouvernement.

Jusque-là, il l'a engagée à conserver et à pratiquer la république, qu'il a promis de défendre et de faire respecter.

Ce pacte a été accepté.

Il a été tenu, il le sera loyalement.

La majorité de l'Assemblée, essentiellement conservatrice, comprend que rien ne serait plus fatal au pays qu'une compétition personnelle du pouvoir. Elle repousse avec horreur une restauration impérialiste, et convaincue que d'autres prétentions seraient un signal de la discorde, elle s'efforce honnêtement d'opposer aux malheurs qui nous accablent l'action collective de la nation entière, unie dans un même intérêt de salut, et seule assez forte pour surmonter l'effroyable tempête que l'empire, l'invasion et la sédition ont déchaînée.

Si telle est sa ligne politique, qui a le droit de la blâmer? et comment ne pas reconnaître que ruiner son autorité, c'est détruire la république, qui repose uniquement sur le consentement de la majorité nationale?

Entre l'Assemblée représentant la république et la légalité, et la Commune, personnification de la dictature arbitraire et sanglante, il n'y a pas d'alternative.

Paris a pu juger les maîtres odieux qu'il s'est donnés, — il les voit à l'œuvre, — dignes imitateurs du 2 décembre dont ils sont les complices, dont ils préparent le retour; ils procèdent par l'assassinat sur les boulevards, les arrestations, les perquisitions domiciliaires; toute leur théorie est dans le culte aveugle de la force. Si leur règne détestable durait, ce serait celui de la destruction et de la mort.

La France périrait dans de honteuses convulsions.

Et c'est pour eux que les élus du suffrage universel sont proscrits, décrétés de mort et de confiscation, c'est pour eux que les citoyens marchent contre les soldats, c'est pour eux que les forts vomissent la mitraille, que nos généraux sont immolés! La postérité ne voudra pas le croire; elle se demandera avec stupeur comment cette orgie sauvage a été un instant possible, comment la population de Paris, si intelligente, si patriote, si intéressée au maintien de la loi et au respect de la justice, ne s'est pas immédiatement rangée sous le drapeau du pouvoir légitime qui seul peut lui rendre la paix, le travail et la liberté.

Du reste, l'heure est pressante. Ce n'est pas seulement la honte et la ruine, c'est le retour offensif de l'étranger, c'est la fin de la France qu'amènerait nécessairement la prolongation de cette situation violente. Nous avons le ferme espoir qu'enfin elle touche à son terme. Malgré les calomnies dont elle est l'objet, l'Assemblée poursuit avec impartialité la délibération de la loi municipale ; elle ne cherche pas dans la sédition un prétexte pour ajourner le retour légal de Paris au droit commun. Comme le reste de la France, Paris devait jouir de ses franchises municipales, il en jouira. Mais il reconnaîtra que ces franchises ne seraient qu'un instrument de tyrannie si elles n'étaient pas contenues dans les limites de la loi, et si les pouvoirs publics n'exerçaient pas, à Paris comme dans tout le pays, leur légitime autorité.

Les insurgés se sont montrés, vers cinq heures et demie du soir, dans la direction d'Asnières. Ils ont été culbutés et mis en déroute par la cavalerie, qui opérait de ce côté une reconnaissance.

Les fausses nouvelles les plus audacieuses sont répandues à Paris, où aucun journal indépendant ne peut plus paraître. Les insurgés s'appliquent surtout à annoncer des soulèvements dans les départements. Ils annonçaient hier avec joie que la Nièvre et la Creuse étaient le théâtre de troubles ; les dépêches parvenues de ces départements, où ces nouvelles avaient pénétré, protestent avec indignation, et constatent que la tranquillité la plus entière règne à Nevers et à Guéret, comme dans le reste de la France.

LE 11 AVRIL 1871.

La Commune de Paris,
Ayant adopté les veuves et les enfants de tous les citoyens morts pour la défense des droits du peuple,

DÉCRÈTE :

Art. 1ᵉʳ. Une pension de 600 francs sera accordée à la femme du garde national tué pour la défense des droits du peuple, après enquête qui établira ses droits et ses besoins.

Art. 2. Chacun des enfants, reconnus ou non, recevra, jusqu'à l'âge de dix-huit ans, une pension annuelle de trois cent soixante-cinq francs, payable par douzièmes.

Art. 3. Dans le cas où les enfants seraient déjà privés de leur mère, ils seront élevés aux frais de la Commune, qui leur fera donner l'éducation intégrale nécessaire pour être en mesure de se suffire dans la société.

Art. 4. Les ascendants, père, mère, frères et sœurs de tout citoyen mort pour la défense des droits de Paris, et qui prouveront que le défunt était pour eux un soutien nécessaire, pourront être admis à recevoir une pension proportionnelle à leurs besoins, dans les limites de 100 à 800 francs par personne.

Art. 5. Toute enquête nécessitée par l'application

des articles ci-dessus sera faite par une commission spéciale, composée de six membres délégués à cet effet dans chaque arrondissement, et présidée par un membre de la Commune appartenant à l'arrondissement.

Art. 6. Un comité, composé de trois membres de la Commune, centralisera les résultats produits par l'enquête et statuera en dernier ressort.

Paris, le 10 avril 1871.

A LA GARDE NATIONALE.

Citoyens,

Nous apprenons que certaines inquiétudes persistent dans la garde nationale, au sujet du citoyen Dombrowski, nommé commandant de la place.

On lui reproche d'être étranger et inconnu de la population parisienne.

En effet, le citoyen Dombrowski est Polonais.

Il a été élu chef principal de la dernière insurrection polonaise, et a tenu tête à l'armée russe pendant plusieurs mois.

Il a été général sous les ordres de Garibaldi, qui l'estime tout particulièrement. Dès qu'il devint commandant de l'armée des Vosges, le premier soin de Garibaldi fut de demander le concours du citoyen Dombrowski. Trochu refusa de le laisser partir de Paris et le fit même incarcérer.

Le citoyen Dombrowski a également fait la guerre

du Caucase, où il défendait, comme ici, l'indépendance d'une nation menacée par un ennemi implacable.

Le citoyen Dombrowski est donc incontestablement un homme de guerre et un soldat dévoué de la république universelle.

La commission exécutive de la Commune.

Citoyens,

Je rappelle aux gardes nationaux de Paris qu'il est absolument interdit de passer en armes sur la zone neutre qui entoure Paris.

Les Prussiens sont rigides exécuteurs de la convention et veulent qu'on l'exécute de même.

Ils sont dans leur droit et nous devons le respecter.

En conséquence, j'engage formellement les gardes nationaux à ne pas se promener en armes sur la zone neutre.

Paris, le 11 avril 1871.

Le délégué à la guerre,
E. CLUSERET.

Le *Journal officiel* de Paris contient ce qui suit dans sa partie non officielle :

10 avril.

Les troupes se sont installées définitivement dans leurs positions à Asnières. Wagons blindés commencent leurs opérations, et par leur mouvement sur la ligne de Versailles, Saint-Germain, couvrent la ligne entre Colombes, Garenne et Courbevoie.

Nos postes à Villers et à Vallois se sont avancés et nous sommes en possession de toute la partie nord-est de Neuilly.

J'ai fait avec tout mon état-major une reconnaissance par Levallois, Villers, Neuilly, jusqu'au rond-point du boulevard du Roule, et nous sommes rentrés par la porte des Ternes. La situation à la porte Maillot est beaucoup améliorée, par suite du relâchement du bombardement pendant la nuit. Nous avons pu réparer les dégâts causés par le feu ennemi, et commencer la construction de nouvelles batteries en avant de la porte.

Un ordre parfait a régné pendant toute la nuit dans tous les postes, et les bruits sur l'abandon de diverses positions sont des inventions de la réaction dans le but de démoraliser la population.

DOMBROWSKI.

CONSIGNE RÉGLANT LA CIRCULATION AUX PORTES DE PARIS.

ORDRE. — CONSIGNE FORMELLE.

Ne laisser sortir de Paris que tout individu muni d'un laissez-passer de la place ou de la préfecture de police, s'il est garde national et en dehors du service.

Quant aux autres personnes, il leur faut un laissez-passer de l'ex-préfecture de police.

Tout contrevenant à cette consigne sera sévèrement puni.

Chaque officier relevant la garde doit prendre connaissance de cette consigne.

Les officiers qui seraient trouvés en défaut passeront en cour martiale.

Le commandant de place.

Les citoyens chefs de bataillon sont priés d'informer la commission médicale de l'hôtel de ville si le service médical des ambulances de leur bataillon est organisé, comme personnel et matériel. Dans le cas contraire, le médecin en chef de l'hôtel de ville pourvoira immédiatement aux besoins de ce service.

Le médecin en chef de l'hôtel de ville,
Dr HERZFELD.

10 avril 1871.

Chaque ambulance devra faire parvenir quotidiennement aux bureaux de service médical, siégeant à l'hôtel de ville, un état journalier constatant les entrées, la mort, nature des blessures, numéros des bataillons et tous autres renseignements qui faciliteront les recherches des intéressés.

9 avril 1871.

Le médecin en chef de l'hôtel de ville,
Dr HERZFELD.

APPEL AUX CITOYENNES DE PARIS.

Paris est bloqué, Paris est bombardé...

Citoyennes, où sont-ils nos enfants, et nos frères et

nos maris ?... Entendez-vous le canon qui gronde et le tocsin qui sonne l'appel sacré?

Aux armes! La patrie est en danger !...

Est-ce l'étranger qui revient envahir la France? Sont-ce les légions coalisées des tyrans de l'Europe qui massacrent nos frères, espérant détruire avec la grande cité jusqu'au souvenir des conquêtes immortelles que depuis un siècle nous achetons de notre sang et que le monde nomme liberté, égalité, fraternité?...

Non, ces ennemis, ces assassins du peuple et de la liberté sont des Français !...

Ce vertige fratricide qui s'empare de la France, ce combat à mort, c'est l'acte final de l'éternel antagonisme du droit et de la force, du travail et de l'exploitation, du peuple et de ses bourreaux !...

Nos ennemis, ce sont les privilégiés de l'ordre social actuel, tous ceux qui toujours ont vécu de nos sueurs, qui toujours se sont engraissés de notre misère...

Ils ont vu le peuple se relever en s'écriant : « Pas de devoirs sans droits, pas de droits sans devoirs !... Nous voulons le travail, mais pour en garder le produit... Plus d'exploiteurs, plus de maîtres !... Le travail est le bien-être pour tous, — le gouvernement du peuple par lui-même, — la Commune, vivre libres en travaillant, ou mourir en combattant !... »

Et la crainte de se voir appelés au tribunal du peuple a poussé nos ennemis à commettre le plus grand des forfaits, la guerre civile !

Citoyennes de Paris, descendantes des femmes de la grande Révolution, qui, au nom du peuple et de la justice, marchaient sur Versailles, ramenant captif Louis XVI, nous, mères, femmes et sœurs de ce peuple français, supporterons-nous plus longtemps que la misère et l'ignorance fassent des ennemis de nos enfants, que père contre fils, que frère contre frère, ils viennent s'entre-tuer sous nos yeux pour le caprice de nos opresseurs, qui veulent l'anéantissement de Paris après l'avoir livré à l'étranger !

Citoyennes, l'heure décisive est arrivée. Il faut que c'en soit fait du vieux monde ! Nous voulons être libres ! Et ce n'est pas seulement la France qui se lève, tous les peuples civilisés ont les yeux sur Paris, attendant notre triomphe pour à leur tour se délivrer. Cette même Allemagne, — dont les armées princières dévastaient notre patrie, jurant la mort à ces tendances démocratiques et socialistes, — est elle-même ébranlée et travaillée par le souffle révolutionnaire ! Aussi, depuis six mois est-elle en état de siége, et ses représentants ouvriers sont au cachot ! La Russie même ne voit périr ses défenseurs de la liberté que pour saluer une génération nouvelle, à son tour prête à combattre et à mourir pour la république et la transformation sociale !

L'Irlande et la Pologne, qui ne meurent que pour renaître avec une énergie nouvelle, — l'Espagne et l'Italie, qui retrouvent leur vigueur perdue pour se joindre à la lutte internationale des peuples, — l'Angleterre, dont la masse entière, prolétaire et salariée, devient révolutionnaire par position sociale, — l'Autriche, dont le gouvernement doit réprimer les révoltes simultanées du pays même et des pouvoirs slaves, — cet entre-choc perpétuel entre les classes régnantes et le peuple n'indique-t-il pas que l'arbre de la liberté, fécondé par les flots de sang versés durant des siècles, a enfin porté ses fruits ?

Citoyennes, le gant est jeté, il faut vaincre ou mourir ! Que les mères, les femmes qui se disent : « Que m'importe le triomphe de notre cause, si je dois perdre ceux que j'aime! » se persuadent enfin que le seul moyen de sauver ceux qui leur sont chers, — le mari qui la soutient, l'enfant en qui elle met son espoir, — c'est de prendre une part active à la lutte engagée, pour la faire cesser enfin et à tout jamais, cette lutte fratricide qui ne peut se terminer que par le triomphe du peuple, à moins d'être renouvelée dans un avenir prochain!

Malheur aux mères, si une fois encore le peuple succombait! Ce seront leurs fils enfants qui paieront cette défaite, car pour nos frères et nos maris, leur tête est jouée, et la réaction aura beau jeu!... De la clémence, ni nous ni nos ennemis nous n'en voulons!...

Citoyennes, toutes résolues, toutes unies, veillons à la sûreté de notre cause! Préparons-nous à défendre et à venger nos frères! Aux portes de Paris, sur les barricades, dans les faubourgs, n'importe! soyons prêtes, au moment donné, à joindre nos efforts aux leurs; si les infâmes qui fusillent les prisonniers, qui assassinent nos chefs, mitraillent une foule de femmes désarmées, tant mieux! le cri d'horreur et d'indignation de la France et du monde achèvera ce que nous aurons tenté!... Et si les armes et les baïonnettes sont toutes utilisées par nos frères, il nous restera encore des pavés pour écraser les traîtres!...

Un groupe de citoyennes.

Le *Journal officiel* de Versailles contient ce qui suit dans sa partie officielle :

11 avril, 10 h. 30 matin.

CHEF DU POUVOIR EXÉCUTIF A PRÉFET
DE LA SEINE-INFÉRIEURE.

Rien de nouveau. Le plus grand calme règne dans nos cantonnements. Aujourd'hui, le maréchal Mac-Mahon, les généraux de Cissey, Ladmirault, prennent possession de leurs commandements.

Le général Vinoy conserve le commandement de l'armée de réserve. L'armée s'organise et augmente chaque jour.

Ne croyez à aucun des faux bruits qu'on répand. Le président du conseil n'a pas songé un instant à donner sa démission, étant parfaitement uni avec l'Assemblée nationale, et profondément dévoué à ses devoirs, quelque difficiles qu'ils soient.

Quant à une conspiration contre la république qui tendrait à la renverser, démentez ce bruit absurde et perfide.

Il n'y a de conspiration contre la république que de la part des insurgés de Paris; mais on prépare contre eux des moyens irrésistibles, et qu'on ne cherche à rendre tels que dans le désir et l'espérance d'épargner l'effusion de sang.

Que tous les bons citoyens sincères dans leurs alarmes se rassurent. Il ne surviendra pas un seul événement sans qu'on le leur fasse connaître, et il n'y en a aucun de funeste à prévoir ni à craindre.

A. THIERS.

Le *Journal officiel* de Versailles, dans sa partie non officielle, contient ce qui suit :

Les batteries de la porte Maillot tirent toujours sur nos troupes. Le mont Valérien et les batteries de Neuilly leur répondent avec avantage.

LE 12 AVRIL 1871.

Le *Journal officiel* de Paris contient, dans sa partie officielle, les pièces suivantes :

La Commune de Paris,

Considérant que le gouvernement de Versailles se vante ouvertement d'avoir introduit dans les bataillons de la garde nationale des agents qui cherchent à y jeter le désordre ;

Considérant que les ennemis de la république et de la Commune cherchent par tous les moyens possibles à produire dans ces bataillons l'indiscipline, espérant désarmer ainsi ceux qu'ils ne peuvent vaincre par les armes ;

Considérant qu'il ne peut y avoir de force militaire sans ordre, et qu'il est nécessaire, en face de la gravité des circonstances, d'établir une rigoureuse discipline qui donne à la garde nationale une cohésion qui la rende invincible,

DÉCRÈTE :

Art. 1ᵉʳ. Il sera immédiatement institué un conseil de guerre dans chaque légion.

Art. 2. Ces conseils de guerre seront composés de sept membres, savoir :

Un officier supérieur, président ;
Deux officiers ;
Deux sous-officiers et deux gardes.

Art. 3. Il y aura un conseil disciplinaire par bataillon.

Art. 4. Les conseils disciplinaires seront composés d'autant de membres qu'il y aura de compagnies dans le bataillon, à raison d'un membre par compagnie, sans distinction de grade ;

Ils seront nommés à l'élection et toujours révocables par la commission exécutive, sur la proposition du délégué à la guerre.

Art. 5. Les membres des conseils de guerre seront élus par les délégués des compagnies.

Art. 6. Seront justiciables des conseils de guerre et disciplinaires les gardes nationaux de la légion et du bataillon.

Art. 7. Le conseil de guerre prononcera toutes les peines *en usage*.

Art. 8. Aucune condamnation afflictive ou infamante, prononcée par les conseils de guerre, ne pourra être exécutée sans qu'elle ait été soumise à la ratification d'une cour de révision spécialement créée à cet effet.

Cette commission de révision se composera de sept membres tirés au sort parmi les membres élus des conseils de guerre de la garde nationale avant leur entrée en fonctions.

Art. 9. Le conseil disciplinaire pourra prononcer la prison depuis un jour jusqu'à trente.

Art. 10. Tout officier peut infliger de un à cinq jours d'emprisonnement à tout subordonné, mais il sera tenu de justifier immédiatement devant le conseil disciplinaire des motifs de la punition prononcée.

Art. 11. Il sera tenu dans chaque bataillon et légion un état des punitions infligées dans les vingt-quatre heures, lequel sera envoyé chaque matin au rapport de la place.

Art. 12. Aucune condamnation capitale ne recevra son exécution avant que la grosse du jugement ou de l'arrêt n'ait été visée par la commission exécutive.

Art. 13. Les dispositions du présent décret ne seront en vigueur que pendant la durée de la guerre.

La Commune de Paris

DÉCRÈTE :

Tout citoyen, fonctionnaire ou industriel, détenteur d'armes de guerre et de munitions, par suite de commandes non suivies de livraison ou les ayant en dépôt sur un prétexte quelconque, aura à en faire la déclaration dans les quarante-huit heures, au ministère de la guerre. Tout contrevenant au présent décret sera rendu responsable et traduit immédiatement devant un conseil de guerre.

Paris, le 11 avril 1871.

La Commune de Paris,

Sur la proposition du comité de sûreté générale;

Attendu que le prix des passe-ports, fixé jusqu'ici, d'après les anciens règlements, à 2 francs, est inabordable pour la plupart des citoyens;

Que journellement des passe-ports sont réclamés par des femmes et des enfants,

ARRÊTE :

Art. 1er. Le prix des passe-ports est fixé à 50 c.

Art. 2. Les maires pourront délivrer des certificats sur la vue desquels le comité de sûreté générale donnera des passe-ports gratuits.

Paris, le 11 avril 1871.

Le citoyen Goupil a donné sa démission de membre de la Commune.

Le citoyen Amouroux a été nommé secrétaire de la Commune.

Dorénavant, le procès-verbal de chaque séance de la Commune sera inséré au *Journal officiel*.

Le *Journal officiel* de Paris, dans sa partie non officielle, contient les pièces suivantes :

Paris, le 11 avril 1871.

La canonnade d'hier soir contre les forts du Sud a été aussi inutile que furieuse. L'attaque a été vivement repoussée et le feu de l'ennemi a cessé. Beaucoup de bruit et peu de besogne, mais non peu de pertes pour les assaillants. Le ministère de la guerre et la place croient que cette grosse démonstration couvre une surprise vers la porte Maillot et Neuilly, qui ne réussira pas mieux. Nous sommes prêts là comme ailleurs. Versailles est vide de troupes. Toute l'armée royale était sous les murs de Paris, qui les attend avec le calme et la confiance du droit et de la force.

DÉPÊCHES TÉLÉGRAPHIQUES.

GUERRE A EXÉCUTIVE.

8 heures du soir.

Forte canonnade sur toute la ligne des forts du Sud. Les Versaillais s'avancent. Nos troupes font bonne contenance. Mousqueterie très-vive, surtout aux forts de Vanves et d'Issy.

Minuit.

Mon aide de camp revient des forts avec rapports des

trois commandants et du général Eudes. Tout va bien. Ennemi repoussé sur toute la ligne.

L'attaque d'hier soir, à laquelle les dépêches officielles font allusion, a eu lieu entre les forts d'Issy et de Vanves.

Les Versaillais se sont avancés jusqu'à 100 mètres de la tranchée. Ils ont été vigoureusement repoussés, et dans leur fuite ont subi des pertes considérables.

De notre côté, les pertes sont à peu près nulles.

Au fort d'Issy, les tranchées étaient défendues par les gardes sédentaires du 63e bataillon. On signale la belle conduite du capitaine Monville, de la 11e légion.

Au fort de Vanves, le 208e et surtout le 179e se sont distingués par leur élan.

Le *Journal officiel* de Versailles, dans sa partie non officielle, contient les pièces suivantes :

GARDE NATIONALE DE LA SEINE.
ORDRE GÉNÉRAL.

Un certain nombre d'officiers de la garde nationale, refusant à juste titre de pactiser avec l'émeute et mis dans l'impossibilité d'exercer actuellement leurs commandements, ont adressé leur démission à la Commune ou aux délégués qui occupent aujourd'hui les mairies, et semblent se considérer comme affranchis désormais des obligations qui incombent à leur grade.

Le chef d'état-major général des gardes nationales de la Seine porte à leur connaissance que ces démissions, ainsi que celles qui pourraient lui être adressées directement, sont considérées par le gouvernement comme nulles et non avenues; les élections qui ont pu avoir lieu à Paris dans ces derniers jours et les nominations qui en ont été la conséquence étant sans valeur, les officiers précédemment nommés restent seuls titulaires de ces emplois.

Ceux qui, pour des motifs valables, ont été contraints à quitter momentanément Paris, devront se tenir prêts à y rentrer aussitôt que les circonstances le permettront; les officiers restés à Paris devront également, quand le moment sera venu, reprendre le commandement qu'ils n'ont que provisoirement cessé d'exercer. Le devoir des uns et des autres sera de se grouper autour du drapeau de l'ordre avec tous les gardes nationaux restés fidèles à la cause de l'honneur et de la légalité.

Le chef d'état-major général ne doute pas que cet appel fait au patriotisme de chacun ne soit entendu; il ne saurait venir à l'esprit de personne de se soustraire à l'accomplissement d'un devoir, surtout en face du danger.

Versailles, ce 10 avril 1871.

Le chef d'état-major général,
Colonel CH. CORBIN.

Une note, publiée par les chefs de l'insurrection de Paris, essaye de calmer les inquiétudes qu'a inspirées la nomination de l'étranger Dombrowski comme commandant de place. Nous sommes en mesure de donner sur ce personnage des renseignements qui feront connaître les hommes qui siégent à l'hôtel de ville :

Jeroslas Dombrowski est né à Cracovie. Il est âgé de quarante-cinq ans. En 1863, lors de l'insurrection polonaise, il combattit avec le grade de colonel. En 1865, impliqué dans un procès pour crime de fabrication et d'émission de faux billets de banque russes, il fut mis en liberté en vertu d'une ordonnance de non-lieu. Il comparut une seconde fois sous la même inculpation devant la cour d'assises de la Seine et fut acquitté.

Jeroslas Dombrowski fabriquait de faux passe-ports et de faux certificats, dans lesquels il attestait que certains de ses compatriotes, qu'il gratifiait de grades imaginaires, avaient pris une part active à l'insurrection, alors qu'ils y étaient restés complétement étrangers. Ces certificats avaient pour objet de faire obtenir des subsides aux pétitionnaires réfugiés.

Dans le courant de février dernier, Dombrowski a cherché à fomenter l'insurrection à Bordeaux et un mandat fut décerné contre lui. Il y échappa en se rendant en Suisse, où il demeura jusque dans les derniers jours de mars. Pendant le siége de Paris, soupçonné d'intelligences avec les Prussiens, il fut arrêté plusieurs fois. Il aurait même traversé les lignes ennemies avec un faux laissez-passer. Peu de temps avant les derniers événements, il fut arrêté au moment où il manifestait le désir de voir l'armée française entièrement anéantie.

Tel est l'homme auquel la Commune insurrectionnelle a confié le commandement de Paris.

LE 13 AVRIL 1871.

La Commune de Paris,

Vu l'avis du délégué à la guerre, qui s'engage à rendre le vote possible à tous les citoyens appelés aux avant-postes pour la défense de leurs droits,

DÉCRÈTE :

Art. 1er. Les élections communales complémentaires auront lieu le dimanche 16 avril.

Art. 2. Le scrutin sera ouvert de huit heures du matin à huit heures du soir.

Art. 3. Le dépouillement se fera immédiatement.

Paris, le 12 avril 1871.

La commission exécutive,

Considérant que, vérification faite du dernier tableau de recensement, il est établi que, dans le 17e arrondissement, la population atteint le chiffre de 122,300 habitants;

Qu'en conséquence, le 17e arrondissement avait droit, non pas seulement à cinq, mais bien à six conseillers communaux :

Qu'il y a lieu, à l'occasion des élections complémentaires par suite d'options, démissions ou décès, de réparer l'erreur commise lors des premières élections,

ARRÊTE :

Le nombre des conseillers communaux à élire par le 17ᵉ arrondissement, aux élections du 16 avril, est fixé à deux.

Paris, le 12 avril 1871.

La Commune de Paris,

Considérant que la colonne impériale de la place Vendôme est un monument de barbarie, un symbole de force brute et de fausse gloire, une affirmation du militarisme, une négation du droit international, une insulte permanente des vainqueurs aux vaincus, un attentat perpétuel à l'un des trois grands principes de la république française, la fraternité.

DÉCRÈTE :

Article unique. La colonne de la place Vendôme sera démolie.

Paris, le 12 avril 1871.

La Commune de Paris,

Vu les questions multiples que soulève la loi sur les échéances à cause des nombreux intérêts auxquels elle touche et la nécessité d'un examen plus approfondi,

ARRÊTE :

Article unique. Toutes poursuites pour échéances

sont suspendues jusqu'au jour où paraîtra, au *Journal officiel*, le décret sur les échéances.

Paris, le 12 avril 1871.

SOLDE DE LA GARDE NATIONALE.

La délégation des finances et la délégation de la guerre

ARRÊTENT :

1° La solde des officiers de la garde nationale, appelés à un service actif en dehors de l'enceinte fortifiée, est fixée ainsi qu'il suit :

Général en chef, 16 fr. 65 par jour, 500 fr. par mois.

Général en second, 15 fr. par jour, 450 fr. par mois.

Colonel, 12 fr. par jour, 360 fr. par mois.

Commandant, 10 fr. par jour, 300 fr. par mois.

Capitaine, chirurgien-major, adjudant-major, 7 fr. 50 par jour, 225 fr. par mois.

Lieutenant, aide-major, 5 fr. 50 par jour, 165 fr. par mois.

Sous-lieutenant, 5 fr. par jour, 150 fr. par mois.

2° Dans l'intérieur de Paris et tant que durera la situation actuelle, la solde des officiers de la garde nationale, pour ceux qui auront besoin de cette solde, est fixée à 2 fr. 50 par jour pour les sous-lieutenants, lieutenants et capitaines, et à 5 fr. par jour pour les commandants et adjudants-majors.

Paris, le 12 avril 1871.

Les délégués des finances, membres de la Commune,

FR. JOURDE, E. VARLIN.

Le délégué à la guerre,

E. CLUSERET.

La Commune

DÉCRÈTE :

Art. 1er. Le régiment des sapeurs-pompiers de Paris est licencié comme corps militaire à la date du 1er avril.

Art. 2. Le corps des sapeurs-pompiers, licencié, est reconstitué à la même date, sous le titre de corps civil des sapeurs-pompiers de la Commune de Paris.

Art 3. Ce corps ne fait plus partie des attributions du ministre de la guerre; il est placé sous la direction et l'autorité de la Commune de Paris.

Art. 4. Un décret ultérieur statuera sur l'organisation définitive du corps des sapeurs-pompiers.

Paris, le 12 avril 1871.

Le délégué civil à l'ex-préfecture de police,

Considérant que l'approvisionnement des halles centrales intéresse essentiellement la population de

Paris et doit être l'objet de la constante sollicitude de l'administration ;

Que, néanmoins, il est journellement entravé par des marchands de denrées et articles divers, qui stationnent depuis quelque temps sur les voies couvertes et aux abords desdites halles;

Que cet état de choses ne saurait être toléré plus longtemps sans nuire à l'approvisionnement, gêner la circulation et compromettre la sûreté des citoyens,

ARRÊTE :

Article unique. Il est défendu aux marchands regrattiers et d'articles divers de stationner sur les voies couvertes et aux abords des halles centrales, à partir de jeudi prochain, 14 courant.

Paris, le 12 avril 1871.

RAOUL RIGAULT.

La Commune autorise le citoyen Gustave Courbet, président des peintres, nommé en assemblée générale, à rétablir, dans le plus bref délai, les musées de la ville de Paris dans leur état normal, d'ouvrir les galeries au public et d'y favoriser le travail qui s'y fait habituellement.

La Commune autorisera à cet effet les quarante-six délégués qui seront nommés demain jeudi, 13 avril, en séance publique, à l'École de médecine (grand amphithéâtre), à deux heures précises.

De plus, elle autorise le citoyen Courbet, ainsi

que cette assemblée, à rétablir, dans la même urgence, l'exposition annuelle aux Champs-Élysées.

Paris, le 12 avril 1871.

La commission exécutive,

AVRIAL, F. COURNET, DELESCLUZE, FÉLIX PYAT, TRIDON, VERMOREL, E. VAILLANT.

Le *Journal officiel* de Paris, dans sa partie non officielle, contient ce qui suit :

12 avril.

PLACE A COMMUNE.

Je reçois du général Dombrowski excellentes nouvelles. Sommes en possession des trois quarts de Neuilly. Faisons siége en règle. L'un après l'autre, chaque jardin tombe en notre pouvoir. J'espère ce soir être sur le pont de Neuilly.

Le colonel chef d'état-major.

Paris, le 12 avril 1871.

Des réclamations de plus en plus nombreuses me parviennent de la part d'officiers supérieurs et autres employés à l'organisation des compagnies de guerre.

Le ministre de la guerre leur rappelle qu'il n'y a que deux sortes de soldes, la solde de la garde sédentaire et celle de la garde active.

La première est de 1 fr. 50, 2 fr. et 2 fr. 50 pour les gardes, sous-officiers et officiers indistinctement.

DE LA COMMUNE. 355

La seconde, qui sera fixée demain, n'est due qu'en dehors des fortifications.

Il est incontestable que ces soldes sont insuffisantes et constituent un sacrifice de la part de ceux qui les acceptent pour vivre; mais nous sommes dans une période de sacrifices, et nous sommes des hommes de sacrifices.

Du reste, aussitôt la victoire assurée, chacun reprendra son métier. Il ne sera plus question de grade ni de paye. Ce n'est donc qu'un moment à passer et un sacrifice à faire au triomphe de notre indépendance.

Le délégué à la guerre,

E. CLUSERET.

On lit dans le journal *le Mot d'ordre :*

Il y aurait une façon bien simple de punir les Versaillais de toutes ces infamies que journellement on nous signale, ce serait de leur supprimer leur gagne-pain : débiter le parc en petits lots, supprimer et raser le château.

Otez le château, Versailles-ville n'a plus de raison d'être. Déjà en 1790, Loustalot écrivait dans les *Révolutions de Paris :* « Comme l'exécrable château de Versailles n'a été bâti que pour insulter la nature, il doit coûter des sommes énormes d'entretien. Il y a sous terre, dans tous les caveaux, pour trente millions de plomb; qu'on juge par cela seul de tout le reste. *La destruction de cet atelier de despotisme aurait dû être un des articles de la charte de la révolution.* »

On lit dans le journal *le Vengeur :*

La Commune exécutive a donné ordre aux délégués aux mairies de ne faire aucune distinction entre les femmes légitimes et les femmes dites illégitimes vivant maritalement, quant à l'indemnité allouée à la garde nationale.

Le *Journal officiel* de Versailles, dans sa partie non officielle, contient ce qui suit :

Aucun engagement n'a été signalé aujourd'hui.

Un des moyens les plus familiers aux chefs de l'insurrection, et que leur rend facile la complicité de certains journaux et l'intimidation ou la suppression des autres, est l'emploi des fausses nouvelles. Après la prise du mont Valérien qu'ils avaient imaginée dès les premiers jours pour encourager ceux qu'ils poussaient à la guerre civile, ils viennent d'inventer une victoire à Asnières.

L'opinion publique, qui n'a déjà pu que trop s'édifier

sur le caractère de ces hommes, fera justice de leurs mensonges comme des calomnies rendues contre le gouvernement et l'Assemblée, qui défendent la loi, la liberté et la souveraineté nationale.

Les arrestations continuent à Paris. Hier, les membres du conseil d'administration du chemin de fer du Nord ont été arrêtés, puis relâchés dans la journée. On annonce également l'arrestation de M. Denière, un des régents de la Banque, ancien président du tribunal de commerce.

Le nombre est énorme des personnes qui ont quitté la ville depuis le décret de Cluseret sur les levées en masse des hommes de dix-neuf ans à quarante ans. Au faubourg Saint-Antoine, à Bercy, dans les arrondissements les plus pauvres, la panique n'est pas moindre que dans les quartiers plus particulièrement habités par la bourgeoisie, et ceux que frappe cette mesure tyrannique ne sont pas moins empressés à s'y soustraire par la fuite.

Les perquisitions dans les sacristies accompagnent les arrestations des membres du clergé. Des femmes de gardes nationaux insurgés ne se contentent pas d'y assister; elles font main basse sur le linge et les ornements de l'église.

Le vicaire de Saint-Paul a été arrêté dimanche: on a pu le voir passer à pied sur le boulevard de Sébastopol, au milieu d'un peloton de douze gardes nationaux.

LE 14 AVRIL 1871.

Le *Journal officiel* de Paris contient, dans sa partie officielle, les pièces suivantes :

La Commune de Paris,

Considérant que l'organisation du service de santé dans la garde nationale est tout à fait défectueuse;

Qu'il est constant que beaucoup de bataillons sont allés au feu sans chirurgien ;

Qu'il est impossible à un certain nombre de bataillons de trouver des chirurgiens, que même le chiffre réglementaire de deux chirurgiens par bataillon, lorsqu'il est atteint, est insuffisant lorsque le bataillon combat, que ce nombre est inutile en dehors de l'action,

DÉCRÈTE :

1° Il sera formé des compagnies d'ambulances chacune de :

20 docteurs et officiers de santé ;
60 élèves en médecine,
Ayant sous leurs ordres :

10 voitures du train des ambulances, portant chacune un sac d'ambulance bien garni,

Et 120 brancardiers portant trente brancards.

Chaque compagnie est divisée en dix escouades.

2° Deux escouades au moins, quatre escouades au plus, siégeront dans chaque arrondissement. Les municipalités mettront un local à leur disposition.

3° On inscrira autant que possible dans ces escouades les docteurs et élèves volontaires de l'arrondissement. Il en sera de même pour les conducteurs du train des ambulances et pour les brancardiers.

Si le nombre des docteurs et élèves volontaires n'était pas suffisant, on requerrait ceux qui rentrent dans la classe des hommes de vingt à quarante ans.

4° A chaque escouade seront adjointes deux ambulancières qui marcheront avec les brancardiers et auront pour mission de donner à boire aux blessés.

5° Les escouades marcheront sur la demande de la guerre ou de la place, transmise par la commission médicale de l'hôtel de ville, qui connaîtra du roulement par arrondissement et quand même les bataillons de l'arrondissement ne marcheraient pas.

6° Un ou deux postes médicaux sédentaires seront établis dans chaque arrondissement. Deux docteurs seront attachés à chacun de ces postes et devront délivrer les certificats d'exemption de service et constater les maladies graves à domicile. Une voiture sera à la disposition de chaque poste.

Ne seront acceptés pour les postes sédentaires

que les docteurs ou officiers de santé âgés au moins de quarante ans.

7° Il sera alloué comme indemnité : aux docteurs, la solde des capitaines des compagnies de guerre ; aux officiers de santé, la solde de lieutenant ; aux élèves, la solde de sous-lieutenant ; les sous-officiers de brancardiers, les conducteurs, brancardiers et les ambulancières, toucheront la solde et les vivres alloués aux sous-officiers et gardes.

8° Lorsque les compagnies constituées par le présent décret auront complété leurs cadres, il sera loisible aux chirurgiens qui n'y seront pas compris de s'inscrire spécialement dans un bataillon. Ce droit sera immédiat pour les docteurs âgés de plus de quarante ans.

9° La commission médicale de l'hôtel de ville est chargée de l'exécution du présent décret, et s'entendra à ce sujet avec les municipalités.

Paris, le 13 avril 1871.

Les inscriptions pour le service médical nouvellement organisé seront reçues dans toutes les mairies, sur un registre spécial. On pourra aussi s'inscrire à l'hôtel de ville, à la commission médicale.

SERVICE MÉDICAL DE LA GARDE NATIONALE.

Pour tout ce qui concerne le service de la garde nationale, chirurgiens, majors, aides-majors et brancardiers, s'adresser au chirurgien principal, état-major de la place, place Vendôme.

Et pour tout ce qui est service civil et ambulances de ville, matériel, médicaments, etc., s'adresser au service médical, à l'hôtel de ville :

Le docteur Courtillier, chirurgien principal de la garde nationale;

Le docteur Herszfeld, médecin en chef de l'hôtel de ville.

Le Dr COURTILLIER,
chirurgien principal.

La Commune a décidé que dorénavant il n'y aurait plus de corps de vétérans dans la garde nationale.

Le *Journal officiel* de Paris, dans sa partie non officielle, contient les pièces suivantes :

AUX MEMBRES DE LA COMMUNE.

Je reviens d'inspecter les forts du sud, et généralement la ligne de défense de Montrouge à la Muette. Mon impression est très-favorable. Les attaques d'hier et d'avant-hier, faites avec un grand nombre d'hommes de la part de l'ennemi, ont été repoussées si facilement et avec si peu de pertes, qu'elles doivent inspirer une entière confiance dans l'avenir. La batterie de 24 court du Trocadéro a parfaitement porté dans les bâtiments du mont Valérien. C'était tout ce dont nous voulions nous assurer pour le moment.

J'attire l'attention de la Commune sur la bonne tenue des troupes et sur l'ordre exceptionnel qui règne au Point-du-Jour. Hommes et choses sont en bon ordre et dénotent de la part du commandant de l'énergie, de l'activité et de la compétence.

Vanves et Montrouge sont en bon état. Du côté de l'ennemi, même disposition d'artillerie que du temps des Prussiens. Quant à leur infanterie, elle est peu nombreuse et sans grande consistance.

Quand le moment sera venu, j'ai tout lieu de croire que la résistance des Versaillais ne sera pas au-dessus de nos efforts.

Paris, 13 avril 1871.

Le délégué à la guerre,
G. CLUSERET.

RAPPORT MILITAIRE.

13 avril.

On s'est battu toute la journée dans Neuilly.

Les troupes de la Commune ont conservé une attitude offensive.

Des renforts d'artillerie ont été envoyés pour conserver le terrain conquis.

Neuilly est attaqué et défendu pied à pied.

A Asnières, la lutte est moins caractérisée.

Du côté des forts du sud, la journée s'est passée sans incident notable à notre connaissance.

Le général Eudes se préoccupe vivement de la nuit prochaine : les dispositions de l'ennemi semblent présager une attaque.

Les renforts sont dirigés pour la nuit dans les deux directions attaquées.

Le moral des troupes est remarquable.

Les progrès de l'organisation permettent de diminuer peu à peu les fatigues excessives que l'on était contraint d'exiger d'elles.

Le chef d'état-major,
ROSSEL.

MAIRIE DU 1ᵉʳ ARRONDISSEMENT.

Les soussignés, membres de la délégation communale du 1ᵉʳ arrondissement, considérant que les véritables principes républicains sont la représentation directe de tous les intérêts qui la composent;

Considérant qu'il importe, pour atteindre ce but, d'organiser des groupes dans chaque quartier qui nommeront leurs délégués;

Que ces délégués formeront un conseil consultatif devant seconder les membres de la Commune, en les aidant de leurs lumières et de leurs conseils, et en représentant directement les besoins de la population, avec laquelle ils seront en communication constante;

Invitons les électeurs à se réunir vendredi et samedi soir, à huit heures, tant pour discuter les candidats à la Commune que pour nommer cette commission, qui sera composée de six membres par quartier:

1° Rue Jean-Lantier, 15, salle des écoles;

2° Rue des Prêtres-Saint-Germain-l'Auxerrois, salle des écoles;

3° Rue Saint-Honoré, 236, salle des écoles;

4° Salle de la Redoute, rue Jean-Jacques-Rousseau, 35.

Les membres de la délégation communale
du 1ᵉʳ arrondissement,
TOUSSAINT, WINANT, TANGUY, SALLÉE.

Les soussignés, membres de la délégation communale du 1ᵉʳ arrondissement,

Considérant:

Que le vote à bulletins secrets est immoral au premier chef;

Qu'il ne peut y avoir de vraie démocratie et d'élections libres que là où les électeurs acceptent la responsabilité de leurs actes;

Émettent le vœu qu'aux prochaines élections le vote nominal ou à bulletins ouverts soit seul autorisé.

Paris, le 13 avril 1871.

TOUSSAINT, WINANT, TANGUY, SALLÉE.

En réponse au discours de M. Jules Favre, disant que le seul acte de la commission communale aux affaires étrangères avait été de faire enlever l'argenterie du ministère, l'*Affranchi*, journal de M. Paschal Grousset, publie les deux pièces suivantes:

RELATIONS EXTÉRIEURES. — DÉLÉGATION.

LIBERTÉ, ÉGALITÉ, FRATERNITÉ.

COMMUNE DE PARIS.

Procès-verbal.

Cejourd'hui, huit avril mil huit cent soixante-onze, les citoyens Perrichon et Mailhe, délégués du ministère des finances, ont reçu livraison des articles d'argenterie ci-dessous, qui leur ont été remis par le citoyen Dolbec, argentier, en présence du citoyen Poitevin, inspecteur du matériel, et du citoyen Neumayer, commis principal,

DE LA COMMUNE. 365

tous trois appartenant au ministère des affaires étrangères, sous les ordres du citoyen Paschal Grousset, membre de la Commune, délégué aux relations extérieures.

ARGENTERIE GRAVÉE AUX ARMES DE L'EX-EMPEREUR.

N° 962, *suit le détail*, au total 1,303 pièces avec accessoires.

VERMEIL.

N° 963, *suit le détail,* au total 568 pièces.

UN THÉ COMPLET.

Suit le détail, au total 9 pièces.

Ont signé :

Le délégué de la Commune, omis sur le procès-verbal,
VIARD.

Le délégué aux relations extérieures,
PASCHAL GROUSSET.

Les délégués des finances,
A. PERRICHON, MAILHE.

Les représentants au ministère des affaires étrangères,
POITEVIN, NEUMAYER.

MINISTÈRE DES FINANCES. — CABINET DU MINISTRE.

Citoyens Grolier et Viard,

Je vous envoie les citoyens Mailhe et Perrichon pour enlever l'argenterie que vous avez trouvée et la transporter à la Monnaie, où elle sera confiée à Camélinat pour être transformée dans le plus bref délai.

A vous fraternellement.

E. VARLIN,
délégué aux finances.

ADRESSE DES CITOYENNES
A LA COMMISSION EXÉCUTIVE DE LA COMMUNE DE PARIS.

Considérant :

Qu'il est du devoir et du droit de tous de combattre pour la grande cause du peuple, pour la révolution ;

Que le péril est imminent et l'ennemi aux portes de Paris ;

Que l'union faisant la force, à l'heure du danger suprême tous les efforts individuels doivent se fusionner pour former une résistance collective de la population entière, à laquelle rien ne saurait résister ;

Que la Commune représentante du grand principe proclamant l'anéantissement de tout privilége, de toute inégalité, — par là même est engagée à tenir compte des justes réclamations de la population entière, sans distinction de sexe, — distinction créée et maintenue par le besoin de l'antagonisme sur lequel reposent les priviléges des classes gouvernantes ;

Que le triomphe de la lutte actuelle, — ayant pour but la suppression des abus, et dans un avenir prochain la rénovation sociale tout entière assurant le règne du travail et de la justice, — a, par conséquent, le même intérêt pour les citoyennes que pour les citoyens ;

Que le massacre des défenseurs de Paris par les assassins de Versailles exaspère à l'extrême la masse des citoyennes et les pousse à la vengeance ;

Qu'un grand nombre d'entre elles est résolu, au cas où l'ennemi viendrait à franchir les portes de Paris, à combattre et vaincre ou mourir pour la défense de nos droits communs;

Qu'une organisation sérieuse de cet élément révolutionnaire en une force capable de donner un soutien effectif et vigoureux à la Commune de Paris ne peut réussir qu'avec l'aide et le concours du gouvernement de la Commune;

Par conséquent,

Les déléguées des citoyennes de Paris demandent à la commission exécutive de la Commune :

1° De donner l'ordre aux mairies de tenir à la disposition des comités d'arrondissement et du comité central, institués par les citoyennes pour l'organisation de la défense de Paris, une salle dans les mairies des divers arrondissements, ou bien, en cas d'impossibilité, un local séparé où les comités pourraient siéger en permanence;

2° De fixer dans le même but un grand local où les citoyennes pourraient faire des réunions publiques;

3° De faire imprimer aux frais de la Commune les circulaires, affiches et avis que lesdits comités jugeront nécessaire de propager.

Pour les citoyennes déléguées, membres du comité central des citoyennes :

ADÉLAÏDE VALENTIN, ouvrière; NOÉMIE COLLEUILLE, ouvrière; MARCAND, ouvrière; SOPHIE GRAIX, ouvrière; JOSÉPHINE PRATT, ouvrière; CÉLINE DELVAINQUIER, ouvrière; AIMÉE DELVAINQUIER, ouvrière; ÉLISABETH DMITRIEFF.

Le *Journal officiel* de Versailles publie, dans sa partie non officielle, la circulaire suivante :

Versailles, 13 avril 1871.

La circulaire suivante, adressée par le chef du pouvoir exécutif de la république française aux autorités civiles et militaires, a été affichée aujourd'hui :

Ne vous laissez pas inquiéter par de faux bruits; l'ordre le plus parfait règne en France, Paris seul excepté. Le gouvernement suit son plan, et il n'agira que lorsqu'il jugera le moment venu. Jusque-là, les événements de nos avant-postes sont insignifiants. Les récits de la Commune sont aussi faux que ses principes; les écrivains de l'insurrection prétendent qu'ils ont remporté une victoire du côté de Châtillon, opposez un démenti formel à ces mensonges ridicules. Ordre est donné aux avant-postes de ne dépenser inutilement ni la poudre ni le sang de nos soldats. Cette nuit, vers Clamart, les insurgés ont canonné, fusillé dans le vide, sans que nos soldats, devant lesquels ils fuient à toutes jambes, aient daigné riposter. Notre armée, tranquille et confiante, attend le moment décisif avec une parfaite assurance, et si le gouvernement la fait attendre, c'est pour rendre la victoire moins sanglante et plus certaine.

L'insurrection donne plusieurs signes de fatigue et d'épuisement. Bien des intermédiaires sont venus à Versailles porter des paroles, non pas au nom de la Commune, sachant qu'à ce titre ils n'auraient pas même été reçus, mais au nom des républicains sincères qui demandent le maintien de la république, et qui voudraient voir appliquer des traitements modérés aux insurgés vaincus. La réponse a été invariable. Personne ne menace la république si ce n'est l'insurrection elle-même ; le chef du pouvoir exécutif persévérera loyalement dans les déclarations qu'il a faites à plusieurs reprises. Quant aux insurgés, les assassins exceptés, ceux qui déposeront les armes auront la vie sauve. Les ouvriers malheureux conserveront pendant quelques semaines le subside qui les faisait vivre. Paris jouira, comme Lyon, comme Marseille, d'une représentation municipale élue, et, comme les autres villes de France, fera librement les affaires de la cité ; mais, pour les villes comme pour les citoyens, il n'y aura qu'une loi, une seule, et il n'y aura de privilége pour personne. Toute tentative de sécession essayée par une partie quelconque du territoire sera énergiquement réprimée en France, ainsi qu'elle l'a été en Amérique.

Telle a été la réponse sans cesse répétée, non pas aux représentants de la Commune, que le gouvernement ne saurait admettre auprès de lui, mais à tous les hommes de bonne foi qui sont venus à Versailles s'informer des intentions du gouvernement.

A. THIERS.

LE 15 AVRIL 1871.

Le *Journal officiel* de Paris contient, dans sa partie officielle, les pièces suivantes :

ÉLECTIONS COMMUNALES COMPLÉMENTAIRES.

DU 16 AVRIL.

MINISTÈRE DE LA GUERRE.

Afin de permettre aux citoyens de service hors de leurs arrondissements de prendre part au vote du dimanche 16 avril,

Le délégué à la guerre arrête :

Les conseils de légion des divers arrondissements intéressés enverront à leurs bataillons respectifs le nombre de délégués suffisant pour faire procéder à la constitution de bureaux électoraux.

Ces délégués seront munis de mandats régularisés par leurs collègues, visés par le chef de légion ou son suppléant, et timbrés par la municipalité ou la Commune.

Le vote aura lieu d'après des listes dressées séance tenante, portant les noms et adresses des ayants droit. La carte de garde nationale ou toute autre pièce d'identité ou l'assistance de deux témoins permettront l'exercice des droits électoraux.

Paris, le 15 avril 1871.

Le délégué à la guerre,
Général G. CLUSERET.

Les recensements impériaux avaient fixé la population du 20ᵉ arrondissement à 86,000 habitants; le dernier recensement qui vient d'être fait par la municipalité établit qu'elle est aujourd'hui de 108,000 habitants.

Le 20ᵉ arrondissement aura donc à élire dimanche prochain, 16 avril, deux conseillers communaux.

Les élections complémentaires à la Commune auront lieu le dimanche 16 avril. Le nombre de membres à élire est de :

1ᵉʳ arrondissement		4
2ᵉ —		4
3ᵉ —		1
6ᵉ —		3
7ᵉ —		1
8ᵉ —		1
9ᵉ —		5
12ᵉ —		2
13ᵉ —		1
16ᵉ —		2
17ᵉ —		2
18ᵉ —		2
19ᵉ —		1
20ᵉ —		2

Paris, le 14 avril 1871.

La commission exécutive,

COURNET, DELESCLUZE, FÉLIX PYAT, TRIDON, E. VAILLANT, A. VERMOREL.

La Commune de Paris,

Considérant que, s'il importe pour le salut de la république que tous les conspirateurs et les traîtres soient mis dans l'impossibilité de nuire, il n'importe pas moins d'empêcher tout acte arbitraire ou attentatoire à la liberté individuelle,

DÉCRÈTE :

Article 1er. Toute arrestation devra être notifiée immédiatement au délégué de la Commune à la justice, qui interrogera ou fera interroger l'individu arrêté, et le fera écrouer dans les formes régulières s'il juge que l'arrestation doive être maintenue.

Art. 2. Toute arrestation qui ne serait pas notifiée dans les vingt-quatre heures au délégué de la justice sera considérée comme une arrestation arbitraire, et ceux qui l'auront opérée seront poursuivis.

Art. 3. Aucune perquisition ou réquisition ne pourra être faite qu'elle n'ait été ordonnée par l'autorité compétente ou ses organes immédiats, porteurs de mandats réguliers, délivrés au nom des pouvoirs constitués par la Commune.

Toute perquisition ou réquisition arbitraire entraînera la mise en arrestation de ses auteurs.

Paris, le 14 avril 1871.

ORDRE.

A partir d'aujourd'hui, 14 courant, les chefs de

légion ne commanderont aucun service dans leur arrondissement sans l'ordre de la place, qui seule règle, d'après nos instructions, le service à fournir.

Cette mesure est prise en vue de prévenir la fatigue inutile.

On commande des bataillons là où cinquante hommes suffiraient, et à tout propos on dérange inutilement des citoyens qui seraient bien mieux dans leur lit que là où les envoie un zèle intempestif.

Le délégué à la guerre profite de cette circonstance pour rappeler la défense de battre le rappel ou la générale sans ordre de la place.

Le délégué à la guerre,
CLUSERET.

ORDRE.

L'intendance disposant de quantités considérables de denrées et liquides, l'intendant général arrête :

Toute réquisition de vins et denrées est formellement interdite dans l'intérieur de l'enceinte.

L'intendant général,
MAY.

Le bureau des renseignements pour la presse parisienne est rétabli à l'intérieur, place Beauvau.

Toutes les communications possibles seront faites aux rédacteurs envoyés par les différents journaux de Paris.

La division de la presse et celle de l'imprimerie et de la librairie sont aujourd'hui, et provisoirement, réunies en une seule division, dite division de la presse et de la librairie.

A partir du 15 avril, huit heures du matin, le service des passe-ports est organisé dans la mairie de chaque arrondissement.

Toutes personnes qui désirent des laissez-passer ou passe-ports, et qui ne se trouvent pas sous le coup de la loi militaire communale, pourront donc les obtenir à leur mairie.

Les citoyens maires mettront à cet effet un local à la disposition des fondés de pouvoirs du délégué civil de l'ex-préfecture.

Paris, le 14 avril 1871.

Le *Journal officiel* de Paris contient, dans sa partie non officielle, les pièces suivantes :

Paris, le 14 avril 1871.

Certains journaux rendent fort inexactement compte des démarches faites auprès de la commission exécutive par les délégués de la *Ligue d'union républicaine des droits de Paris.*

La commission exécutive a écouté, mais à titre officieux seulement, le rapport que la Ligue a fait insérer dans les journaux, mais sans avoir plus que précédemment le devoir de répondre à une question qui ne pouvait lui être adressée.

La Ligue a pris librement une initiative à laquelle la commission exécutive, aussi bien que la Commune, sont et devaient demeurer étrangères. Elle a résumé à sa façon les aspirations de Paris, elle a posé un ultimatum au gouvernement de Versailles, annonçant par une affiche qui se lit encore sur nos murs que *si le gouvernement de Versailles restait sourd à ces revendications légitimes, Paris tout entier se lèverait pour les défendre.*

Le cas prévu et posé par la Ligue s'étant réalisé, elle n'a pas besoin d'interroger la Commune, elle n'a qu'à tirer la conséquence de ses déclarations spontanées, en conviant Paris tout entier à se lever pour défendre ses droits méconnus.

———

La Commune a vu avec autant de regret que de surprise une affiche imprimée sur papier blanc et signée du citoyen Lacord, au nom du comité central, ladite affiche s'adressant à la garde nationale du 6e arrondissement.

Un décret spécial de la Commune ayant réservé l'affichage sur papier blanc à ses seules communications, la Commune espère que les infractions à ce décret ne se renouvelleront plus.

Dans le cas contraire, les auteurs et signataires desdites affiches seront poursuivis suivant la loi.

De plus, le citoyen Lacord ayant cru devoir menacer de renvoi devant la cour martiale des gardes nationaux réfractaires, la commission exécutive rappelle à la garde nationale et à tous les citoyens que la Commune ou ses délégués seuls ont qualité et compétence pour prononcer le renvoi devant les tribunaux militaires.

On lit dans le journal *le Cri du peuple :*

Une attaque très-vive a eu lieu hier soir, à deux reprises différentes, sur toute la ligne. Partout elle a été repoussée avec succès et sans pertes.

Le général Dombrowski est à cent mètres du pont de Neuilly.

Ce village a dû être repris maison par maison. Nos pertes dans la journée sont de 5 blessés et 2 tués.

L'ennemi tient mal.

Le délégué à la guerre,

CLUSERET.

Deux mille gendarmes ont été cernés et faits prisonniers, dans l'île de la Grande-Jatte ; le reste, refoulé au delà du pont de Courbevoie, que l'on a fait sauter.

Le *Journal officiel* de Versailles, dans sa partie non officielle, contient ce qui suit :

Versailles, 14 avril 1871.

La circulaire suivante a été adressée par le gouvernement aux autorités civiles et militaires :

Les deux journées qui viennent de s'écouler ne pouvaient amener des événements, parce que le gouvernement, persistant dans ses travaux d'organisation, ne cherche pas à faire des entreprises. Du côté de Châtillon et des forts du sud, la canonnade a été presque insignifiante; pourtant, une sortie de l'ennemi a été vigoureusement repoussée, et nous répétons à cette occasion que, les nuits précédentes, il est absolument faux que l'ennemi ait tenté et réalisé quoi que ce soit, si ce n'est une canonnade et une fusillade dans le vide, restées sans réponse, ce qui, certes, n'aurait pas eu lieu s'il avait voulu faire un pas en avant. Nos postes sont bien établis, parfaitement défilés du feu et ne souffrant en aucune manière; et tandis que les insurgés consomment leurs munitions inutilement, notre nombreuse cavalerie, se portant vers Juvisy et Choisy-le-Roi, les a privés des communications avec Orléans, de manière qu'il ne leur en reste plus aucune avec la province.

Au côté opposé, c'est-à-dire vers Neuilly, les insurgés canonnent des remparts de Maillot, et le général Wolf, un de nos plus vigoureux officiers, a fait une sortie contre les maisons de droite et de gauche, et il a fait subir à l'ennemi des pertes considérables.

On s'occupe de contrebattre la batterie d'Asnières, uniquement pour contenir l'ennemi, l'intention étant toujours de nous borner à conserver nos positions jusqu'au jour où nous tenterons, par une action décisive, de mettre un terme à cette guerre civile déplorable.

Jusque-là il n'y a de significatif que des arrivées de troupes et de matériel.

L'Assemblée, poursuivant paisiblement ses travaux, a voté aujourd'hui, à une immense majorité, la loi municipale, après avoir, presque sur tous les points, consacré le projet du gouvernement. Elle a prouvé en même temps qu'elle voulait tenir parole à Paris en le dotant d'autant de franchises municipales que les villes qui en ont le plus.

Depuis deux jours les journaux de la Commune insurrectionnelle et ceux qui acceptent leurs récits avec une facilité déplorable n'hésitent pas à entretenir leurs lecteurs de combats imaginaires et de prétendues victoires remportées sous les murs de Paris par les soldats de l'insurrection.

Tantôt c'est un succès important des gardes nationaux à Issy, où les troupes auraient été forcées de battre en retraite; tantôt c'est le village et le pont de Neuilly repris après une lutte acharnée, et « l'ennemi », c'est-à-dire l'armée qui défend le gouvernement légal en France, en fuite sur Courbevoie.

Ainsi qu'on a pu le constater dans la circulaire publiée plus haut, ce sont autant d'inventions impudentes par lesquelles les hommes qui ne peuvent espérer que dans le mensonge pour prolonger de quelques jours leur pouvoir criminel s'efforcent une fois de plus d'égarer l'opinion publique.

LE 16 AVRIL 1871.

Le *Journal officiel* de Paris, dans sa partie officielle, contient les pièces suivantes :

La Commune de Paris,
Considérant qu'il est important de connaître les agissements de la dictature du 4 septembre, et en

particulier les actes qui ont amené la capitulation de Paris;

Considérant, d'autre part, qu'à la suite de la révolution du 18 mars une quantité de papiers, dépêches, etc., sont tombés entre les mains du peuple;

Une commission d'enquête est instituée, ayant pour but de chercher tous les éléments pour établir la part de responsabilité qui incombe à chacun de ceux qui ont participé aux actes du gouvernement du 4 septembre.

Le citoyen Casimir Bouis est nommé président de cette commission d'enquête; il est chargé d'organiser cette commission, et invité à procéder au plus tôt à la publication des pièces les plus importantes.

Paris, le 14 avril 1871.

La commission exécutive,

G. TRIDON, A. VERMOREL, CH. DELESCLUZE, AVRIAL, E. VAILLANT, FÉLIX PYAT, F. COURNET.

Sur la proposition de la commission des services publics, de la commission de travail et d'échange, de la commission des finances et de la commission des relations extérieures,

La commission exécutive

ARRÊTE :

Article 1er. Le citoyen Paul Pia est chargé de la surveillance et du contrôle des chemins de fer.

Art. 2. Les compagnies de chemins de fer seront tenues de communiquer au citoyen Pia, à sa première réquisition, tous les livres ou documents qu'il jugera à propos de consulter.

La commission exécutive.

Le service du contrôle et de la surveillance des chemins de fer remplacera provisoirement la direction générale des chemins de fer. En conséquence, les différentes compagnies de chemins de fer devront, à partir de ce jour, adresser au contrôleur général des chemins de fer (ministère des travaux publics) toutes les affaires qu'elles communiquaient antérieurement au ministre des travaux publics et aux ingénieurs chargés du contrôle.

DÉLÉGATION DE LA COMMUNE DE PARIS
AUX FINANCES.

Certains chefs de bataillon présentent, paraît-il, des notes de dépenses aux officiers payeurs, et veulent obliger ceux-ci à les solder par des prélèvements effectués sur les sommes reversées par les sergents-majors des compagnies.

Il est de nouveau rappelé aux chefs de bataillon que ces sommes doivent être immédiatement remises au Trésor par les officiers payeurs, qui en sont responsables.

L'indemnité mensuelle de 100 fr. par bataillon et celle de 10 fr. par compagnie, doivent suffire pour couvrir tous les frais.

Paris, le 13 avril 1871.

VARLIN, JOURDE.

Le secrétaire général,

ÉDOUARD MERLIEUX.

ORDRE.

Pour éviter les accidents dans les rues de Paris, l'ancien règlement sur les cavaliers est remis en vigueur.

Il est défendu à tout cavalier, estafette militaire ou civil, de circuler au galop dans les rues de Paris.

La garde nationale, la police civile et la population sont chargées de l'exécution du présent ordre et de l'arrestation des délinquants.

Le général commandant de place,
P. O. : *Le colonel chef d'état-major,*

HENRY.

Approuvé :

Le délégué à la guerre,

CLUSERET.

A partir de demain, 16 avril, à midi, les portes de Paris ci-après indiquées seront ouvertes au public de six heures du matin à six heures du soir.

La circulation par les autres portes est et demeure interdite.

Aucun laissez-passer ne sera donc réclamé ni aux gares de chemins de fer, ni aux portes de Clichy, de la Chapelle, de Pantin, de Romainville, de Vincennes, de Charenton, d'Italie et d'Orléans, aux citoyens qui ne sont pas compris dans la limite d'âge de dix-neuf à quarante ans.

Le délégué à la guerre prévient le public que toute réquisition faite sans un ordre écrit et revêtu du timbre de la délégation de la guerre est illégale.

En conséquence, il ne sera pas fait droit aux réclamations qui seront présentées sans le bon de réquisition.

La garde nationale est invitée à prêter main-forte pour arrêter tout individu qui chercherait à faire des réquisitions sans mandat régulier.

Les citoyens internes des hôpitaux, qui désireraient prêter leur concours, sont priés de vouloir bien se faire inscrire à la commission médicale de l'hôtel de ville.

La Commune apprend de source certaine que plusieurs bataillons, allant prendre position devant l'ennemi, arrivent à leur poste de combat avec leurs cadres au complet, à l'exception des majors et aides-majors.

Dans les circonstances graves que nous traversons, en face des périls que courent Paris et la république, une pareille absence lui paraît inexplicable et doit être considérée comme une désertion.

Elle pense qu'un simple avertissement suffira pour qu'un pareil scandale ne se renouvelle plus. Dans le cas contraire, des mesures sévères seraient prises pour en empêcher le retour.

Paris, le 15 avril 1871.

Le *Journal officiel* de Paris contient, dans sa partie non officielle, ce qui suit :

15 avril, 7 heures du matin.

GÉNÉRAL EUDES AU GÉNÉRAL CLUSERET, MINISTRE DE LA GUERRE, ET A COMMISSION EXÉCUTIVE.

Tout semble fini; la nuit a été terrible. La bataille n'a pas cessé depuis dix heures du soir. C'est le fort de Vanves qui a supporté l'attaque la plus violente. Les royalistes ont fait des pertes énormes.

Ils sont repoussés sur toute la ligne. C'est une victoire à inscrire sur le drapeau de la Commune. Nos fédérés sont des héros; ils se sont battus comme des lions. Je vous demande de les mettre tous à l'ordre du jour.

Mais nous devons une mention spéciale au citoyen Ledrux, gouverneur du fort de Vanves. Je vous adresserai un rapport détaillé quand tous les renseignements me seront parvenus.

Le général commandant les forts du sud,

EUDES.

RAPPORTS SUR LA NUIT DU 14 AU 15 AVRIL.

Une reconnaissance exécutée par le lieutenant Puchot, du 185e bataillon, caserné au fort de Bicêtre, a constaté qu'un détachement composé d'une vingtaine de chasseurs à cheval a traversé, sans s'arrêter, le village de la Belle-Épine; de plus, le lieutenant Puchot a pu s'assurer que le Petit-Bicêtre et l'Hay sont occupés par des troupes en nombre assez considérable.

D'après des renseignements qui nous parviennent de différents côtés, Bourg-la-Reine, Sceaux et la Croix-de Berny seraient les points où se concentrent en ce moment des forces importantes de l'armée de Versailles.

Hier soir, à neuf heures, l'ennemi a attaqué sur toute la ligne, mais en dirigeant plus spécialement ses efforts sur Vanves; la fusillade et la canonnade se maintinrent vigoureusement de part et d'autre jusqu'à deux heures et demie du matin. A ce moment, les Versaillais se replièrent, mais à quatre heures ils reparurent, précédés par leurs voitures d'ambulance. S'imaginant qu'ils revenaient tout simplement pour ramasser leurs morts et leurs blessés, nos gardes nationaux, avec la générosité dont ils ont donné toujours tant de preuves, les laissèrent approcher jusqu'à deux cents mètres. Soudain des rangs de l'ennemi partit une effroyable fusillade, accompagnée d'un feu nourri de toutes les batteries établies sur Châtillon et sur Brimborion.

Revenus bientôt de leur surprise, nos braves gardes nationaux répondent par un feu des plus vifs à celui de l'ennemi; les canons des forts et nos mitrailleuses se mettent de la partie, et ces efforts combinés ne tardent pas à amener la déroute des Versaillais qui, à cinq heures du matin, fuient dans toutes les directions, laissant le terrain semé d'un bon nombre de cadavres.

Ce sont surtout les 182e et 163e bataillons à l'aile gauche, les 86e et 110e à l'aile droite qui ont le plus vaillamment soutenu le choc de l'ennemi. L'artillerie du fort de Vanves, sous la direction de son énergique commandant, le colonel Ledrux, a principalement contribué, par la justesse de son tir, au succès que nous venons de remporter. Des éloges sont également dus aux artilleurs des forts d'Issy et de la redoute des Hautes-Bruyères.

Montrouge, le 15 avril 1871.

Le colonel chef d'état-major,

A. LA CÉCILIA.

Le général commandant,

E. EUDES.

A huit heures et demie, attaque violente sur toute la ligne. Les Versaillais viennent à cent mètres de notre barricade (route de Châtillon) avec une mitrailleuse. Le 182e les repousse par un feu nourri, qui a dû leur infliger des pertes sérieuses, et les a forcés à la retraite.

Le 163e, dans la tranchée (aile gauche), soutient la barricade. Le feu dure une heure et demie et s'arrête.

Cinq fois de suite, l'attaque a été renouvelée du même côté, cinq fois elle a été repoussée malgré la pluie et le vent; l'action s'arrête avec le jour. L'artillerie a bien fait son devoir et mitraillé l'ennemi avec acharnement.

Les fractions de bataillons présentes au fort ont eu une attitude magnifique. La pluie n'a pas arrêté leur feu, et il a fallu retenir les hommes, qui voulaient se mettre à la poursuite de l'ennemi.

Le 86ᵉ bataillon a tenu d'une façon surprenante, après quatre nuits de tranchée. Il a été soutenu par le 110ᵉ sur la droite (côté d'Issy).

Aujourd'hui, ces bataillons, fatigués, mouillés, ont besoin de repos. Il serait urgent de faire relever les 86ᵉ et 163ᵉ qui, depuis huit jours, sont en marche et aux tranchées.

Sept heures du matin, tout est calme. Sept blessés au 86ᵉ, sans gravité.

Ce matin, les Versaillais ont ramassé leurs morts et blessés. Par un sentiment d'humanité qu'ils ne méritent guère, les bataillons des tranchées ont cessé leur feu. Mais les chouans, payant ainsi le tribut de la reconnaissance, tirèrent sur nos tranchées, et le feu recommença avec ténacité jusqu'au jour.

Je vous prie, général, de faire constater dans les rapports que ce n'est pas le fort d'Issy qui est attaqué chaque jour. Depuis cinq jours, des attaques sans nombre ont été dirigées sur le fort de Vanves. Les troupes placées sous mes ordres réclament cette rectification, juste récompense des services qu'elles ont rendus à la grande cause qu'elles défendent avec tant de courage et de dévouement.

Vanves, 15 avril 1871.

Le commandant du fort,
LEDRUX.

COMMUNE DE PARIS.

SÉANCE DU 14 AVRIL 1871.

Présidence du citoyen BILLIORAY.

La séance est ouverte à trois heures.

Les citoyens BILLIORAY, président, et J. VALLÈS, assesseur, prennent place au bureau.

Avant qu'il soit donné lecture du procès-verbal, le président fait part à la Commune de la dépêche suivante :

Guerre à Commune. — Rapport militaire.

L'ennemi a attaqué à minuit le fort de Vanves et a été repoussé.

A une heure, tout est calme.

CLUSERET.

Le procès-verbal de la séance du 13, lu par l'un des secrétaires, est adopté, après quelques rectifications des citoyens Lefrançais, Ledroit, Vaillant et Ostyn.

L'ordre du jour appelle la suite de la discussion des échéances.

Le citoyen LEFRANÇAIS, au nom de la commission nommée à cet effet, donne lecture de son rapport, concluant au rejet des projets présentés par les citoyens Beslay et Tridon, et à l'acceptation de celui du citoyen Jourde, légèrement amendé.

Avant l'ouverture de la discussion, le citoyen DEMAY croit devoir signaler un point qui lui paraît avoir été oublié, celui concernant les endosseurs.

Le citoyen PARISEL, représentant la minorité de la

commission, signale à la Commune les objections qui l'ont fait différer d'avis de la majorité. Il reproche au projet Jourde de n'être pas conçu dans un esprit assez large, en favorisant trop les créanciers au détriment des débiteurs, dans l'impossibilité, d'après lui, de faire face aux échéances de trois mois en trois mois.

Pour la fixation des coupures à 1/8ᵉ de l'effet souscrit, il trouve cette mesure trop arbitraire et, comme conséquence, il prévoit le cas où les débiteurs, ne pouvant payer la première coupure, seront à plus forte raison dans l'impossibilité de faire face aux autres échéances.

De même, la latitude laissée aux créanciers de poursuivre le débiteur lui semble une mauvaise mesure, en désaccord avec les allures libérales de la Commune.

Enfin la création de coupures, qu'il considère comme tout à l'avantage des créanciers, venant s'ajouter à ces diverses considérations, l'a fait différer de la majorité.

Pour lui, le projet Tridon est préférable si l'on y ajoute l'article 5 du projet Jourde, en ce sens qu'il permettra de couper court aux spéculations imposées par les huissiers et avoués.

Le citoyen Theisz se déclare partisan du projet Jourde, parce que la création de coupures lui semble une garantie de remboursement.

Le citoyen Lefrançais, sur les critiques présentées par le citoyen Parisel, considérant le projet comme n'étant pas assez large et trop arbitraire, répond qu'il a paru présenter à la commission tous les caractères de la justice, et qu'il est si peu arbitraire, qu'il laisse la liberté la plus entière aux parties intéressées, pour toutes les transactions qu'elles voudraient faire intervenir.

En ce qui concerne l'appareil judiciaire, le projet ne

s'oppose nullement à la suppression de tous les frais de poursuites.

Pour le projet Tridon, la commission l'a repoussé parce qu'il revenait à dire :

« Laissons les débiteurs et les créanciers s'arranger comme ils l'entendront. »

Le citoyen Billioray présente contre le projet Jourde les deux objections suivantes :

1° Les coupures n'auront pas cours si vous ne rétablissez pas les endos, et il vous sera très-difficile de les rétablir ;

2° La loi étant faite pour Paris, comment créerons-nous les rapports entre les créanciers de Paris et les débiteurs de la province, et *vice versa?*

Le citoyen Grousset, comme le citoyen Billioray, trouve qu'il sera impossible de rétablir les endos ; pour lui, le projet présente encore un autre inconvénient, c'est qu'il n'est pas assez général pour que personne ne puisse se soustraire à son exécution.

Le projet du citoyen Beslay lui semble au contraire remplir ce but, en remplaçant purement et simplement les effets actuellement en circulation par des billets nationaux ou communaux émanant d'une banque spéciale.

Cette idée avait l'avantage de mettre immédiatement en circulation cette énorme valeur, qui dormirait pendant trois années.

Il désirerait donc connaître les motifs qui ont déterminé la commission à la repousser en principe.

Le citoyen Jourde, auteur du projet adopté par la commission, répond aux critiques présentées par les différents orateurs, qu'il s'est surtout préoccupé du rétablissement de la circulation et des transactions commerciales.

La création de coupures lui a semblé une garantie propre à remplir ce but. Si, au contraire, dit-il, vous immobilisez le portefeuille pendant trois ans, comme le propose le citoyen Tridon, vous arrivez fatalement à empêcher la reprise des affaires ; par contre, en créant un papier pouvant être mis en circulation, il est clair que vous rétablissez les relations sociales.

Le citoyen Tridon croit son projet seul praticable pour concilier tous les intérêts.

Le défaut du projet Jourde est la création de coupures qui ne seront pas payées ; du reste, l'idée qu'il a présentée n'est que la répétition de celle mise en pratique par les États-Unis d'Amérique lors de la guerre de sécession.

Le citoyen Beslay trouve à son projet l'avantage de remettre les effets en circulation, et par cela même d'amener une reprise forcée du travail.

Pour les endos très-difficiles à avoir, son projet permettra de conserver les billets primitifs, tout en mettant en mouvement le capital produit par ces effets.

La division des créances a été faite pour ménager les intérêts des petits et des gros commerçants. Pour les premiers, l'intérêt de 3 0/0 a pour but d'ajouter un avantage aux billets mis en circulation en assurant leur garantie.

Tout au contraire, pour les gros commerçants, l'intérêt de 6 0/0 a eu pour mobile de les déterminer par cet appât à payer plus tôt.

En résumé, il croit son projet socialiste, et le considère surtout comme le premier échelon de la liquidation sociale.

Le citoyen Jourde insiste sur les difficultés, sur les impossibilités même que présente le projet du citoyen

Beslay : toutes les valeurs mauvaises à l'heure présente, les créances peu sûres; le commerce n'acceptera pas les coupures.

On ne peut substituer à ce qui existe un régime nouveau, qui n'est pas entouré des garanties sociales qu'il doit avoir; si l'on veut faire pour le commerce une loi organique, il faut que d'autres lois organiques précèdent. Aujourd'hui, ces bases manquent.

Quant au projet Tridon, il ne résout rien; dans trois ans tout sera en état.

Le citoyen Beslay établit que ce n'est point une banque qu'il veut créer.

Le citoyen Parisel est d'avis qu'on ne peut donner à un comptoir la spéculation des bons billets qui restent dans le commerce. Le projet du citoyen Beslay ne s'applique pas à l'ensemble des billets en circulation, ce projet est donc défectueux.

Quant au projet Jourde, comment fera-t-on pour l'imposer aux commerçants de la province et de l'étranger? L'accepter serait compromettre l'autorité de la Commune.

Le projet Tridon, qui n'étrangle pas le débiteur, lui paraît le seul acceptable. Ce projet est socialiste, et il a de plus cet avantage qu'il permet de maintenir l'acceptation de la loi.

Le citoyen Fortuné (Henri) attaque le projet Jourde; il se déclare pour celui du citoyen Tridon, qui donne satisfaction à l'attente publique, et fait table rase de tout le vieux bagage de recors et d'huissiers.

Le citoyen Allix appuie aussi le projet Tridon, qui laisse aux intéressés la liberté des transactions; il faudrait seulement ajouter à ce projet cet article additionnel : « Un comptoir spécial sera établi par la Commune pour faciliter entre les intéressés les conventions ou transactions à intervenir pour les règlements libres. »

Le citoyen Franckel reproche au projet Beslay son impuissance; ce projet veut donner la vie à un cadavre.

Le projet Jourde n'est point assez large; si on l'accepte, il voudrait que l'on fît partir la première coupure du 15 avril 1872. Du reste, la question n'est point élucidée, l'orateur demande le renvoi de la discussion à demain.

Les citoyens Jourde et Régère demandent aussi ce renvoi, qui est adopté par la Commune.

Le citoyen Arthur Arnould interpelle les membres de de la commission exécutive, pour savoir si les délégués de la Ligue d'union républicaine des droits de Paris, qui sont allés à Versailles, sont venus leur rendre compte des résultats de leur voyage, et, dans ce cas, quelle réponse leur a été faite.

Au nom de la commission exécutive, le citoyen Avrial répond que ces délégués sont en effet venus; la commission les a écoutés, mais à titre officieux seulement, et ne leur a fait aucune réponse, ne voulant nullement engager la Commune.

Le citoyen Vermorel, membre de la commission exécutive, donne lecture d'un projet de loi qui a reçu aussi l'approbation de la commission de justice.

Ce projet décrète que toute arrestation devra immédiatement être notifiée au délégué de la Commune à la justice.

Les trois premiers articles de ce projet sont, avec deux amendements, acceptés, après une discussion à laquelle prennent part les citoyens Blanchet, Parisel, Billioray, Amouroux, Clémence, Grousset, Jourde,

Champy, Lefrançais, Géresme, Avrial, Protot, Assi, Vallès.

Un quatrième article, relatif à la lecture, à chaque séance de la Commune, d'un rapport fait par le délégué à la justice sur les arrestations ou perquisitions opérées la veille, est repoussé.

La séance est levée à six heures cinquante-cinq minutes.

Les secrétaires de la séance,

ANT. ARNAUD, AMOUROUX.

Le *Journal officiel* de Versailles contient ce qui suit dans sa partie non officielle :

Versailles, 15 avril 1871.

Il ne s'est passé aujourd'hui aucun événement militaire important. Une très-forte canonnade s'est fait entendre dans la soirée d'hier et s'est prolongée assez tard dans la nuit. C'étaient les batteries des insurgés qui tiraient presque sans relâche, mais tiraient pour ainsi dire dans le vide; on ne s'explique ce feu violent que par le dessein bien arrêté de faire croire à un grand engagement et de permettre le lendemain un de ces récits de victoire à l'aide desquels les journaux de la Commune tentent chaque matin, depuis quelques jours, de réveiller l'ardeur défaillante des soldats de la guerre civile.

Hier, les agents de la Commune se sont présentés à l'hôtel occupé par M. Thiers, place Saint-Georges. Ils ont pénétré dans ses appartements ; ils ont forcé les meubles et se sont emparés de ses papiers et de tous les objets de valeur qui s'y trouvaient.

Cet acte est d'autant plus odieux que l'hôtel de la place Saint-Georges n'est pas seulement occupé par M. Thiers, mais par Mlle Dosne, sa belle-sœur, qui en est avec lui propriétaire.

Les deux domestiques chargés de la garde de l'hôtel ont été arrêtés.

Le journal *le Temps* publie un article de son rédacteur en chef, dont nous extrayons les passages suivants :

La solution ne peut plus se trouver aujourd'hui que dans l'abandon pur et simple des chimères, dans un retour pur et simple au sentiment exact de la réalité. Il faut que la garde nationale de Paris reconnaisse qu'elle n'a aucune raison de se battre, attendu qu'elle n'a nul grief à venger, et que, si la république court des dangers, ces dangers viennent uniquement de la guerre civile même, et non d'une prétendue conspiration de l'Assemblée, dont il n'existe pas la moindre trace. Quand elle l'aura reconnu, elle ne se battra plus, et tant qu'elle ne le reconnaîtra pas, elle en portera les conséquences.

... L'Assemblée, cette même Assemblée à laquelle on a déclaré la guerre, achève en ce moment de débattre la loi qui dotera Paris de la plus complète autonomie municipale ; elle discute cette loi avec le plus grand calme, sans aucune trace de passion réactionnaire, et elle en écarte avec une volonté très-ferme tout ce qui pourrait, même à tort, être considéré comme une apparence de restriction. Si la loi pèche par quelque endroit, ce ne sera certes pas par le côté démocratique. Quant à ce qui pourra suivre la défaite inévitable de la Commune, c'est-à-dire quant aux rigueurs et à la réaction qu'on pourrait redouter, ceux des députés de Paris qui sont demeurés à Versailles, y compris M. Louis Blanc, n'ont rien trouvé de mieux, dans leur dernier manifeste, que de prendre acte des engagements pris à la tribune par M. Thiers, engagements qui seront tenus, et au delà desquels il est impossible d'aller. Il n'y a donc plus rien à stipuler, parce que tout ce qui est légitime et politique est acquis dès à présent. Paris n'a qu'à déposer les armes, rouvrir ses ateliers et ses boutiques, et procéder à ses élections municipales, conformément à la loi qui sera votée aujourd'hui ou demain.

LE 17 AVRIL 1871.

Le *Journal officiel* de Paris contient, dans sa partie officielle, les pièces suivantes :

La Commune de Paris,
Considérant qu'une quantité d'ateliers ont été abandonnés par ceux qui les dirigeaient afin d'échap-

per aux obligations civiques, et sans tenir compte des intérêts des travailleurs;

Considérant que, par suite de ce lâche abandon, de nombreux travaux essentiels à la vie communale se trouvent interrompus, l'existence des travailleurs compromise,

DÉCRÈTE :

Les chambres syndicales ouvrières sont convoquées à l'effet d'instituer une commission d'enquête ayant pour but :

1° De dresser une statistique des ateliers abandonnés, ainsi qu'un inventaire exact de l'état dans lequel ils se trouvent et des instruments de travail qu'ils renferment.

2° De présenter un rapport établissant les conditions pratiques de la prompte mise en exploitation de ces ateliers, non plus par les déserteurs qui les ont abandonnés, mais par l'association coopérative des travailleurs qui y étaient employés.

3° D'élaborer un projet de constitution de ces sociétés coopératives ouvrières.

4° De constituer un jury arbitral qui devra statuer, au retour desdits patrons, sur les conditions de la cession définitive des ateliers aux sociétés ouvrières, et sur la quotité de l'indemnité qu'auront à payer les sociétés aux patrons.

Cette commission d'enquête devra adresser son rapport à la commission communale du travail et de l'échange, qui sera tenue de présenter à la Commune, dans le plus bref délai, le projet de décret donnant satisfaction aux intérêts de la Commune et des travailleurs.

Paris, le 16 avril 1871.

La commission exécutive,
Sur la proposition du délégué à la guerre,

ARRÊTE :

Art. 1er. Les armes des bataillons dissous seront immédiatement restituées aux mairies.

Art. 2. Seront pareillement restituées aux mairies les armes des émigrés, des réfractaires jugés comme tels par le conseil de discipline.

Art. 3. Les municipalités devront faire faire des perquisitions méthodiques par rues et par maisons, afin d'assurer dans le plus bref délai la rentrée de toutes ces armes.

Art. 4. Toutes fausses déclarations faites par les concierges entraîneront leur arrestation immédiate.

Art. 5. Toutes les armes recueillies par les mairies seront renvoyées à l'arsenal de Saint-Thomas-d'Aquin.

Art. 6. Les armes ainsi restituées serviront à armer les nouveaux bataillons. Les fusils Chassepot ne seront donnés qu'aux bataillons de marche, en attendant qu'on en puisse donner à tous.

Paris, le 16 avril 1871.

La commission exécutive,
AVRIAL, COURNET, DELESCLUZE, FÉLIX PYAT, TRIDON, ED. VAILLANT, VERMOREL.

En présence des nécessités de la guerre, et vu le besoin d'agir rapidement et vigoureusement;

En présence de l'impossibilité de traduire devant les conseils de guerre de légion, qui n'existent pas encore, les cas exceptionnels qui exigent une répression immédiate, le délégué à la guerre est autorisé à former provisoirement une cour martiale, composée des membres ci-après :

Le colonel Rossel, chef d'état-major de la guerre;

Le colonel Henry, chef d'état-major de la place;

Le colonel Razoua, commandant de l'École militaire;

Le lieutenant-colonel Collet, sous-chef d'état-major du commandant supérieur Eudes;

Le colonel Chardon, commandant militaire de la préfecture de police;

Le lieutenant Boursier, membre du comité central.

Les peines capitales seront soumises à la sanction de la commission exécutive.

La cour siégera tous les jours à l'hôtel des conseils de guerre, rue du Cherche-Midi.

Paris, le 16 avril 1871.

Le délégué à la guerre,
CLUSERET.

Approuvé :

Les membres de la commission exécutive,
AVRIAL, F. COURNET, CH. DELESCLUZE,
FÉLIX PYAT, G. TRIDON, A. VERMOREL,
E. VAILLANT.

La Commune décide :

La fonction de chef de légion est incompatible avec celle de membre de la Commune.

Le chef de légion est subordonné à l'autorité des membres de la Commune.

Les citoyens J.-B. Clément et Assi, membres de la Commune, sont délégués aux ateliers de fabrication de munitions ; ils devront surveiller et activer cette fabrication.

MINISTÈRE DE LA GUERRE.

SERVICE MÉDICAL.

ORDRE.

Le service médical de la garde nationale est constitué ainsi qu'il suit :

Un chirurgien en chef de la garde nationale, ayant rang d'inspecteur ;

Un chirurgien principal et un aide-major à l'état-major de la place ;

Un chirurgien principal par légion ;

Un chirurgien-major, un aide-major et un sous-aide par bataillon.

Le chirurgien-major et le sous-aide marchent avec les compagnies de guerre ; l'aide-major seul reste avec les compagnies sédentaires.

Les docteurs en médecine, les officiers de santé et les étudiants qui désireront être nommés aux grades vacants de chirurgiens, d'aides ou de sous-aides, sont invités à se présenter le plus tôt possible, à partir du lundi 17 avril, de neuf heures à midi, au ministère de la guerre, bureau du service médical, 86, rue Saint-Dominique-Saint-Germain.

Seront maintenus dans leurs fonctions les chirurgien et aide-major en exercice dans chaque bataillon, mais ils auront à justifier du diplôme de docteur en médecine.

En exécution de l'article 3 du décret du 14 avril, ainsi conçu : « Si le nombre des docteurs et élèves volontaires n'était pas suffisant, on requerrait ceux qui rentrent dans la classe des hommes de vingt à quarante ans, » il sera pourvu aux emplois qui resteraient vacants.

Ne seront pas assujettis aux dispositions de ce décret les chirurgiens, médecins, internes et externes des hôpitaux, nommés aux concours et actuellement en exercice.

<small>Paris, 16 avril 1871.</small>

DÉLÉGATION DE LA JUSTICE.

ALIÉNÉS.

Les directeurs des établissements publics et privés d'aliénés sont invités à envoyer, dans les quatre jours, à la délégation de la justice, un état nominatif complet de leurs malades.

L'état mentionnera, en outre, l'âge, le sexe, la profession, la nature de l'affection de chacun des malades, avec la date de son entrée dans l'établissement.

PRISONS.

Tous directeurs de prisons, maisons d'arrêt ou de correction enverront dans les quatre jours, à la délégation de la justice, un état nominatif complet des détenus actuellement écroués. Cet état mentionnera, en regard du nom de chaque détenu, la date de son écrou et la nature de l'inculpation qui pèse sur lui.

Paris, le 16 avril 1871.

Le membre de la Commune délégué à la justice,

EUGÈNE PROTOT.

La commission d'enquête pour les pensions et indemnités à accorder aux veuves et orphelins des victimes de la défense des droits du peuple adresse l'avis suivant aux familles et aux délégués de compagnies :

Citoyens,

Conformément au décret de la Commune de Paris, en date du 10 courant, la commission d'enquête du 11ᵉ arrondissement a été régulièrement constituée hier, 13; elle informe les familles et les délégués de compagnies qu'elle a ouvert son bureau aujourd'hui, 14, à la mairie, salle d'attente des mariages, où elle recevra tous les jours, de neuf heures du matin à onze heures et de deux heures du soir à cinq heures.

La commission invite les familles et les délégués de compagnies à lui faciliter son pressant et important travail, en lui fournissant tous les documents et informations relatifs aux intéressés.

Paris, le 14 avril 1871.

L'administration de l'inspection générale des ambulances est établie dans les bâtiments de l'Assistance publique, 3, avenue Victoria.

Les bureaux seront ouverts à partir de demain, 17 avril, à neuf heures du matin.

Tous renseignements relatifs à cette administration devront être envoyés à cette adresse.

Un avis ultérieur indiquera l'heure à laquelle l'inspecteur général recevra les citoyens pour informations particulières.

Provisoirement, un bureau de renseignements et le secrétaire général sont à la disposition des citoyens pour toutes réclamations relatives à cette administration.

Le *Journal officiel* de Paris contient ce qui suit dans sa partie non officielle :

Paris, le 16 avril 1871.

Des faits graves se sont produits hier dans le 8ᵉ arrondissement.

Un certain nombre de gardes nationaux appartenant au 248ᵉ bataillon a osé envahir, rue du Faubourg-Saint-Honoré, 56, l'hôtel de la légation de Belgique, et violer effrontément, avec les droits sacrés de l'hospitalité due par la France à tous les étrangers, les immunités diplomatiques respectées par tous les peuples civilisés.

Une enquête immédiate a été ouverte : quelques-uns des coupables sont arrêtés; les autres ne tarderont pas à l'être.

Ils seront traduits immédiatement en conseil de guerre.

Des officiers de l'état-major du général Dombrowski et de la garde nationale sont venus apporter à l'hôtel de ville deux drapeaux pris sur les Versaillais à Neuilly.

Le premier de ces drapeaux est de couleur verte, et porte la croix vendéenne; le second est composé des trois couleurs, disposées en forme de croix.

Le drapeau vendéen, arboré sur une habitation, a été enlevé dans un élan commun par les officiers et gardes du 210ᵉ bataillon.

Le second drapeau versaillais, planté sur une barricade, a été pris par le citoyen Letellon (Jean-Félix), garde à la 3ᵉ compagnie de marche du 134ᵉ bataillon, qui combattait dans les rangs du 114ᵉ bataillon de la garde nationale.

Ce n'est qu'avec peine que cet énergique citoyen s'est séparé de son glorieux trophée, et s'est décidé à le laisser partir à l'hôtel de ville.

La commission exécutive a transmis aux délégués de ces braves bataillons les félicitations de la Commune.

RAPPORT MILITAIRE.

AUX MEMBRES DE LA COMMUNE.

16 avril, 1 h. 30 m.

Au centre, c'est-à-dire aux forts de Vanves, Montrouge et Issy, nuit parfaitement calme. Il en est de même à notre gauche.

A droite, la lutte a continué très-acharnée. Les zouaves pontificaux sont définitivement entrés en ligne avec les gendarmes et les sergents de ville.

C'était leur place naturelle, et ils auraient dû l'occuper depuis longtemps.

Ils ont été cernés dans l'église de Neuilly, où il y a eu lutte acharnée et combat corps à corps.

Le citoyen Leullier fils, âgé de seize ans, au milieu d'une pluie d'obus et de mitraille, a planté le drapeau de la Commune sur le sommet de l'église.

Cet enfant mérite des louanges. Il sera un homme.

L'énergie indomptable de nos braves citoyens rend la position intenable pour les Versaillais.

Le délégué à la guerre,
G. CLUSERET.

QUARTIER GÉNÉRAL DE NEUILLY

AU CITOYEN GÉNÉRAL MINISTRE DE LA GUERRE.

16 avril, 3 heures.

Le siége de Neuilly avance. Nous occupons tout un nouveau quartier; nous avons emporté trois barricades, et même, sur l'une d'elle, pris un drapeau aux zouaves pontificaux et un drapeau de l'infanterie de ligne.

L'esprit des troupes est bon ; la garde nationale fait des progrès et montre beaucoup d'entrain.

Le commandant de place de Paris,

DOMBROWSKI.

GUERRE A EXÉCUTIVE.

Neuilly, 16 avril.

Versaillais chassés de l'église et repoussés à 800 mètres ; beaucoup ont été pris dans les caves.

Poste Vallier, onze heures. — Pris deux drapeaux, six zouaves pontificaux, lesquels se servent de projectiles explosibles et de balles mâchées.

Trois heures. — Boîtes à mitraille dirigées sur Levallois ; une petite fille est blessée sur le boulevard Bineau.

Quatre heures et demie. — Quelques blessés versaillais sont ramenés par les gardes nationaux fédérés ; ils partagent les soins de nos ambulanciers avec nos propres blessés.

On est dans l'admiration du courage de Dombrowski et de son sang-froid ; de ce côté, il faudrait citer tous les hommes.

Paris, le 16 avril 1871.

P. O. : *Le capitaine d'état-major, secrétaire délégué à la guerre.*

BEAUFORT.

COMMUNE DE PARIS.

séance du 15 avril 1871.

Présidence du citoyen BILLIORAY.

La séance est ouverte à 3 heures.

Le citoyen BILLIORAY, président,

Les citoyens GAMBON et CLÉMENCE, assesseurs, prennent place au bureau.

Le procès-verbal de la séance du 14, lu par l'un des secrétaires, est adopté, après une rectification, demandée par le citoyen BESLAY.

Le citoyen DEMAY demande au délégué à la préfecture de police comment il se fait que, dans son arrondissement et malgré le décret voté par la Commune, le prix des passe-ports soit fixé à 50 c. pour le département de la Seine et 2 fr. pour la France.

Au nom de la commission de sûreté générale, le citoyen FERRÉ répond qu'il ignorait complétement ce fait, ne pouvant provenir que d'un vol de l'employé, mais que du reste des mesures seront prises à cet égard.

Le PRÉSIDENT donne lecture d'une lettre du citoyen Ranvier, déclarant donner sa démission de membre de la commission militaire.

Lecture est également faite des dépêches militaires constatant les échecs subis par les Versaillais dans la nuit du 14 au 15 courant.

L'ordre du jour appelle la suite de la discussion de la loi des échéances.

Le citoyen BESLAY trouve que les critiques dirigées contre son projet n'en ont nullement détruit la force. La création d'un comptoir commercial permettrait

1° d'accorder du temps aux débiteurs ; 2° de conserver la valeur intégrale du billet, avec ou sans endos ; 3° de faire des billets conservés en portefeuille une valeur vive, qui profiterait à la reprise des affaires. On a demandé ce que le projet ferait des dettes hypothécaires. Étant donnée une dette à payer ou une obligation commerciale, il est clair que, par suite des considérations aujourd'hui indiscutables, on devra lui accorder le bénéfice du temps. Pour l'objection que le Comptoir ne s'appliquerait pas aux arriérés des billets dans les départements, et par suite n'aurait pas un caractère de généralité :

Sitôt, dit-il, que la création sera acceptée et reconnue excellente par la Commune de Paris, elle le sera immédiatement aussi par les communes des départements.

En un mot, aucune atteinte sérieuse n'a été portée à la combinaison qui se présente pour la liquidation de la dette arriérée du commerce.

La discussion générale des trois projets étant close, la Commune, sur la demande du citoyen Paschal Grousset, décide que le vote n'aura lieu qu'après examen des trois projets.

Consultée sur la question de priorité, elle décide également que le projet Tridon sera discuté le premier, le projet Jourde le deuxième, et enfin celui du citoyen Beslay le dernier.

Le citoyen Tridon, afin de répondre à la principale critique dirigée contre son projet, critique se rapportant à l'immobilisation des valeurs, donne lecture de l'amendement suivant qu'il ajoute au projet primitif : « Un comptoir spécial sera fondé sous les auspices de la Commune, pour servir d'intermédiaire entre les divers intéressés. »

Le citoyen Allix se déclare partisan du projet Tridon,

parce qu'il permet une liquidation à l'amiable qu'il est désirable de faciliter.

Pour ce qui concerne la création d'un comptoir commercial, il en accepte également le principe, vu qu'il le considère comme l'intermédiaire qui amènera la liquidation amiable; il propose donc la formation d'une commission chargée d'arrêter les bases de ce comptoir.

Le citoyen Régère se déclare également partisan du projet Tridon; mais il préférerait l'adoption du projet primitif, qui laisserait beaucoup, et selon lui avec raison, à l'initiative des commerçants.

Pour repousser la création d'un établissement commercial, il préférerait que le projet fût mûrement étudié, avant son adoption, par une commission nommée à cet effet.

Le citoyen Varlin repousse formellement l'idée d'un comptoir financier, comme étant convaincu que la majeure partie des effets en souffrance sont mauvais.

Ce qu'il est surtout désirable d'amener, dit-il, c'est une liquidation lente de ces effets impayés. Attendons donc d'être sortis de cette situation critique avant de songer à établir une institution financière.

Le citoyen Malon croit qu'il est indispensable de faire des coupures, parce que, sans cela, il se trouvera que les commerçants se trouveront dans l'impossibilité de prendre des arrangements immédiats; ils se trouveront dans une situation réellement inférieure, et par suite sans crédit.

Si, au contraire, vous autorisez ces coupures, ils seront garantis.

Sans être opposé à la création d'un comptoir, il se range pour le présent aux objections du citoyen Varlin.

Le citoyen Parisel pense que ce n'est pas en coupant

un billet en huitièmes qu'on donne du crédit ; ce qu'il faut surtout, c'est du temps, afin de pouvoir employer les capitaux disponibles, les affaires du débiteur étant avant tout la plus sûre garantie du créancier ; c'est pour cette raison qu'il adopte le projet primitif du citoyen Tridon. Quant à l'amendement, il ne croit pas que la Commune doive former un comptoir dont elle serait forcément responsable.

Le citoyen Billioray repousse le projet, parce qu'il immobilise pendant trois années la somme représentée par les effets, tandis que le projet Jourde permet, moyennant les coupures, la mise en circulation de ce capital, qui activera la reprise des affaires. On se trouvera réduit en France, dit-il, à n'avoir qu'une petite quantité de numéraire. Il faudra donc le remplacer par une valeur papier ; si vous immobilisez cette énorme valeur déjà en circulation, vous arriverez à arrêter complétement les affaires. Par contre, en divisant la dette du débiteur en huit termes, il pourra petit à petit se libérer et faire face à ses affaires.

Le citoyen Grousset fait observer que le général Eudes est présent à la séance. Il aurait peut-être quelques renseignements à donner sur l'attaque des Versaillais contre le fort de Vanves.

La Commune se forme en comité secret.

QUESTION DES ÉCHÉANCES.

PROJET DE DÉCRET PRÉSENTÉ PAR LE CITOYEN TRIDON.

La Commune,

Considérant que le commerce doit être fondé sur la confiance et la bonne foi réciproques ;

Que c'est rabaisser les négociants que d'introduire dans leurs rapports les agissements judiciaires;

Que tout délai ou division de payement ne fera que reproduire la même gêne, et qu'il importe de déblayer le terrain pour faire refleurir le commerce et l'industrie,

ARRÊTE :

1° Toute poursuite pour effet de commerce est suspendue pendant trois ans;

2° Les effets payables au bout de trois ans porteront intérêt à 2 pour 100.

Le citoyen TRIDON, d'accord avec le citoyen BESLAY, a ensuite proposé le projet suivant :

La Commune décrète :

1° Toute poursuite pour effet de commerce souscrit jusqu'à ce jour sera suspendue pendant trois ans;

2° Un comptoir spécial sera fondé sous les auspices de la Commune pour servir d'intermédiaire entre les divers intéressés.

PROJET PRÉSENTÉ PAR LE CITOYEN PARISEL.

La Commune de Paris,

Considérant :

Que tant que durera la guerre, cause de la mise en souffrance des effets, la plupart des débiteurs seront dans l'impossibilité de payer quoi que ce soit ;

Que pendant ce même temps il est impossible d'établir un décret qui ait force de loi pour la France et pour l'étranger ;

Qu'il est injuste d'établir une loi unique pour tous les débiteurs, dont la position spéciale est évidemment différente ;

Que des arbitres seuls peuvent équitablement appliquer des solutions diverses à des situations variées ;

Qu'enfin, puisque la souffrance du commerce est causée par les malheurs de la patrie, il serait douloureux d'autoriser des poursuites contre les débiteurs qui ne peuvent payer par l'effet des circonstances,

DÉCRÈTE :

Art. 1ᵉʳ. Toute poursuite est suspendue pendant la durée de la guerre et trois mois après.

Art. 2. A cette époque, il sera formé un tribunal arbitral qui jugera sommairement et sans frais les différends entre créanciers et débiteurs.

PROJET DU CITOYEN ASSI.

Dans le projet proposé par le citoyen Beslay pour résoudre la question des échéances :

1° Les effets ne sont présentés au comptoir commercial *qu'à leur échéance;* de sorte que, si un effet est à un an de date, par exemple, le capital qu'il représente *demeure un an improductif;*

2° Le comptoir commercial paye intégralement en billets la valeur des effets qui lui sont présentés. Et cependant *il est certain qu'il y aura des non-valeurs par suite de défaut de payement.*

Certainement, ces non-valeurs s'élèveront à plus de 1/50ᵉ (subvention allouée par la Commune). Le 31 août 1874, il sera donc impossible de rembourser en numéraire tous les billets qui rentreront. Si l'on voulait rembourser intégralement tous les billets, il faudrait, de toute nécessité, que la Commune fût disposée à combler tout le déficit.

Voici ce qui, dans le même ordre d'idées, semble possible à réaliser en pratique :

Dans un délai fixe, on apporterait au comptoir tous les billets en souffrance, *sans attendre nullement leur échéance*.

Une fois le délai expiré pour le dépôt de ces titres, une commission compétente serait assemblée pour dire quelle est la proportion qu'il est probable de toucher sur le tout.

Supposons que cette proportion soit évaluée à 50 pour 100 (en restant plutôt au-dessous du chiffre réel, ce qui n'aura pas d'inconvénient, comme on le verra plus loin), le comptoir remettra, en conséquence, à chaque créancier une somme égale à la moitié du montant de l'effet dont il était porteur, et cela en billets de circulation divisés en coupures aussi petites que possible, afin d'en faciliter l'usage pour tous les besoins.

Il sera déclaré que toutes les échéances sont prorogées d'un an, par exemple, et tous les billets de circulation ainsi délivrés *porteront la date de l'échéance, reculée d'un an*, de l'effet dont ils représenteront la valeur, ainsi qu'un numéro correspondant à celui de ce titre primitif resté dans la caisse du comptoir.

A la date portée par chaque billet de circulation, celui qui en sera porteur pourra se faire rembourser au comptoir sa valeur en numéraire, valeur qui n'est égale, on se le rappelle, qu'à la moitié de la somme souscrite.

En même temps, le comptoir fait toucher chez le débiteur la somme pour laquelle il s'est engagé.

Suivant que les recouvrements auront pu être faits dans une proportion plus ou moins grande, le comptoir, à la fin de ses opérations, c'est-à-dire à un jour prévu dès le début, aura un *boni* plus ou moins grand à distribuer aux créanciers adhérents, au prorata des sommes pour lesquelles ils sont entrés en opération. Ce boni est payé sur la présentation de *bons de solde,* délivrés aux créanciers quand ils ont apporté leurs effets au comptoir, et qui portent le même numéro d'ordre que ces effets.

Cette combinaison présente donc les caractères suivants :

1° Circulation du capital représenté par les effets en souffrance dans la mesure du possible ;

2° Mise en circulation de ce capital, *dès la formation du comptoir,* et non pas seulement à l'échéance des effets, comme dans le projet Beslay ;

3° Confiance inspirée au public, parce que l'on n'a promis à chacun que ce que l'on était en droit d'espérer réaliser, et les billets étant d'ailleurs remboursables en espèces à une époque fixe ; parce que, en outre, chaque créancier sait qu'il touchera le boni qui lui revient, si l'opération en laisse ;

4° Pour rendre cette confiance absolue, la Commune peut garantir par une hypothèque sur un de ses revenus le remboursement intégral des billets du comptoir. Cette garantie, d'ailleurs, ne sera que fictive, si l'on a eu soin de calculer la somme émise en billets pour qu'elle soit inférieure aux recouvrements du comptoir ;

5° Le débiteur a du temps pour s'acquitter, en même temps que le créancier touche une certaine partie de ce qui lui est dû *dès la formation du comptoir,* ce qui lui permet de travailler de son côté.

OBSERVATIONS DU CITOYEN BESLAY.

I. — J'ai examiné attentivement tout ce qui a été publié, tout ce qui m'a été adressé au sujet de mon projet relatif à la question des échéances, non avec le parti pris de défendre quand même la combinaison que j'ai présentée, mais avec la résolution bien arrêtée de me rallier moi-même à une combinaison meilleure, si j'en voyais formuler une; car, dès qu'il s'agit d'un intérêt général, toute préoccupation personnelle doit s'effacer pour ne laisser debout que l'intérêt public.

Mais je suis obligé de constater tout d'abord qu'à ma combinaison je n'en ai vu substituer aucune autre, et l'ensemble des observations présentées ne porte que sur les opérations mêmes du comptoir commercial de liquidation, soit au point de vue de son fonctionnement, soit au point de vue de la limitation de ses attributions trop spécialisées.

En répondant à ces critiques, je tiens à bien établir en premier lieu que les bases du projet, généralement considérées comme « ingénieuses », n'ont provoqué aucune contradiction sur les trois points qui sont comme le triple fondement du projet, et qui donnent satisfaction aux trois intérêts qui sont en présence.

Je considère donc comme un point définitivement établi pour la discussion que la création d'un comptoir commercial de liquidation permet :

1° D'accorder du temps au débiteur;

2° De conserver la valeur intégrale des billets avec tous leurs endos;

3° De faire, des billets conservés en portefeuille, une valeur vivante qui profiterait à la reprise des affaires.

Ceci bien établi, — et c'est là, il faut en convenir, toute l'économie du projet, — passons aux observations présentées.

II. — En premier lieu, tout le monde s'est écrié, comme il fallait s'y attendre: Mais les billets arriérés du commerce ne représentent qu'une partie de la dette immense que nous avons à liquider! Que faites-vous des dettes hypothécaires, des obligations foncières, des traités à exécuter, des factures à présenter, etc., etc.? Tout le passif de la guerre et du siége a élevé la voix.

On voudra bien m'accorder, sans doute, que cette critique n'a pas été pour moi une révélation. J'avais, comme tout le monde, ouvert devant les yeux le grand-livre de la liquidation générale ; je me suis purement et simplement appliqué à déchiffrer et à résoudre le problème qui se trouve compris dans le chiffre des dettes commerciales, parce que c'est celui qui préoccupe le plus et qui peut le mieux servir à ranimer immédiatement le monde des affaires. Aller au plus pressé, n'est-ce pas le parti le plus sage?

Les autres chapitres de la liquidation pourront être abordés et réglés par d'autres résolutions spéciales; mais il est clair qu'étant donné une dette à payer, une obligation à remplir, de quelque nature qu'elle soit, civile, hypothécaire, commerciale, il est clair, disons-nous, que toute obligation, par suite de considérations aujourd'hui indiscutables, doit obtenir, pour être remplie, le bénéfice du temps. La loi n'a pas deux poids et deux mesures. Encore une fois, le temps est de l'argent et le temps seul donnera le moyen de payer.

III. — En se renfermant ensuite dans le cercle des attributions du comptoir commercial de liquidation, d'autres critiques ont fait remarquer que le comptoir commercial fondé à Paris ne s'appliquerait pas à l'arriéré des billets dans les départements, et que par conséquent cette création n'avait pas le caractère de généralité qui lui serait nécessaire pour liquider avec ensemble la dette commerciale du pays.

Je pourrais répondre que le comptoir commercial fondé à Paris ne peut avoir assurément en vue que le commerce de Paris ; mais qui ne voit, au premier coup d'œil, que, si la création est reconnue excellente par la Commune de Paris, elle sera immédiatement acceptée et appliquée par les autres grandes communes de la république?

C'est là précisément le puissant motif qui nous a déterminés à faire appel à l'intervention de la Commune de Paris ; cette intervention a plusieurs avantages :

1° Elle vient en aide au monde des affaires, qu'elle attire à elle par une mesure aussi fructueuse que politique ;

2° Elle donne une sécurité absolue aux opérations du comptoir, et une valeur parfaite à ses billets par la garantie qu'elle donne du 50ᵉ du chiffre des opérations ; garantie suffisante pour que les billets soient acceptés comme les billets de banque ;

3° Elle stimule l'initiative des communes et des départements, en leur montrant qu'il n'y a que profit à prendre la conduite de ses propres affaires. Aide-toi, le ciel t'aidera! La Commune de Paris devient ainsi la commune modèle de toutes les communes de la république.

IV. — Je passe sur l'impression fâcheuse que devrait produire, d'après certains esprits, l'apparition d'un billet de crédit circulant à côté du billet de banque.

Il n'y a entre les deux billets aucune assimilation fondée. Le billet de banque est permanent et le billet du comptoir ne représente qu'une opération momentanée, transitoire, comme les opérations de la Caisse de la boulangerie créée pendant les disettes.

Quelle sera l'attitude, quelle sera la conduite du comptoir commercial à l'égard de la Banque? Telle est la question que l'on m'adresse de tous côtés.

Je n'ai que deux mots à répondre :

Premièrement, il est certain que la loi définitive qui réglera le temps accordé au débiteur pour se libérer s'appliquera au portefeuille de la Banque, comme aux autres billets et aux autres obligations. Nous l'avons déjà dit, la loi est une pour tous, et la Banque devra s'y conformer, comme les autres créanciers. Il n'y a sur ce point aucune contestation possible.

Deuxièmement, au sujet des décisions particulières que la Banque croira devoir prendre dans son administration intérieure, et auxquelles j'ai fait allusion dans l'exposé de mon projet, il peut se présenter deux hypothèses : ou la Banque se tiendra absolument à l'écart du comptoir, et alors elle n'aura pour liquider son portefeuille qu'à s'en tenir à la simple observation de la loi générale adoptée ; ou bien la Banque croira utile de se conformer elle-même à la pratique du comptoir, en s'unissant à lui pour réaliser son portefeuille, pour le tout ou pour une partie, dans l'intérêt général du commerce ; telle sera l'alternative.

De ces deux hypothèses, je n'ai pas besoin de dire que la dernière serait sans contredit celle qui serait le plus profitable à tous les intéressés. Chacun comprend, en effet, que l'alliance de la Banque de France et du comptoir commercial donnerait à cette liquidation une sécurité qui défierait toute contestation, et augmenterait dans des proportions énormes le capital circulant, dont le pays aura un si grand besoin après le payement de l'indemnité de guerre. A la Banque de prendre les résolutions qu'elle jugera les plus conformes aux intérêts de Paris et de la France.

V. — En résumé, les critiques que nous venons d'exposer ne portent, comme on le voit, aucune atteinte à la combinaison que je présente pour la liquidation de la dette arriérée du commerce. Ces critiques m'ont fourni les moyens de la mettre plus complétement en lumière, et les explications que je viens de donner en feront, il me semble, mieux sentir la valeur.

Quant aux observations de détail qu'on a pu m'adresser au sujet des agissements du comptoir, ce sont là des infiniment petits de pratique et d'administration qui ne méritent pas une réfutation sérieuse. Le comptoir n'existe pas, et je ne puis répondre de son organisation, qui est encore à faire; mais les principes que j'ai posés et les explications que je viens de fournir suffisent complétement pour démontrer au commerce que les opérations du comptoir seront conformes à toutes celles qui se font dans tous les établissements de crédit, qu'elles n'auront en vue que de faciliter, au mieux des intérêts de tous, la liquidation qui nous reste à faire, en un mot que le comptoir pourra prendre pour devise le vieux mot français : *Loyal et marchand*.

On lit dans la partie non officielle du *Journal officiel* de Versailles :

Le gouvernement vient d'adresser aux préfets et aux maires la circulaire suivante :

Versailles, 16 avril 1871, 5 h. soir.

Le gouvernement s'est tu hier parce qu'il n'y avait aucun événement à faire connaître au public, et, s'il parle aujourd'hui, c'est afin que les alarmistes malintentionnés ne puissent abuser de son silence pour semer de faux bruits.

La canonnade sur les deux extrémités de nos positions, Châtillon au sud, Courbevoie au nord, a été fort insignifiante cette nuit. Nos troupes s'habituent à dormir au bruit de ces canons qui ne tirent que pour les éveiller.

Nous n'avons donc rien à raconter, sinon « que les insurgés vident les principales maisons de Paris pour en mettre en vente le mobilier au profit de la Commune », ce qui constitue la plus odieuse des spoliations. Le gouvernement persiste dans son système de temporisation pour deux motifs qu'il peut avouer : c'est d'abord de réunir des forces tellement imposantes que la résistance soit impossible et dès lors peu sanglante ; c'est ensuite pour laisser à des hommes égarés le temps de revenir à la raison.

On leur dit que le gouvernement veut détruire la république, ce qui est absolument faux, sa seule occupation étant de mettre fin à la guerre civile, de rétablir l'ordre, le crédit, le travail, et d'opérer l'évacuation du territoire par l'acquittement des obligations contractées envers la Prusse.

On dit à ces mêmes hommes égarés qu'on veut les fusiller tous, ce qui est encore faux, le gouvernement faisant grâce à tous ceux qui mettent bas les armes, comme il l'a fait à l'égard de 2,000 prisonniers qu'il nourrit à Belle-Isle, sans en tirer aucun service.

On leur dit enfin que, privés d'un subside qui les a fait vivre, on les forcera à mourir de faim, ce qui est aussi faux que tout le reste, puisque le gouvernement leur a promis encore quelques semaines de ce subside pour leur fournir les moyens d'attendre la reprise du travail, reprise certaine si l'ordre est rétabli et la soumission à la loi obtenue.

Éclairer les hommes égarés, tout en préparant les moyens infaillibles de réprimer leur égarement s'ils y persistent, tel est le sens de l'attitude du gouvernement, et si quelques coups de canon se font entendre, ce n'est pas son fait, c'est celui de quelques insurgés voulant faire croire qu'ils combattent lorsqu'ils osent à peine se faire voir.

La vérité de la situation, la voilà tout entière, et pour un certain nombre de jours elle sera la même. Nous prions donc les bons citoyens de ne pas s'alarmer si tel jour le gouvernement, faute d'avoir rien à dire, croit mieux de se taire. Il agit, et l'action ne se révèle que par ses résultats. Or, ces résultats, il faut savoir les attendre. Loin de se hâter, on les retarde en voulant les précipiter.

Mont Valérien, 16 avril 1871, 4 h. soir.

COLONEL LOCHNER AU CHEF DU POUVOIR EXÉCUTIF.

Des renseignements particuliers nous ont annoncé de grands préparatifs de bombardement.

Au Trocadéro, les pièces de 24 seraient enterrées et les charges forcées pour pouvoir augmenter la portée. Les essais viennent de commencer, et les obus éclatent toujours sur le pauvre village de Suresnes; nous ne répondons pas.

LE 18 AVRIL 1871.

Le *Journal officiel* de Paris contient, dans sa partie officielle, les pièces suivantes :

LOI SUR LES ÉCHÉANCES.

La Commune

DÉCRÈTE :

Art. 1ᵉʳ. Le remboursement des dettes de toute nature souscrites jusqu'à ce jour et portant échéance, billets à ordre, mandats, lettres de change, factures réglées, dettes concordataires, etc., sera effectué dans un délai de trois années à partir du 15 juillet prochain, et sans que ces dettes portent intérêt.

Art. 2. Le total des sommes dues sera divisé en douze coupures égales, payables par trimestre, à partir de la même date.

Art. 3. Les porteurs des créances ci-dessus énoncées pourront, en conservant les titres primitifs, poursuivre le remboursement desdites créances par voie de mandats, traites ou lettres de change mentionnant la nature de la dette et de la garantie, conformément à l'article 2.

Art. 4. Les poursuites, en cas de non-acceptation ou de non-payement, s'exerceront seulement sur la coupure qui y donnera lieu.

Art. 5. Tout débiteur qui, profitant des délais accordés par le présent décret, aura pendant ces délais détourné, aliéné on anéanti son actif en fraude des droits de son créancier, sera considéré, s'il est commerçant, comme coupable de banqueroute frauduleuse, et, s'il n'est pas commerçant, comme coupable d'escroquerie. Il pourra être poursuivi comme tel, soit par son créancier, soit par le ministère public.

Paris, le 16 avril 1871.

Les professeurs de l'École de médecine ont abandonné leur poste; les cours sont suspendus.

Vu l'urgence de faire cesser un pareil état de choses, la commission de l'enseignement décide :

1° Les docteurs en médecine et les officiers de santé de chaque arrondissement, exerçant à Paris, sont invités à se réunir samedi prochain, 22 avril, heure de midi, à leurs mairies respectives, à l'effet de nommer deux délégués par arrondissement;

2° Les étudiants en médecine inscrits à l'École, les internes et externes des hôpitaux, sont également invités à se réunir samedi prochain, 22 avril, heure de midi, au grand amphithéâtre de l'École, afin de nommer dix délégués;

3° Les citoyens docteurs Dupré et Rambaud convoqueront leurs collègues, professeurs libres, à une réunion spéciale dans laquelle il sera procédé à l'élection de trois délégués.

4° Ces divers mandataires, ainsi désignés, munis de leurs pouvoirs, se réuniront le dimanche suivant, 23 avril, heure de midi, au grand amphithéâtre de l'École de médecine, où ils arrêteront un projet de réorganisation médicale, sous la direction d'un président et de deux assesseurs nommés par l'assemblée. Dans le cas où ils le jugeraient nécessaire, ils composeront une commission de cinq membres, chargés de fixer les bases de ce projet, qui sera ensuite discuté en réunion générale des délégués chargés de la convoquer le plus tôt possible ;

5° Le projet, ainsi que le procès-verbal résumant les discussions, seront communiqués à la commission de l'enseignement, siégeant à l'hôtel de ville, et présentés par elle en séance générale de la Commune, appelée à statuer définitivement ;

6° Les citoyens délégués aux mairies sont invités à mettre une salle à la disposition des intéressés.

Paris, le 17 avril 1871.

*Les membres de la Commune délégués
à la commission de l'enseignement.*

DÉLÉGATION DE LA JUSTICE.

La fermeture volontaire de quelques études d'huissier et le refus inexplicable d'un certain nombre de ces officiers ministériels d'instrumenter, même dans les affaires purement civiles ou commerciales, rendent nécessaire la création de plusieurs offices nouveaux.

Le nombre de ces officiers sera indiqué sous quelques jours.

Les candidats peuvent envoyer leur demande de suite à la délégation de la justice.

Ils devront produire un extrait du casier judiciaire ou à son défaut des pièces quelconques pouvant le remplacer.

Ils sont dispensés de joindre à leur demande la délibération d'*admittatur* par le tribunal civil.

Leur signature sera légalisée par la municipalité de leur arrondissement.

JUGES DE PAIX ET DE COMMERCE.

La nomination de tous les magistrats devant se faire à l'élection, et celle des juges de paix et de commerce devant avoir lieu dans un délai très-rapproché, les commerçants sont invités à se concerter à l'avance sur le choix des candidats.

Les électeurs de Paris, les comités des arrondissements, les administrateurs des municipalités peuvent adresser dès aujourd'hui à la délégation de la justice les noms de leurs candidats aux fonctions de juge de paix dans les vingt arrondissements de la Commune.

Paris, le 16 avril 1871.

Le membre de la Commune délégué à la justice,

EUGÈNE PROTOT.

Considérant que toute facilité et protection doivent être accordées à tout citoyen approvisionnant Paris, la Commune

DÉCRÈTE :

Tout citoyen arrivant à Paris, y amenant une marchandise quelconque, recevra gratuitement, à son entrée, un laisser-sortir à sa volonté, portant sa propre signature, son âge, sa taille, l'énumération et la nature des marchandises objet de son voyage.

Paris, le 15 avril 1871.

Le membre de la Commune délégué au ministère du commerce,

PARISEL.

———

Le *Journal officiel* de Paris, dans sa partie non officielle, contient ce qui suit :

RAPPORTS MILITAIRES.

Tout va bien. L'artillerie démonte les batteries ennemies.

Les attaques réitérées dirigées contre nous sont repoussées énergiquement et avec le plus grand succès. Pas de morts, un blessé dans l'attaque de la nuit dernière. Le moral des troupes est excellent, et chacun est impatient d'en finir avec les hordes versaillaises.

Vanves, le 17 avril 1871.

Le commandant du fort,

LEDRUX.

Fort d'Issy, 17 avril.

Les Versaillais, après plusieurs attaques de nuit, ont complétement renoncé à l'attaque du fort, grâce à la justesse du tir et au sang-froid de nos artilleurs qui démontent constamment leurs batteries du matin au soir.

Ces derniers les épient et les empêchent de faire aucun travail sérieux, tout en ménageant les munitions, car ils ne tirent qu'à coup sûr.

Le gouverneur du fort,

EDMOND MÉGY.

Il est absolument faux que le citoyen Ch. Lullier ait reçu un commandement quelconque dans la flottille.

La Commune ne peut pas donner de commandement à l'homme par la faute duquel, de son propre aveu, le mont Valérien est entre les mains de l'ennemi.

Erratum. — C'est par erreur que les gardes nationaux du 248ᵉ bataillon ont été désignés comme ayant envahi arbitrairement la légation de Belgique.

Les coupables appartiennent au 218ᵉ bataillon.

ORDRE.

A partir d'aujourd'hui 16 avril, tout ce qui a rapport à l'organisation des bataillons de guerre incombe aux municipalités chargées de compléter les effectifs, faire élire les cadres et diriger les bataillons sur le Champ de

Mars ou sur le parc Monceau. Arrivés au camp, les bataillons n'auront plus de rapports qu'avec le ministère de la guerre, par l'intermédiaire des chefs de service.

Les chefs de légion aideront les municipalités dans leur travail, mais n'auront aucune action sur les bataillons de guerre. Ceux-ci seront exclusivement chargés des opérations extérieures.

Le service intérieur incombe aux bataillons sédentaires, sous la direction du chef de légion.

Paris, le 16 avril 1871.

Le délégué à la guerre,

CLUSERET.

Le délégué à la guerre apprend que des officiers des postes ou des gardes nationaux portent atteinte à la liberté individuelle en arrêtant arbitrairement, sans mandat régulier, dans les domiciles particuliers, dans les lieux publics ou sur la voie publique, des citoyens suspectés à plus ou moins bon droit.

En attendant que la Commune ait pris à cet égard des mesures définitives, le délégué à la guerre rappelle à tous les gardes nationaux qu'ils ne peuvent faire d'arrestations et intervenir dans l'ouverture et la fermeture des lieux publics qu'en vertu d'ordres réguliers émanant de l'autorité compétente.

Toute infraction au présent avis sera déférée aux conseils de guerre.

Le citoyen délégué à la guerre apprend qu'on fait des

travaux de barricades qui ne lui ont pas été soumis, et qu'on promet une haute paye pour ce travail.

Cette haute paye ne sera pas payée.

COMMUNE DE PARIS.

SÉANCE DU 16 AVRIL 1871.

Présidence du citoyen Arthur Arnould.

La séance est ouverte à trois heures et quart.

Le citoyen Arthur Arnould, président,

Les citoyens Gambon et Gromier, assesseurs, prennent place au bureau.

Après quelques observations des citoyens Gromier, Rastoul et Blancher, le procès-verbal du 15 est adopté.

Le citoyen Tridon donne connaissance d'un fait grave qui a été rapporté à la commission exécutive par le délégué aux relations extérieures.

Le consulat de Belgique, situé dans le 8ᵉ arrondissement, a été envahi par des marins et des gardes nationaux appartenant au 218ᵉ bataillon. Les gardes nationaux ont fait des réquisitions et même organisé un bal dans l'hôtel du consulat. Après quelques observations des citoyens Grousset et J.-B. Clément, la Commune décide qu'une enquête sera faite par la commission des relations extérieures, car c'est une violation des immunités diplomatiques ; un blâme sévère dans l'*Officiel* sera infligé aux coupables.

Le citoyen Malon demande que la Commune blâme aussi la municipalité du 8ᵉ arrondissement, qui n'a rien empêché ni prévu.

Le citoyen Allix, délégué à cet arrondissement, se

défend. Il fait en outre remarquer que ni les marins ni les gardes nationaux qui ont fait le coup n'appartiennent au 8ᵉ arrondissement.

Le citoyen Avrial demande qu'il y ait incompatibilité entre les fonctions de membre de la Commune et de chef de légion.

Le citoyen Gambon, tout en trouvant cette incompatibilité d'accord avec les principes, croit qu'il serait imprudent, dans les circonstances présentes, de la déclarer. Le citoyen Allix est de cet avis.

Les citoyens Lefrançais, Urbain et Theisz demandent, au contraire, que la Commune prenne immédiatement cette mesure.

La Commune décide que la fonction de chef de légion est incompatible avec celle de membre de la Commune. Le chef de légion est subordonné à l'autorité des membres de la Commune.

Le citoyen Lefrançais propose que l'on accorde aux citoyennes des gardes nationaux disparus la solde des gardes nationaux faisant partie des compagnies de marche.

Le citoyen Meillet croit le décret inutile; on est déjà accablé de demandes; qu'on prenne des mesures, qu'on accorde des secours aux citoyennes qui établissent leurs droits, mais qu'on ne se lie pas par un décret.

Après quelques observations des citoyens Ostyn, Martel, Gromier, Jourde, Billioray, Rastoul, Champy et Langevin, la Commune passe à l'ordre du jour pur et simple.

Les citoyens J.-B. Clément et Assi sont délégués aux ateliers de fabrication de munitions, pour surveiller et activer cette fabrication.

L'ordre du jour appelle la suite de la discussion des échéances.

Le citoyen Parisel dépose sur le bureau un nouveau projet de crédit, proposant la suspension des poursuites pendant la durée de la guerre et trois mois après.

Le citoyen Langevin s'oppose à la discussion de ce projet, la Commune ayant prononcé la clôture de la discussion générale.

Le citoyen Vermorel déclare qu'il se rallie aux considérants du projet Parisel. Mais il croit que le mieux est d'ajourner la loi sur les échéances après la fin de la guerre.

Le citoyen Jourde trouve que ce projet est renfermé dans le sien.

En établissant, dit-il, les coupures à la date du 15 juillet, il est clair que les poursuites ne pourront commencer qu'à partir du 15 octobre.

En résumé, dit le citoyen Jourde, la discussion a montré que : 1° le projet Tridon veut la liquidation ; 2° le projet Jourde accepte sur les bases anciennes le capital pour le livrer à la circulation ; 3° que la création d'un comptoir d'escompte ne peut être entreprise que par des particuliers.

Le citoyen Parisel appuie son projet en se basant sur la nécessité d'établir un tribunal arbitral afin d'apprécier la situation de chaque débiteur.

Il est certain, dit-il, que la position des créanciers et débiteurs est très-variable ; voilà donc des états divers qui ne peuvent être jugés par une loi unique, il ne faut pas que cela soit tranché de cette manière, parce que vous léseriez la majorité de ceux sur lesquels vous légiférez.

Le citoyen V. Clément se rallie au projet Jourde, parce qu'il ajourne les poursuites au mois d'octobre, et qu'en même temps il donne aux négociants la certitude que, dans six mois, ils pourront escompter une partie des valeurs qu'ils ont engagées. La division en coupures aura donc pour conséquence de les forcer à les remettre en circulation.

Le citoyen Assi, tout en rentrant dans l'ordre d'idées du citoyen Beslay, présente un projet qui, sur la création d'un comptoir commercial, donnerait les modifications suivantes :

1° La circulation du capital représentée par les effets en souffrance ;

2° Cette mise en circulation dès la formation du comptoir, et non pas seulement à l'échéance des effets, comme dans le projet Beslay.

Après avoir indiqué les avantages de cette combinaison, le citoyen Assi termine en disant que, d'après lui, l'application du système Beslay entraînerait forcément la Commune à couvrir complétement le déficit, ce qui ne serait pas juste vis-à-vis de l'universalité des contribuables.

Le citoyen Malon, comme membre de la commission de travail et d'échange, déclare qu'il a reçu un grand nombre d'acceptations du projet Jourde.

Le citoyen Rastoul se prononce pour le projet Tridon, qui empêche pour le présent les ruines de s'accomplir.

Le citoyen H. Fortuné appuie également le projet Tridon, parce qu'il le trouve absolu et radical.

Le citoyen L. Franckel demande que la date du 15 juillet, spécifiée dans le projet Jourde, soit remplacée par celle du 15 juillet 1872.

Il faut avant tout, dit-il, donner du temps aux petits commerçants, afin d'empêcher les faillites.

Le citoyen Billioray n'est pas partisan d'une liquidation trop brutale, qui retomberait surtout sur les petits commerçants et ouvriers, au lieu d'être préjudiciable aux gros négociants, qui ont surtout amené cette situation par leurs sots précédents. C'est pour cela qu'il adopte le projet Jourde.

Le citoyen Parisel le combat au contraire par les objections suivantes :

1° Tant que durera la guerre, il sera impossible aux débiteurs de payer même les coupures ;

2° Pendant ce même temps, il sera tout aussi impossible d'établir un décret qui ait force de loi pour la France et l'étranger ;

3° Parce qu'il est injuste d'établir une loi unique pour tous les débiteurs, qui sont dans des positions si différentes.

C'est pour ces raisons qu'il a présenté un nouveau projet.

La clôture de la discussion générale étant demandée, est mise aux voix et prononcée.

La Commune décide qu'il sera passé à la discussion du projet Jourde à la séance du lendemain.

Le président donne lecture d'une proposition présentée par le citoyen Avrial et plusieurs de ses collègues, relative à une demande d'enquête sur la fermeture des ateliers.

Le projet de décret, mis aux voix, est adopté en principe.

L'ordre du jour étant épuisé, la séance est levée à six heures quarante-cinq minutes.

Les secrétaires de la séance,

ANT. ARNAUD, AMOUROUX.

On lit dans le journal *la Commune :*

UNE QUESTION?

Que sont devenus les gendarmes et les sergents de ville cernés dans l'île de la Grande-Jatte? Les a-t-on faits prisonniers? Les a-t-on réduits? ou bien les a-t-on laissés sortir?

Le général Cluseret ne nous en dit rien. Il nous semble cependant que cette affaire a son importance, et que c'est bien le moins qu'on la tire au clair. Nous attendons.

On lit dans la partie non officielle du *Journal officiel* de Versailles :

La dépêche télégraphique suivante a été adressée aujourd'hui par le gouvernement à toutes les autorités civiles et militaires, et elle sera affichée dans toutes les communes :

Versailles, 17 avril, 7 h. 1/4 soir

Aujourd'hui nos troupes ont exécuté un brillant fait d'armes du côté de Courbevoie. La division Montaudon, dirigée par son habile général, s'est emparée du château de Bécon, après une vive canonnade. Le jeune colonel Davoust, duc d'Auerstœdt, s'est élancé à la tête de son régiment et il a enlevé le château. Nos troupes du génie se sont hâtées de commencer un épaulement avec des sacs à terre et d'établir une forte batterie. La position d'Asnières, ainsi contre-battue, ne pourra plus inquiéter notre tête de pont de Neuilly. Nous n'avions pas d'autre objet, persistant toujours à éviter les petites actions jusqu'à l'action décisive qui rendra définitivement force à la loi.

L'événement d'aujourd'hui, exécuté sous le feu croisé d'Asnières et de l'enceinte, est un acte remarquable d'habileté et de vigueur.

M. Henri Martin, représentant du peuple, vient d'adresser au *Siècle* et à M. Cernuschi, qui le dirige, une lettre que nous voudrions pouvoir reproduire tout entière, et d'où nous extrayons les passages suivants :

Cette affreuse lutte a éclaté sur un malentendu, le plus terrible, le plus fatal dans ses conséquences qu'ait jamais vu l'histoire.

En dehors des factions, des sectes, des ambitions égoïstes et perverses, Paris, le vrai Paris, veut deux choses : le maintien de la république en France et l'établissement des libertés municipales dans Paris.

Il a cru, non pas unanimement, mais en majorité, qu'on voulait renverser la république et refuser la liberté à Paris.

Je puis, sur ces questions décisives, vous exprimer non pas seulement mon sentiment personnel, mais l'opinion d'un groupe nombreux de l'Assemblée nationale, composé d'hommes qui n'ont pas à faire leurs preuves de dévouement à la république. Pour ceux qui comme nous observent de près depuis deux mois les agissements du gouvernement et les modifications qui s'opèrent dans l'Assemblée, la république, loin de perdre du terrain, en gagne d'un progrès lent, mais sûr.

Le chef du gouvernement et le groupe qui, dans l'Assemblée, est son point d'appui le plus immédiat, le groupe des anciens libéraux constitutionnels, donnent chaque jour de nouveaux gages quant à leur intention de maintenir l'existence de la république.

Le fait, dès qu'il dure, s'enracine, et ce que nous n'eussions osé espérer parmi les calamités actuelles, l'idée ou l'instinct que la France ne peut être sauvée qu'avec et par la république ne se propage pas seulement dans les villes, mais commence à pénétrer dans les campagnes. Le mouvement de réaction qui nous avait alarmés recule. Ce que nous apprenons des départements, nous le retrouvons dans l'Assemblée. Sans doute, il existe, à l'extrême droite, une fraction de l'Assemblée qu'on ne saurait espérer d'amener à la France nouvelle; mais c'est une grave erreur que d'appeler cette fraction la majorité.

La majorité provient d'origines différentes des nôtres; elle nous a donné plus d'un sérieux grief; elle a apporté à Bordeaux bien des préventions, des traditions, des tendances, qui mettaient une barrière entre elle et nous; mais nous avons vu toutefois, depuis, la barrière s'abaisser, en d'importantes occasions, dans des votes où elle a décidé pour nous contre la droite, et nous avons dû reconnaître qu'il n'y avait pas là les partis pris absolus que nous redoutions.

En un mot, nous croyons la majorité capable d'arriver à comprendre la nécessité qui impose à la France la république, et nous la croyons capable de se résigner à cette nécessité par patriotisme, en constatant l'impossibilité de toute solution monarchique. On est stupéfait à Versailles quand on entend dire que Paris ou une partie de Paris a pu s'imaginer qu'on était en train de proclamer ici un roi ou d'arborer le drapeau blanc. On n'en était pas là, Dieu merci, à Bordeaux ; on en est bien autrement loin ici.

La république n'est pas en péril par le fait du gouvernement ou de l'Assemblée. La liberté municipale est-elle déniée à Paris ? A cet égard, je l'ai dit, vos vues et les miennes diffèrent. Mais votre loyauté a toujours été et sera toujours prête à accueillir la constatation sincère des faits.

Il était inévitable que Paris, tout frémissant encore des vingt années de despotisme qu'il a subies, réclamât avec passion la liberté municipale. Cette passion, selon nous, hommes de la tradition nationale, hommes de la tradition de 89 et de 92, hommes de la république une et indivisible, dépasse le but chez ceux qui exigent non pas seulement la liberté, mais l'indépendance qui briserait l'unité de législation, l'unité politique et civile sans laquelle il n'y aurait plus de France. Paris est la tête et le cœur de la France ; le corps entier n'a et ne peut avoir qu'une seule loi organique. Ce n'est pas en se séparant des départements que Paris doit et peut combattre la réaction : c'est en agissant sur eux par l'influence de ses lumières, aidée par un régime d'entière liberté.

Le séparatisme est impossible : quant à la liberté, on l'aura. L'esprit de décentralisation est partout dans l'Assemblée, à droite comme à gauche. La loi municipale *provisoire,* qui s'achève en ce moment, est un incontestable progrès, malgré les réserves qu'elle suscite. Paris aura demain *légalement* son droit reconnu d'élire le conseil municipal qui gérera les intérêts de la grande cité. La loi d'attributions reste à faire. On pourra la demander et obtenir des attributions assez larges pour satisfaire tous les intérêts et les vœux réalisables.

Où donc est l'abîme qui sépare Paris de Versailles? Où donc est la raison, où donc est l'excuse de l'affreuse guerre qui fait couler des torrents de sang français en présence de l'envahisseur étranger, stupéfait de notre forcené vertige?

La France allait se relever du fond du gouffre où l'avait précipitée l'empire. Les peuples voisins, confiants dans sa fécondité, dans son avenir, lui offraient leurs trésors pour acquitter son énorme rançon ; le travail renaissait ; l'Assemblée, en revenant sur la loi des échéances, en s'occupant de celle des loyers, cherchait les moyens de soulager les souffrances et de subvenir aux nécessités les plus urgentes de Paris ; le génie national allait déployer toutes ses ressources pour panser les plaies de la patrie : un seul jour nous a rejetés dans des profondeurs de misères et d'horreurs sans exemple et sans nom.

Pourquoi?

Que ceux qui ont cru réellement s'armer pour la liberté nationale et municipale nous répondent!

Quant aux autres, à ceux qui ont provoqué et qui poursuivent la lutte pour d'autres motifs et dans d'autres buts, ce n'est pas pour eux que nous écrivons. Les paroles avec eux sont inutiles, et nous n'avons rien à leur dire!

HENRI MARTIN.

Les idées qu'exprime avec tant de force et d'élévation l'honorable M. Henri Martin ont déjà été plusieurs fois exprimées par le *Journal officiel,* mais il est bon qu'elles soient répétées par les voix les plus autorisées, au milieu de tant d'aberration.

Les agents de la Commune se plaignent amèrement des prétendues calomnies dont ils seraient l'objet. Or, voici ce qu'on lit dans le procès-verbal de la séance de la Commune du 13 avril, publié par le *Journal officiel* de l'insurrection :

Le citoyen Lefrançais expose que, dans la plupart des maisons de secours tenues par les sœurs, la commission de sûreté générale fait saisir les sommes destinées aux orphelines.

———

L'*Indépendance belge* du 15 du mois apprécie, dans un très-bon article, les bulletins des victoires imaginaires de la Commune. L'étranger, qui a d'abord été trompé comme Paris, revient de son erreur, et Paris ne tardera pas à en faire autant.

« A Paris même, dit l'*Indépendance*, ces bulletins de victoire ne sont pas pris au sérieux, et Paris croit généralement, ainsi qu'il résulte de notre correspondance particulière, à une exagération marquée de la part de l'état-major communal. D'après les télégrammes de Versailles, il y aurait plus qu'exagération. Non-seulement les victoires, mais les combats même annoncés par la Commune, seraient de pure imagination. Il n'y aurait eu aucune espèce d'engagement ni mardi ni mercredi, et le feu si violent des Parisiens n'aurait été dirigé que contre des adversaires « absents ou hors de portée ».

« Le démenti est catégorique. Il sera curieux de voir ce qu'y répondront les journaux de la Commune et quel accueil y feront les journaux impartiaux de Paris, qui ont raconté avec plus ou moins de détail les péripéties de ces combats déclarés imaginaires.

« Un nouvel échec de l'armée parlementaire est

annoncé par une dépêche de Paris, en date d'hier soir. On comprendra, en présence des contradictions que nous venons de constater, que nous nous bornons à enregistrer la dépêche. »

Le bon sens de nos voisins de Belgique a discerné la vérité au milieu de tant de mensonges; le bon sens des Parisiens ne sera pas moins sagace. Il se peut qu'au premier abord on se laisse abuser par l'effronterie même du mensonge; mais la vérité se fait jour enfin, et nous croyons que les départements, les étrangers et même les Parisiens sont bien près de savoir complétement à quoi s'en tenir.

Voici ce que nous lisons ce matin dans un journal publié à Paris :

« Si l'on veut bien comparer les récits des différents journaux amis de la Commune aux rapports du *Journal officiel*, on reconnaîtra bien vite que les prétendues attaques de l'armée de Versailles et que les prétendus avantages de l'armée de la Commune se réduisent à néant.

« De vagues assurances de la part de M. Dombrowski, des recommandations générales de la part de M. Cluseret; mais rien de net, de précis, de décisif.

« Quand on remporte des victoires, on en constate le résultat.

« Quand on fait des prisonniers, on les montre.

« Où sont les points conquis par la Commune ?

« Où sont les prisonniers ? »

Hier dimanche, le libre exercice du culte a été suspendu à Paris, grâce à l'occupation ou à la fermeture des églises, grâce aux menaces et aux persécutions dirigées contre les membres du clergé. C'est ainsi que ceux qui, pour faire *Paris libre,* l'ont soumis à la terreur et poussé à l'insurrection, respectent la liberté de conscience comme ils respectent la liberté des opinions par la suppression des journaux et l'incarcération des écrivains, la liberté du travail et du commerce par le système des réquisitions violentes, la liberté individuelle par les arrestations arbitraires et l'enrôlement forcé pour la guerre civile.

LE 19 AVRIL 1871.

Le *Journal officiel* de Paris contient, dans sa partie officielle, les pièces suivantes :

La Commune de Paris

DÉCRÈTE :

Art. 1ᵉʳ. Tous arrêts et jugements seront rendus au nom du peuple.

Art. 2. Les grosses et expéditions des arrêts ou jugements et les mandats de justice seront intitulés ainsi qu'il suit :

COMMUNE DE PARIS.

« La ...ᵉ section du jury d'accusation, la cour ou le tribunal, etc., a rendu l'arrêt ou le jugement dont la teneur suit : »

Art. 3. Les arrêts, jugements et mandats de justice seront terminés comme suit :

« En conséquence, la Commune de Paris mande à tous officiers de police et gardes nationaux de mettre ledit arrêt, jugement ou mandat à exécution, au procureur de la Commune, à ses substituts d'y tenir la main, à tous officiers de police et gardes nationaux de prêter main-forte lorsqu'ils en seront légalement requis.

« En foi de quoi le présent arrêt, jugement ou mandat a été signé par nous, etc... (le délégué à la justice, les président et greffier de la section du jury ou du tribunal, le procureur de la Commune, le substitut ou le juge d'instruction). »

EUGÈNE PROTOT.

La Commune de Paris

DÉCRÈTE :

Art. 1ᵉʳ. Tous magistrats, officiers de police ou gardes nationaux qui opéreront une arrestation, en dresseront procès-verbal sur-le-champ et le notifieront au délégué à la justice.

Le procès-verbal énoncera les causes de l'arrestation, les témoins à entendre pour ou contre la personne arrêtée.

Toute contravention à ces prescriptions sera rigoureusement réprimée.

Les mêmes dispositions seront applicables aux citoyens agissant en vertu de la loi sur les flagrants délits.

Art. 2. Tous directeurs de prisons, de maisons d'arrêt ou de correction, tous geôliers ou greffiers qui omettront de mentionner sur l'acte d'écrou les causes de l'arrestation, seront poursuivis pour crime de séquestration illégale.

Art. 3. Les papiers, valeurs mobilières, effets de nature quelconque appartenant aux personnes arrêtées, et dont la saisie aura été effectuée, seront déposés à la caisse des dépôts et consignations. Les pièces à conviction seront adressées au délégué à la police.

EUGÈNE PROTOT.

DÉLÉGATION DE LA JUSTICE.

Les cautionnements en espèces fournis par les prévenus pour leur mise en liberté provisoire continueront à être versés dans la caisse des dépôts et consignations.

La fixation du cautionnement reste exclusivement dans les attributions du délégué à la justice.

Paris, le 18 avril 1871.

Le membre de la Commune délégué à la justice,

EUGÈNE PROTOT.

La Commune, considérant qu'il est impossible de tolérer dans Paris assiégé des journaux qui prêchent ouvertement la guerre civile, donnent des renseignements militaires à l'ennemi et propagent la calomnie contre les défenseurs de la république, a arrêté la suppression des journaux le *Soir*, la *Cloche*, l'*Opinion nationale* et le *Bien public*.

Les votes des citoyens de service dans les forts n'étant pas encore parvenus pour tous les arrondissements au bureau des élections, il est impossible de publier aujourd'hui le résultat définitif du scrutin du 16 avril.

Le délégué à la guerre,

Considérant qu'il importe d'armer de fusils de précision et à tir rapide les compagnies de guerre;

Considérant que grand nombre de sédentaires se refusent à changer leurs chassepots contre d'autres armes appartenant aux hommes des compagnies de guerre,

ARRÊTE :

Les chassepots ou autres armes de précision des gardes sédentaires seront échangés contre les fusils inférieurs des gardes des compagnies de guerre.

Tout garde sédentaire qui se refusera à cet échange perdra sa solde et sera poursuivi pour refus d'obéissance en face de l'ennemi.

Le délégué à la guerre espère que le patriotisme des gardes nationaux rendra cette dernière disposition inutile.

Paris, le 17 avril 1871.

Le délégué à la guerre,

CLUSERET.

Les 3ᵉ, 4ᵉ, 7ᵉ et 8ᵉ compagnies du génie sont licenciées. Elles perdront droit à la solde et aux vivres à partir d'aujourd'hui, 18 avril. Le directeur du génie reformera immédiatement quatre compagnies du génie, qui entreront en solde aussitôt qu'il aura fait connaître, par un état nominatif envoyé au ministère de la guerre, qu'elles sont complètes.

Paris, le 18 avril 1871.

Le délégué à la guerre,

CLUSERET.

Les troupes du génie employées dans les forts jouiront de la solde d'artillerie. Elles sont exclusivement aux ordres du directeur du génie et des ingénieurs dans les forts.

Tout refus de travail sera considéré comme refus de marcher à l'ennemi et déféré aux tribunaux militaires.

Tout ce qui concerne les hôpitaux militaires et les ambulances annexes dépend directement du ressort de l'intendance militaire (service des hôpitaux), et il est de toute nécessité de s'adresser, 94, rue Saint-Dominique, pour les renseignements de toute nature relatifs au service des malades et des blessés.

Toute réquisition ou perquisition ayant rapport aux établissements hospitaliers de la place devra cesser à dater de ce jour, ou du moins ne pourra être effectuée que par ordre de l'intendant général.

Tous les renseignements ayant trait aux chevaux, voitures, harnachements et, en un mot, aux transports soit des blessés, soit des subsistances, doivent également être centralisés, à partir de ce jour, à l'intendance, où l'on devra s'adresser pour toutes les demandes relatives à ce service.

Paris, le 17 avril 1871.

L'intendant général,

G. MAY.

BUREAU CENTRAL DE L'ASSISTANCE EXTÉRIEURE.

Le bureau central de l'assistance extérieure apprend que plusieurs boulangers refusent les bons de pain de l'assistance des communes.

Il croit devoir leur rappeler que l'arrêté du 7 octobre dernier est et reste toujours en vigueur.

Des mesures rigoureuses seraient prises contre ceux qui refuseraient de recevoir ces bons à l'avenir.

Le chef du bureau central de l'assistance extérieure,

CH. DEVAUX.

Le délégué civil à l'ex-préfecture de police,

Considérant qu'un grand nombre de regrattières ont envahi depuis quelque temps les abords des marchés d'arrondissement ;

Qu'elles empêchent le public d'arriver jusqu'aux marchandes installées sous les abris et qui, étant connues, autorisées et placées sous la surveillance de l'administration, présentent plus de garanties aux consommateurs ;

Qu'elles ont amené les marchandes placées sous lesdits abris à abandonner leurs places, pour se porter sur la voie publique, afin d'entrer en concurrence avec les regrattières ;

Que cet état de choses trouble la tranquillité, gêne la circulation et peut donner lieu à de graves accidents ;

Qu'il importe de faire immédiatement cesser cet abus, contre lequel des plaintes sont adressées journellement,

ARRÊTE :

Art. 1ᵉʳ. Il est défendu aux marchands de stationner ailleurs qu'aux places qui leur ont été concédées.

Art. 2. Les regrattières et autres, qui vendent sur éventaires, mannes, manettes, etc., ne pourront stationner à l'avenir aux abords des marchés d'arrondissement.

Art. 3. Le chef de la 2ᵉ division de la sûreté générale est chargé de l'exécution du présent arrêté.

Paris, le 18 avril 1871.

RAOUL RIGAULT.

DIRECTION DE L'ENREGISTREMENT ET DU TIMBRE.

Un décret du 6 septembre 1870 porte :
« L'impôt du timbre est aboli sur les journaux ou autres publications. »

Cette disposition s'applique aux écrits périodiques et non périodiques, et nullement aux *affiches faites dans un but commercial ou dans un intérêt privé*.

L'article 69 de la loi du 28 avril 1816 n'étant point abrogé, il y a lieu d'en maintenir l'application.

On rappelle aux contribuables qu'outre le payement du droit de timbre, les *amendes* sont de *50 fr.* contre l'imprimeur et de *20 fr.* contre ceux qui auront fait afficher; la loi déclare l'amende solidaire, et autorise la contrainte par corps.

Les afficheurs sont passibles des peines de simple police édictées par l'article 474 du Code pénal.

Conformément à l'article 6 du décret communal du 11 avril, portant création de pensions à fournir aux veuves et aux enfants des gardes nationaux tués au service de la Commune de Paris, il a été nommé une commission centrale d'enquête, composée de trois membres : les citoyens Lefrançais, Malon et Verdure.

La question de l'organisation de l'enseignement médical étant à l'ordre du jour, les docteurs Dupré et Rambaud convoquent leurs collègues de l'enseignement libre à se réunir samedi prochain, 22 avril, à sept heures du soir, au grand amphithéâtre de l'École pratique, pour procéder à la nomination de trois délégués.

Par une décision prise par le directeur de l'Assistance publique, les hôpitaux et hospices auront, à l'avenir, une salle de lecture où les convalescents, les blessés, les vieillards, trouveront les feuilles démocratiques qui défendent la république et propagent les institutions sociales de l'avenir.

Cette mesure a pour but d'annihiler les influences malsaines des écrivains et des livres réunis dans les bibliothèques officielles, et destinés à dégrader les âmes et à refouler toutes les aspirations patriotiques.

Les rédacteurs de journaux se sont associés à cette pensée, et se sont empressés de promettre l'envoi gratuit à ces salles de lecture.

Le *Journal officiel* de Paris contient, dans sa partie non officielle, ce qui suit :

Paris, le 18 avril 1871.

RAPPORT MILITAIRE.

GUERRE A EXÉCUTIVE.

Citoyens,

Pendant la nuit dernière, les forts de Montrouge, Vanves, Issy et la redoute des Hautes-Bruyères ont échangé quelques coups de canon avec les batteries de Châtillon, du Bas-Meudon et de Brimborion, sans résultat appréciable de part et d'autre.

Un détachement versaillais a tenté quatre fois une attaque sur les tranchées en avant du fort d'Issy; il a été vigoureusement repoussé.

Une autre attaque dirigée contre la gare de Clamart a pareillement échoué; nous n'avons eu ni morts ni blessés.

Par ordre :

Le colonel d'état-major,

LA CÉCILIA.

COMMUNE DE PARIS.

SÉANCE DU 17 AVRIL 1871.

Présidence du citoyen Ostyn.

La séance est ouverte à trois heures.

Le citoyen Ostyn et le citoyen Ranvier, assesseur, prennent place au bureau.

Le Président donne lecture des dépêches militaires se rapportant aux opérations des 16 et 17 courant.

Le procès-verbal de la séance du 16, lu par l'un des secrétaires, est adopté, après quelques observations du citoyen J. Allix.

Le citoyen Vaillant donne lecture du rapport des élections constatant le nombre approximatif de voix obtenues par les différents candidats ; il désirerait qu'il fût nommé une commission chargée de vérifier les opérations électorales.

Le citoyen Beslay demande le renvoi à demain les chiffres n'étant pas encore exactement connus ; il propose, en outre, de prendre pour base le huitième des électeurs inscrits.

Les citoyens Mortier, Dereure et Allix demandent, au contraire, que l'on s'en rapporte à la majorité relative.

Les citoyens Arnaud, Billioray et Dupont s'opposent à cette proposition, et se rangent à l'avis de la majorité absolue.

Le citoyen P. Grousset s'en réfère pour la fixation à une évaluation approximative du chiffre actuel de la population dans chaque arrondissement. Cette évaluation serait basée sur la consommation actuelle des farines, comparée à la consommation de la matière première à l'époque où les listes électorales ont été arrêtées.

La Commune, après avoir entendu le citoyen Parisel, désirant une révision des listes électorales, adopte l'ordre du jour présenté par le citoyen Protot, ainsi conçu : « Attendu que le résultat des élections n'est pas complet, que la question sera mieux entendue demain, la Commune passe à l'ordre du jour. »

Sur la demande du citoyen Franckel, et au nom de la municipalité du 13ᵉ arrondissement, la Commune décide que la place d'Italie prendra le nom de place Duval. L'avenue d'Italie conserve son nom.

Le citoyen V. Clément, au nom de la municipalité du 15ᵉ arrondissement, demande au délégué aux subsistances de vouloir bien fournir des explications sur les motifs qui ont pu provoquer la cherté subite des viandes de boucherie.

Le citoyen Parisel, délégué aux subsistances, répond que cela tient aux ordres qui avaient été donnés de ne laisser sortir que les citoyens munis d'un laissez-passer. Il était arrivé que les bouviers et piqueurs s'étaient vu refuser le passage ; c'est ce qui avait provoqué une certaine panique. Des mesures ont été prises pour remédier à cet état de choses, et en outre, afin de rassurer la population, pour que des affiches soient apposées pour indiquer que les marchés ont été passés pour l'approvisionnement de Paris par le nord et l'est.

L'ordre du jour appelle la suite de la discussion sur la loi des échéances.

Le premier article du projet présenté par le citoyen Jourde est mis en discussion.

Le citoyen Franckel demande que la date du remboursement des dettes de toute nature soit reculée jusqu'au 15 juillet 1872.

Le citoyen Paschal Grousset propose que le délai durant lequel sera effectué ce remboursement soit de trois années au lieu de deux.

Le citoyen Jourde repousse les deux amendements, le premier surtout, qui changerait absolument l'économie de la loi qu'il a proposée, et qui semble déjà acceptée par le commerce.

Son projet a surtout pour but de donner satisfaction aux intérêts commerciaux ; ce résultat ne serait pas atteint si on acceptait le renvoi au 15 juillet 1872.

Le citoyen Parisel, s'appuyant sur les paroles du citoyen Jourde, repousse le projet tout entier.

Le citoyen Régère insiste pour le délai de trois années. Après deux observations des citoyens Avrial et Vaillant, la discussion est close.

La Commune rejette l'amendement du citoyen Franckel et adopte celui du citoyen Paschal Grousset. Ainsi amendé, le premier article est adopté à la majorité des voix.

Au sujet du second article, le citoyen Allix demande que le payement de la première des douze coupures (le citoyen Jourde, le délai étant de trois années, a porté lui-même à douze le nombre des coupures) soit le plus éloigné possible.

Le citoyen Langevin lui fait observer que, si l'on acceptait ces amendements, le premier article perdrait tout sens.

Le citoyen Parisel propose un tribunal arbitral pour trancher toutes les difficultés du remboursement.

Le citoyen Régère combat le système des coupures, voulant laisser une liberté entière aux intéressés dans la liquidation de l'arriéré.

Le citoyen Antoine Arnaud demande que l'on admette

dix coupures, la première échéance ne venant qu'au 15 avril 1872.

La Commune ne prend en considération aucun des amendements, et adopte l'article 2 à la majorité des voix.

L'article 3 est adopté sans opposition; au sujet de l'article 4, le citoyen AVRIAL met de nouveau en avant l'idée du tribunal arbitral, et propose un amendement qu'il retire lui-même après quelques observations des citoyens Vermorel et Billioray. Cet article 4, dont les mots : *suivant les règles usitées en pareil cas,* ont été retranchés par le citoyen Jourde lui-même, est adopté à la majorité des voix.

Le citoyen BESLAY propose à l'article 5 l'amendement suivant :

« La question des échéances regardant toute la France, et la position actuelle du pays ne permettant pas en ce moment de faire une loi générale, la Commune arrête que les échéances de tous les effets et autres obligations échus au 15 août 1871 ne pourront provisoirement être exigées avant le 15 avril prochain. »

Les citoyens JOURDE et BILLIORAY repoussent l'amendement.

L'article 5, amendé par la commission qui a étudié les projets de loi sur les échéances, est adopté.

Après une discussion sur le projet en général, discussion à laquelle prennent part les citoyens Avrial, Billioray, Beslay, Régère, Parisel, Paschal Grousset, Langevin et Vaillant, l'ensemble du projet est mis aux voix. Il est accepté à l'unanimité moins 7 voix.

La Commune fixe l'ordre du jour du lendemain.

La séance est levée à six heures et demie.

La Commune, n'ayant pu avoir pour sa séance d'hier les résultats définitifs des élections complémentaires, a ajourné à la séance suivante la discussion des validations.

Erratum. — Commune de Paris, séance du 16 avril, au lieu de Gromier, assesseur, lire : *P. Grousset.* Au lieu de : Ostyn, Martel, *Gromier,* lire : Ostyn, Martel, *Grousset.*

Le *Journal officiel* de Versailles publie, dans sa partie non officielle, les pièces suivantes :

Le gouvernement a expédié aujourd'hui la circulaire suivante à toutes les autorités civiles et militaires ; elle sera affichée dans toutes les communes comme les précédentes.

Versailles, 18 avril 1871, 4 h. 1/2 soir.

LE CHEF DU POUVOIR EXÉCUTIF A TOUTES LES AUTORITÉS CIVILES ET MILITAIRES.

« Nouveau succès de nos troupes ce matin. Toujours dans le but de garantir notre position de Courbevoie contre les feux de la porte Maillot et du village d'Asnières, le régiment des gendarmes, sous les ordres du brave colonel Grémelin, a enlevé le village de Bois-Colombes, s'est ensuite porté au delà et a poussé les insurgés au loin en leur faisant essuyer des pertes sensibles en morts et en prisonniers. Quelques rails enlevés à propos ont arrêté la locomotive blindée et l'ont laissée dans le plus grand péril.

« Ces combats de détail, où l'ennemi ne prouve qu'une chose, l'abondance d'artillerie trouvée sur les remparts de Paris, font ressortir l'entrain, le zèle de nos jeunes soldats et le peu de tenue des insurgés, qui fuient dès qu'ils ne sont plus appuyés par les canons dérobés à l'enceinte de Paris. »

Si le gouvernement ne publie rien sur nos positions de droite, c'est qu'il ne s'est rien passé d'important ni à Meudon, ni à Châtillon, ni dans le reste de la partie sud.

———

Voici, pour huit des arrondissements de Paris, les chiffres comparés des électeurs inscrits et des électeurs votants aux élections de dimanche dernier, qui devaient compléter le nombre des membres de la Commune insurrectionnelle :

1er arrondissement : inscrits, 21,360 ; votants, 3,270.
3e arrondissement : inscrits, 28,133 ; votants, 5,017.
6e arrondissement : inscrits, 24,000 ; votants, 3,462.
7e arrondissement : inscrits, 22,092 ; votants, 1,939.
8e arrondissement : inscrits, 17,825 ; votants, 1,130.
9e arrondissement : inscrits, 26,608 ; votants, 3,176.
16e arrondissement : inscrits, 8,402 ; votants, 1,217.
19e arrondissement : inscrits, 30,000 ; votants, 7,053.

Ces chiffres parlent d'eux-mêmes et peuvent se passer de commentaires.

———

Les hommes de l'insurrection affirment leurs principes et les mettent en pratique. Un décret de la Commune, en date du 17 avril, appelle les chambres syndicales ouvrières à instituer une commission d'enquête, qui dressera un état des ateliers abandonnés par ceux qui les dirigeaient, avec inventaire des lieux et instruments de travail. Ces ateliers seront livrés à des sociétés, dites coopératives ouvrières, qui seront constituées par les dictateurs de Paris, et seront déclarées propriétaires en retour d'indemnités fixées par un jury arbitral. Aussitôt après l'enquête et sur le rapport de la commission, un décret donnera « satisfaction aux intérêts de la Commune et des travailleurs ».

Si l'on dépouille la mesure de certaines formes de langage, la voici dans sa simplicité : Tous les patrons qui ont quitté Paris, ne voulant pas servir l'insurrection, ou qui n'ont pu continuer leurs affaires en ce temps de crise et de ruine, sont frappés par la Commune. Leur capital, le fruit de leurs épargnes, l'instrument de leur travail, est exproprié, confisqué, distribué à des individus réunis en sociétés sous la main des dictateurs, aux conditions qu'on voudra bien fixer. C'est le partage de la propriété et l'expropriation des industries au profit de ceux qui n'en ont pas créé les ressources et n'en ont pas couru les risques ; c'est la suppression par décret des entrepreneurs et des patrons ; c'est la spoliation érigée en système social.

L'extrait suivant d'un des journaux qui peuvent encore paraître à Paris indique assez que le système des réquisitions commence à soulever de vives résistances.

« Les forts de la halle et les marchandes se sont entendus et ont formé une espèce de bataillon pour résister à toute nouvelle réquisition que la Commune pourrait faire dans le marché. »

COMMUNE DE PARIS.

SÉANCE DU 13 AVRIL 1871.

(D'après le *Journal officiel* du 15 avril.)

Le citoyen Arthur Arnould, président.
Le citoyen Oudet, assesseur.
La séance est ouverte à trois heures.

Le citoyen Parisel donne lecture d'un projet de décret relatif à la formation immédiate de compagnies d'ambulances, fortes chacune de 20 docteurs et officiers de santé, 60 élèves en médecine et 120 brancardiers.

Le décret est adopté.

Le citoyen Langevin rappelle qu'il a, dans une précédente séance, fait une observation qui tendait à enlever aux commissions et aux délégués des commissions le droit d'afficher des proclamations et des arrêtés qui n'auraient pas passé sous les yeux de la Commune. Il insiste sur les dangers de cette faculté laissée aux commissions, et lit un avis aux négociants signé par le délégué à la direction des contributions directes, avis qui lui semble être en désaccord avec le décret relatif aux loyers. Après quelques observations des citoyens Jourde et Varlin, qui demandent qu'on laisse une certaine liberté d'action à ces citoyens membres et délégués des commissions qui ont toute la confiance de la Commune, l'incident est clos.

Le citoyen J.-B. Clément propose qu'on donne à deux membres de la Commune la mission de visiter les ambulances, dans lesquelles se commettent journellement des actes blâmables.

Le citoyen Jourde fait remarquer que le citoyen Treillard a été nommé directeur général de l'administration de l'assistance publique ; le citoyen Treillard a déjà pris des mesures pour faire cesser les abus.

La Commune passe à l'ordre du jour.

Le citoyen Lefrançais expose que, dans la plupart des maisons de secours tenues par les sœurs, la commission de sûreté générale fait saisir les sommes destinées aux orphelinats.

Dans le 4e arrondissement, on a saisi 450 fr.

Le citoyen Lefrançais demande qu'on mette immédiatement les mairies en état de pourvoir aux besoins de toute une classe besoigneuse qui demeurerait autrement sans ressources.

Le citoyen J. Allix appuie cette proposition.

Le citoyen Billioray déclare au contraire qu'il ne faut pas laisser une parcelle d'autorité aux sœurs; les mairies doivent se mettre en mesure de pourvoir aux besoins des orphelinats.

Le citoyen Martelet assure qu'on y a pourvu dans son arrondissement.

Le citoyen Varlin fait remarquer que toutes les sommes enlevées aux maisons de secours sont centralisées par le citoyen Treillard, qui les distribuera aux municipalités.

Le citoyen Oudet s'élève contre l'ancienne administration de l'assistance publique, dans laquelle quinze mille nécessiteux touchaient moins que quarante fonctionnaires.

Le citoyen Henri Fortuné déclare que, dans le 19e arrondissement, sur 250,000 fr. alloués au service de l'assistance publique, 56,000 fr. étaient pris par les fonctionnaires.

La proposition suivante, présentée par le citoyen Clémence, est adoptée : « Lorsqu'une commission appliquera une mesure intéressant une municipalité, nous demandons que les membres de la Commune de l'arrondissement en soient prévenus. »

Le citoyen J.-B. CLÉMENT demande un congé de deux jours pour motif d'indisposition.

Le congé est accordé.

L'ordre du jour appelle la discussion sur la question des échéances.

Le citoyen JOURDE donne lecture d'un projet de décret présenté par lui et le citoyen Varlin.

Le citoyen MALON, au nom de la commission du travail et de l'échange, dit qu'il se rallie à ce projet de décret, moyennant la présentation d'un amendement qu'il présentera après avoir entendu les autres propositions.

Le citoyen TRIDON donne, à son tour, lecture d'un second projet.

Le citoyen BESLAY, qui, de son côté, a fait paraître dans l'*Officiel* un projet sur cette question des échéances, n'est pas présent et ne peut le soutenir.

La Commune décide alors que ces différents projets seront immédiatement imprimés et distribués aux divers membres, qui pourront ainsi avant la discussion générale en prendre plus ample connaissance.

Les citoyens MALON et PASCHAL GROUSSET déposent sur le bureau la proposition suivante :

« Nous demandons la formation d'une commission de cinq membres, chargée d'examiner les différents projets déposés aujourd'hui. Cette commission présentera un rapport à la prochaine séance. »

Le PRÉSIDENT, tout en ne s'opposant pas à ce renvoi, fait remarquer qu'il y a déjà deux commissions qui se sont occupées de ce projet de décret, la commission financière et celle du travail et d'échange.

La Commune, après avoir entendu le citoyen Ostyn appuyant le renvoi à cette commission, adopte la proposition Malon et Paschal Grousset.

Consultée sur la nomination de cette commission, elle désigne pour en faire partie les citoyens Theisz, Vermorel, V. Clément, Parisel, Lefrançais.

Les auteurs des projets de décrets sont invités à se mettre en rapport avec la commission.

Le citoyen Ostyn demande à la Commune de déléguer deux de ses membres pour assister aux funérailles du citoyen Pierre Leroux.

Le citoyen Jules Vallès, au nom de la famille, désirerait qu'au lieu d'une fosse temporaire il fût accordé une fosse à perpétuité. Tout en appuyant la demande du citoyen Ostyn, relative à la délégation, les citoyens Mortier, Lefrançais, Ledroit et Billioray repoussent la concession à perpétuité, comme contraire aux principes démocratiques et révolutionnaires.

Le Président donne lecture de la proposition suivante, présentée par le citoyen Tridon :

« La Commune décide l'envoi de deux de ses membres aux funérailles de Pierre Leroux, après avoir déclaré qu'elle rendait cet hommage non au philosophe partisan de l'idée mystique dont nous portons la peine aujourd'hui, mais à l'homme politique qui, le lendemain des journées de Juin, a pris courageusement la défense des vaincus. »

Cette proposition, mise aux voix, est adoptée.

Les citoyens Martelet et Ostyn sont désignés pour assister aux funérailles.

L'ordre du jour appelle la discussion du projet de loi relatif aux élections du tribunal de commerce.

Le citoyen Delescluze, l'un des signataires du projet, acceptant le renvoi à la commission de justice proposé par le citoyen Protot, le renvoi est prononcé.

Le citoyen Lefrançais demande à saisir la Commune des faits suivants : malgré le décret déclarant qu'aucune force publique autre que la garde nationale ne sera instituée à Paris, il se forme de petits corps qui donnent des ordres et créent des postes, tels, par exemple, que les corps des volontaires de la Bastille, formés sans autorisation. Il demande donc que la Commune invite le délégué à la guerre à ne laisser former que des corps d'armes spéciaux, tels que artilleurs et marins.

Au nom de la commission exécutive, le citoyen Vaillant répond que pareille invitation a déjà été adressée au délégué à la guerre, qui a promis de dissoudre tous les corps formés irrégulièrement.

Le citoyen Assi retrace l'origine de ces corps francs, antérieurs à la constitution de la Commune, astreints, du reste, dit-il, aux règlements de la garde nationale.

Les citoyens Tridon et H. Fortuné ne se déclarent nullement opposés à la formation de corps francs, pourvu qu'ils soient commandés par des hommes sûrs, car ils peuvent rendre de très-grands services. Le citoyen Lefrançais invité par le président à formuler sa proposition acceptée en principe, les citoyens Clémence et Martelet déposent sur le bureau la rédaction suivante :

« La Commune, voulant entrer autant que possible dans les termes de son décret, invite le délégué à la guerre à fournir immédiatement à la commission exécutive les renseignements nécessaires pour qu'elle puisse dissoudre ou maintenir les divers corps francs qui se sont créés en dehors de la garde nationale. »

La Commune, après avoir entendu les citoyens Parisel, Pujet, Avrial et Vaillant, acceptant ou repoussant cette proposition, décide qu'elle sera renvoyée au délégué à la guerre.

Le citoyen CHAMPY demande la réorganisation des bataillons de vétérans. Les citoyens Avrial, Lefrançais et Dumay, représentant les 11e, 4e et 3e arrondissements, s'opposent à cette réorganisation, qu'ils considèrent comme inutile. Deux propositions sont déposées à ce sujet par les citoyens Malon et Tridon, demandant :

La première, de laisser la libre appréciation aux municipalités de l'utilité de cette réorganisation ;

La deuxième, au contraire, prononçant la dissolution des bataillons de vétérans.

Après une discussion à laquelle prennent part les citoyens Martelet, Assi, Parisel et Billioray, la proposition Malon est écartée, et celle du citoyen Tridon acceptée à l'unanimité moins sept voix.

Le citoyen BILLIORAY ayant désiré qu'on fît insérer au *Journal officiel* l'inscription des formalités à remplir pour les demandes de pension, le président l'invite à s'entendre avec la commission des finances pour cette rédaction.

La Commune accepte également la proposition du citoyen Dumay, ainsi formulée :

« Il sera fait à chaque séance un rapport sur les opérations militaires. »

Le citoyen LEFRANÇAIS dépose sur le bureau du président la proposition suivante :

« Provisoirement, et jusqu'à ce qu'il ait été statué sur la réorganisation des municipalités, il sera désigné par les délégués d'arrondissement à la Commune un membre de la commission municipale de chaque arrondissement qui, sous leur surveillance et leur responsabilité, fera fonctions d'officier d'état civil. »

Cette proposition, appuyée par les citoyens Ostyn et Vaillant, mais combattue par les citoyens Clémence, Malon et Martelet, est rejetée.

Lecture est faite par le Président du projet de décret suivant, présenté par le citoyen J. Allix.

« La Commune de Paris,
« Vu le décret qui abolit la conscription militaire,

« DÉCRÈTE :

« Les militaires incorporés dans l'armée qui entreraient à Paris seront considérés comme gardes nationaux et immédiatement incorporés dans les bataillons des quartiers qu'ils habiteraient. »

La Commune, après avoir entendu les citoyens Tridon, Ledroit, Langevin, Amouroux et Blanchet, passe à l'ordre du jour.

Le citoyen Babick, ayant donné sa démission de membre de la commission de justice, est adjoint sur sa demande à la commission des services publics.

L'ordre du jour étant épuisé, le président lève la séance à six heures quarante-cinq minutes.

FIN DU TOME PREMIER.

TABLE DES MATIÈRES

LE 19 MARS 1871.

Pages.

Le *Journal officiel*.	1
Dépêches du gouvernement.	9

LE 20 MARS.

Le *Journal officiel* de Paris.	11
Circulaire du gouvernement.	24
Le *Journal officiel* de Versailles.	25

LE 21 MARS.

Le *Journal officiel* de Paris.	28
Circulaire du gouvernement.	43

LE 22 MARS.

Le *Journal officiel* de Paris.	44
Circulaire du gouvernement.	54
Le *Journal officiel* de Versailles.	56

LE 23 MARS.

Le *Journal officiel* de Paris.	57
La Nouvelle république.	65
Le *Journal officiel* de Versailles.	67
Proclamations affichées dans Paris.	71

LE 24 MARS.

	Pages.
Le *Journal officiel* de Paris.	73
Le *Cri du peuple*.	78
Circulaire du gouvernement.	80
Le *Journal officiel* de Versailles.	81

LE 25 MARS.

Le *Journal officiel* de Paris.	84
Dépêche du gouvernement.	102

LE 26 MARS.

Le *Journal officiel* de Paris.	103
Circulaire du gouvernement.	112

LE 27 MARS.

Le *Journal officiel* de Paris.	112

LE 28 MARS.

Le *Journal officiel* de Paris.	129
Circulaire du gouvernement.	134
Le *Journal officiel* de Versailles.	136

LE 29 MARS.

Le *Journal officiel* de Paris.	137
Le *Journal officiel* de Versailles.	139

LE 30 MARS.

Le *Journal officiel* de Paris.	140
Le *Journal officiel* de Versailles.	153

LE 31 MARS.

Le *Journal officiel* de Paris.	154

LE 1er AVRIL.

Le *Journal officiel* de Paris.	166
Le *Cri du peuple*.	174
Dépêche du gouvernement.	174

TABLE DES MATIÈRES.   467

Pages.

LE 2 AVRIL.

Le *Journal officiel* de Paris. 175
La *Sociale*. 189
Dépêche du gouvernement. 193

LE 3 AVRIL.

Le *Journal officiel* de Paris. 193
Le *Journal officiel* de Versailles. 217

LE 4 AVRIL.

Le *Journal officiel* de Paris. 222
Le *Cri du peuple*. 230
Le *Journal officiel* de Versailles. 231

LE 5 AVRIL.

Le *Journal officiel* de Paris. 235
Le *Mot d'ordre*. 243
L'*Affranchi*. 244
Le *Cri du peuple*. 246
Le *Journal officiel* de Versailles. 247

LE 6 AVRIL.

Le *Journal officiel* de Paris. 251
Le *Cri du peuple*. 261
L'*Affranchi*. 262
Le *Journal officiel* de Versailles. 263

LE 7 AVRIL.

Le *Journal officiel* de Paris. 271
La *Commune*. 281
Le *Mot d'ordre*. 281
Le *Journal officiel* de Versailles. 283

LE 8 AVRIL.

Le *Journal officiel* de Paris. 288
Le *Mot d'ordre*. 295
Affiches du comité central et de la commission exécutive. . . . 298

	Pages.
Le Cri du peuple............................	302
Le *Journal officiel* de Versailles.................	302

LE 9 AVRIL.

Le *Journal officiel* de Paris.....................	310
Le *Journal officiel* de Versailles..................	321

LE 10 AVRIL.

Le *Journal officiel* de Paris.....................	321
L'Affranchi..................................	327
Le *Journal officiel* de Versailles..................	327

LE 11 AVRIL.

Le *Journal officiel* de Paris.....................	332
Le *Journal officiel* de Versailles..................	339

LE 12 AVRIL.

Le *Journal officiel* de Paris.....................	341
Le *Journal officiel* de Versailles..................	346

LE 13 AVRIL.

Le *Journal officiel* de Paris.....................	349
Le Mot d'ordre..............................	355
Le Vengeur.................................	356
Le *Journal officiel* de Versailles..................	356

LE 14 AVRIL.

Le *Journal officiel* de Paris.....................	358
Le *Journal officiel* de Versailles..................	368

LE 15 AVRIL.

Le *Journal officiel* de Paris.....................	369
Le *Journal officiel* de Versailles..................	376

LE 16 AVRIL.

Le *Journal officiel* de Paris.....................	378
Séance de la Commune du 14 avril................	387
Le *Journal officiel* de Versailles..................	393

LE 17 AVRIL.

Le *Journal officiel* de Paris. 395
Séance de la Commune du 15 avril. 406
Le *Journal officiel* de Versailles. 418

LE 18 AVRIL.

Le *Journal officiel* de Paris. 421
Séance de la Commune du 16 avril. 428
Le journal *la Commune*. 433
Le *Journal officiel* de Versailles. 433

LE 19 AVRIL.

Le *Journal officiel* de Paris. 440
Séance de la Commune du 17 avril. 450
Le *Journal officiel* de Versailles. 454
Séance de la Commune du 18 avril. 457

FIN DE LA TABLE DU TOME PREMIER.

A LA MÊME LIBRAIRIE

LES CLUBS ROUGES DE PARIS
PENDANT LE SIÉGE
Par de Molinari, rédacteur du *Journal des Débats*. 2e édition. 1 volume grand in-18 jésus.................................. 3 fr. 50

HISTOIRE DE L'INTERNATIONALE
Par Edmond Villetard, rédacteur du *Journal des Débats*. 1 volume grand in-18 jésus.. 3 fr. 50

BATAILLE DES SEPT JOURS
entrée de l'armée dans paris : dimanche 21 mai a dimanche 28 mai 1871
Par Louis Jezierski. 1 volume grand in-18 jésus, avec un plan de Paris.. 1 fr.

PAPIERS ET CORRESPONDANCE
DE LA FAMILLE IMPÉRIALE
Édition collationnée sur le texte de l'Imprimerie nationale. 2 vol. grand in-18 jésus, accompagnés de nombreux *fac-simile*. 6 fr.

RAPPORTS MILITAIRES
DU COLONEL BARON STOFFEL
Ancien attaché militaire à Berlin. 2e édition. 1 volume in-8. 6 fr.

HISTOIRE AUTHENTIQUE
DE LA COMMUNE DE PARIS EN 1871
Par le vicomte de Beaumont-Vassy. Un volume grand in-18 jésus.. 3 fr. 50

HISTOIRE DE LA GUERRE DE PRUSSE
Par Amédée de Césena, auteur de *la Campagne d'Italie*, illustrée de portraits historiques et gravures, cartes et plans. 1 volume grand in-8 jésus.. 3 fr.

LES ENVIRONS DE PARIS
Par Am. de Césena. Guide pratique, historique, descriptif et pittoresque. 1 vol. grand in-18 jésus, avec une carte, 9 plans, 72 gravures.. 2 fr.

PARIS FORTIFIÉ ET SES ENVIRONS
Avec les fortifications et les redoutes. Dressé par A. Vuillemin. Échelle métrique $\frac{1}{200.000}$

Une feuille demi-colombier............................... 1 fr. »

CARTE DES ENVIRONS DE PARIS
Donnant toutes les villes, communes et châteaux remarquables desservis par les chemins de fer, avec la distance kilométrique à partir de la capitale, les fortifications et les redoutes. 1 feuille grand aigle.. 2 fr. »

www.ingramcontent.com/pod-product-compliance
Lightning Source LLC
Chambersburg PA
CBHW060224230426
43664CB00011B/1540